2019年改訂指導要録対応
シリーズ 学びを変える新しい学習評価

理論・実践編 1

資質・能力の育成と新しい学習評価

[編集代表]
田中耕治

ぎょうせい

シリーズ刊行にあたって

2017年３月の学習指導要領改訂を受け、2019年１月に「児童生徒の学習評価の在り方について（報告）」が公表され、３月に「小学校、中学校、高等学校及び特別支援学校等における児童生徒の学習評価及び指導要録の改善等について（通知）」が発出されました。

今回の新しい学習評価の考え方や新指導要録の通知においては、新学習指導要領が求める「資質・能力」の育成、「主体的・対話的で深い学び」、各教科等の目標や「見方・考え方」など、実践を行うにあたって深い理解を必要とするキー・テーマが内蔵されており、まさにこれらの深い理解が、これからの授業づくりや評価活動にとって、必要不可欠な条件となっています。

そこで、本企画では、これらのキー・テーマに関する、気鋭の研究者と実践家を総結集して、「学びを変える新しい学習評価」に向けての総合的な理解を図り、具体的な実践の手立てを提供することを目指そうとするものです。本シリーズの５巻は以下のように構成しました。

理論・実践編１　**資質・能力の育成と新しい学習評価**　☚［新しい学習評価がわかる・深く学べる巻］
理論・実践編２　**各教科等の学びと新しい学習評価**　☚［各教科・領域の指導と評価を創る巻］
理論・実践編３　**評価と授業をつなぐ手法と実践**　☚［評価を実践する巻］
文例編　**新しい学びに向けた新指導要録・通知表〈小学校〉**　☚［評価を伝える・記録する巻］
文例編　**新しい学びに向けた新指導要録・通知表〈中学校〉**　☚［評価を伝える・記録する巻］

読者は、関心のある巻から、また興味を惹く章から読み始めていただければ、新しい学習評価を踏まえた豊かな授業づくりのヒントをたくさん得ることができるでしょう。

最後になりましたが、ご多用、ご多忙な中で、執筆を快くお引き受けいただき、玉稿をお寄せいただきました執筆者の皆様に、心から御礼申し上げます。また、「評価の時代」にふさわしく、全５巻のシリーズ本を企画していただきました株式会社「ぎょうせい」様と、編集担当の萩原和夫様、西條美津紀様、今井司様に、この場を借りて深く感謝申し上げます。

シリーズ編集代表
田 中 耕 治（佛教大学教授、京都大学名誉教授）

目　次

第３章　「報告」にみる新しい学習評価

第４章　観点別評価の改善と３観点の捉え方

第8章　中学校におけるこれからの学習評価

第9章　特別支援教育におけるこれからの学習評価

第1章

学習評価とは何か

第1章 学習評価とは何か

田中耕治

1 学習評価の現状

それぞれの教育現場において、教育評価（その一分枝としての学習評価 student assessment）は、どのように機能しているのであろうか。この点に関して、2019（平成31）年改訂の指導要録に関する公的文書（中央教育審議会初等中等教育分科会教育課程部会「児童生徒の学習評価の在り方について（報告）」2019年１月21日と、文部科学省初等中等教育局長「小学校、中学校、高等学校及び特別支援学校等における児童生徒の学習評価及び指導要録の改善等について（通知）」2019年３月29日）において、学習評価をめぐる問題状況が次のように５点にわたって指摘されている（丸数字は筆者加筆）。

① 学期末や学年末などの事後での評価に終始してしまうことが多く、評価の結果が児童生徒の具体的な学習改善につながっていない
② 現行の「関心・意欲・態度」の観点について、挙手の回数や毎時間ノートをとっているかなど、性格や行動面の傾向が一時的に表出された場面を捉える評価であるような誤解が払拭しきれていない
③ 教師によって評価の方針が異なり、学習改善につなげにくい
④ 教師が評価のための「記録」に労力を割かれて、指導に注力できない
⑤ 相当な労力をかけて記述した指導要録が、次の学年や学校段階において十分に活用されていない

やや厳しい指摘ではあるが、学校階梯を問わず、共感される先生たちは多いのではないだろうか。特に、①の指摘は、「教育評価とはそもそも何か」を問うているように思われる。③④⑤は①の問題状況から派生したものと思われる（なお、②については、本巻の第４章や本シリーズの該当する論文を参照願いたい）。

テストや試験の淵源・歴史をさかのぼると、官吏登用を目的とした中国の科挙制度[1]、イエズス会修道士学校の定期試験制度[2]、アメリカの教育測定運動[3]を見ると、確かに試験やテストは人々を選抜し、さらには競争させる道具として機能してきた。そのために、成績の評定（結果）が重視されてきた。このような通念に対して、言わば「逆転の発想」を試みたのは、アメリカのタイラー（Tyler,R.W.,1902-1994）である[4]。タイラーによれば、試験やテストは、教えと学びからなる教育活動を反省・改善するために行われるものであって、子どもたちをネブミ（評定）するためのものではない。そこで、自らの考え方を定義するために、「教育評価（evaluation）」という言葉を編み出し、そのもとで実施されるテストはその評価方法の一つであると提起した。

日本の場合には、戦前来使われていた「考査」に代わって、この「教育評価（evaluation）」がアメリカから移入されるのは、第二次世界大戦直後のことである。そして、この「教育評価（evaluation）」の意義を最も的確に把握したのは、正木正（1905-1959）であった。正木は、次のように述べている。

> 今日周知の如く教育過程において評価（evaluation）が重要視されてきている。これは評価という問題が教育過程に新しく付加され、関心されて来たということではない。むしろ、評価は教育過程に融合されている部分であって、従来問題的にも、方法的にも無意識であったものが、新しく自覚されて来たということである。教育活動の自己発展として評価の問題が分節化し、強調されて来たというべきであろう[5]。

正木によれば、教育評価は教育活動の一環であり、その付け足しではない。このような立場から、当時の教職課程のテキストとして文部省が作成した著作の中で、「教育評価」という営みが見事に活写されている。すなわち、

① 評価は、児童の生活全体を問題にし、その発展をはかろうとするものである。
② 評価は、教育の結果ばかりでなく、その過程を重視するものである。
③ 評価は教師の行う評価ばかりでなく児童の自己評価をも大事なものとして取り上げる。
④ 評価は、その結果をいっそう適切な教材の選択や、学習指導法の改善に利用し役だてるためにも行われる。
⑤ 評価は、学習活動を有効ならしめる上に欠くべからざるものである[6]。

「教育評価」とは、教育の結果ばかりでなく、その過程を重視するものであり（②）、教師の行う評価と子どもたちの行う自己評価の両方を大切する（③）中で、教師の学習指導

法と子どもたちの学習活動の改善を目指すものである（④⑤）と明記されている。まさしく、冒頭に挙げた新指導要録に関する公的文書において、学習評価の現状を厳しく指摘した上で、それを克服する学習評価の基本方向が次のように述べられていることと符合するものである。

【1】　児童生徒の学習改善につながるものにしていくこと
【2】　教師の指導改善につながるものにしていくこと
【3】　これまで慣行として行われてきたことでも、必要性・妥当性が認められないものは見直していくこと

繰り返すまでもなく、本来の教育評価（その一分枝としての学習評価 student assessment）は、児童生徒の「学習改善」と教師の「指導改善」を目的として行われるものであり、児童生徒をネブミするものではない。あらためて、タイラーが提起した「教育評価（evaluation）」の復権が提起されたわけである。

ここで一つの疑問が生まれる。既述したように、第二次世界大戦直後の日本において、すでに明快な「教育評価」理解がなされていたにもかかわらず、なぜ最新の公的文書において、それからの逸脱が指弾され、あらためて「教育評価」の復権が提示されたのであろうか。この疑問に応えるためには、第二次世界大戦後の日本における学習評価観の位相と展開を述べる必要があるだろう。

2　戦後日本における学習評価の位相と展開

（1）「相対評価」批判

戦後直後に「教育評価（evaluation）」に対する的確な理解に達していたにもかかわらず、それからの逸脱状況が生じた大きな原因は、戦後最初の指導要録（1948〔昭和23〕年）から2001（平成13）年改訂指導要録まで、およそ半世紀にわたって採用された「相対評価」という学習評価観にあった（表１参照）。おそらく、半世紀もの間、「相対評価」が教育現場で採用されたことから、その残滓は根強いと考えた方がよいだろう。

それでは、なぜ「相対評価」が採用されたのであろうか。その理由として、一つは戦前来の「考査」に内在していた、教師による主観的判断に基づく「旧絶対評価」に対する批判がある（第一期）。もう一つは、本格的な学歴獲得競争社会の進展を背景とする選抜入

表1　指導要録の改訂史

時期区分	改訂の特徴―学習評価観
第一期　1948年版指導要録	戦前の「考査」への反省と「指導機能」重視―分析評定としての「相対評価」の採用
第二期　1955年版指導要録 1961年版指導要録 1971年版指導要録	総合評定としての「相対評価」の強化と矛盾の激化
第三期　1980年版指導要録 1991年版指導要録	「相対評価」の矛盾の「解消」としての「観点別学習状況」の登場
第四期　2001年版指導要録 2010年版指導要録 2019年版指導要録	「相対評価」批判と「目標に準拠した評価」の全面採用、「目標に準拠した評価」と「個人内評価」の結合

（筆者作成）

試のための証明機能の重視にあった（第二期）。双方において、「相対評価」の持つ「信頼性（集団内の機械的な位置関係によって客観性を担保すること）」が期待されたのである。それでは、戦後一貫して採用されてきた「相対評価」に対して、なぜ「目標に準拠した評価」に転換する必要があったのであろうか。その点について、2001年改訂の指導要録に関する基本文書である教育課程審議会答申「児童生徒の学習と教育課程の実施状況の評価の在り方について」（平成12年12月１日）においては、次のように述べられている。

　集団に準拠した評価（いわゆる相対評価）は、集団の中での相対的な位置付けによって児童生徒の学習の状況を評価するものであることから、学習指導要領に示す基礎的・基本的な内容を確実に習得し、目標を実現しているかどうかの状況や、一人一人の児童生徒のよい点や可能性、進歩の状況について直接把握することには適していない。また、児童生徒数の減少などにより、学年、学級の中での相対的な位置付けを明らかにする評価では、客観性や信頼性が確保されにくくなっていることも指摘されている。

　この文章には、「相対評価」の問題点が三つ指摘されている。一つは、「相対評価」は子どもたちが所属している集団での順位や序列を示すものであるから、その子どもたちがどの程度目標に到達したのか、どのような学力を形成したのかがわからないということである。それに対して、「目標に準拠した評価」では、まさしく学力の中身である「目標」にどの程度到達しているのかが明確になると主張されている。

　二つには、子どもたちの集団での位置関係のみにこだわる「相対評価」では、一人一人の子どもたちのよい点や可能性、進歩の状況には目が行き届かないと批判している。この一人一人の子どもたちのよい点や可能性、進歩の状況を把握するには、「個人内評価」が必要となる。2001年改訂の指導要録は、「相対評価」を批判して「目標に準拠した評価」に転換したが、正確に述べると「目標に準拠した評価」と同時に「個人内評価」の重要性にも着目している。

そして、三点目として、子どもたちの人数が減少して、クラス・サイズが小さくなってくると、「相対評価」はうまく機能しないと指摘している。従来の指導要録で採用されていた「相対評価」は、成績をつける際には、「正規分布曲線」に基づいていた。例えば、「５段階相対評価」では、「５（７％）、４（24％）、３（38％）、２（24％）、１（７％）」と成績をつけていた。しかし、成績づけに「正規分布曲線」が適応されるためには、その対象とする集団が大多数であることが前提となる。クラス人数が例えば20人の場合に、「５」は１人、「４」は５人、「３」は８人、「２」は５人、「１」は１人と機械的に割り振ろうとしても、そのような成績づけでは意味は乏しく、客観性や信頼性が担保され難いと考えられたのである。

このような「相対評価」への批判は、戦後直後からなされていたもの[7]で、基本的には的確な内容と考えてよい。ただし、「目標に準拠した評価」に転換して後、およそ20年間が経過した段階で、冒頭で示した「学習評価の現状」を鑑みると、「相対評価」に対する、もう一歩踏み込んだ批判の必要性があることに気付く。

まず何よりも、「相対評価」の問題点は、必ずできない子がいるということを前提とする非教育的な評価論であるという点である。例えば、40人学級では「５」は「２～３人」つけることになるが、一方で「１」も「２～３人」つけなくてはならない。ここには、良くできる子どももいるが、いかに指導しようとも必ずできない子どもが存在するという、1920年代に隆盛をきわめた教育測定運動を支えた「社会ダーウィニズム（優勝劣敗）」の思想（教育観・児童観）が根底に流れている。心ある教師たちが「５段階相対評価」の通知表をつけるときに戸惑ったのはこの点であって、指導の甲斐あってクラスのみんなが頑張って勉強したのに、「２」や「１」を無理矢理にも割り振らなくてはならない不合理に心痛めたのである。

「相対評価」の第二の問題点は排他的な競争を常態化させて、「勉強とは勝ち負け」とする学習観を生み出すことである。「評点（語）」の配分率があらかじめ決められている場合には、成績を上げるためには誰かが落ちなくてはならない（一種の「椅子取りゲーム」である）ことから、「相対評価」は排他的な競争を人為的に煽り、「他人の不幸はおのれの幸福」とする心情を育成することになる。もちろんここでは、教育における競争一般（例えば、全員５をとるための競争――emulation）が否定されているのではなく、まさしく「排他的な」競争――competitonが問題視されているのである。

したがって、「相対評価」が子どもたちの学習活動をネブミして、集団の中での序列化を行うことを目的とする評価法であるかぎり、そこでは子どもたちの努力（不足）や能力

（不足）のみが問題視されることになる。つまずいた原因は子どもたちの責任と考えられるのである。これでは、本来の教育評価の目的や役割である、「評価結果は教育活動の反映であり、それに基づいて教師はみずからの教育力量を点検し、さらには子どもたちの学びを改善するという回路」を持たないことになる。「勉強とは勝ち負け」とする学習観が跋扈するのに反して、学力を形成する教育活動の空洞化が確実に進行することになる。まさしく、冒頭で挙げた学習評価の現状を惹起させていたのは、およそ半世紀にわたって学校現場で採用されていた「相対評価」の残滓に遠因があったと判断してよいだろう。

（2）「目標に準拠した評価」の展開と課題

①　「目標に準拠した評価」の意義

ここでは、「相対評価」と対比して、今一度、「目標に準拠した評価」の意義を確認しておきたい。

まず第一に、「５段階相対評価」には、どのように指導しようとも、必ず「１」や「２」をつける子どもたちが存在するという、教育を否定する素質決定論的な考えがあった。これに対して、「目標に準拠した評価」は、この公共社会を生きるのに必要な学力をすべての子どもたちが身に付けることが必要であるという、「学力保障」論の立場を主張する。したがって、「形成的評価」（後述）によって、もしつまずいた子どもたちが発見された場合には、積極的に回復学習が取り組まれることになる。「目標に準拠した評価」「形成的評価」の提唱者のひとりブルーム（Bloom,B.S.,1913-1999）は、「もし、学習成績の分布が正規分布に近づけば近づくほど、その教育的努力は不成功であったと断言してよい」と厳しく指摘し、アメリカ社会に根強く存在する社会ダーウィニズムに対して、その「科学」的根拠（同時に「相対評価」の根拠）となっていた正規分布曲線神話を論駁した[8]。

第二は、「相対評価」の下では、「４」や「５」をとろうとすると、もともと「４」や「５」をとっていた者を事実上引きずり降ろさなければならないという、排他的な競争が常態化する。これに対して、「目標に準拠した評価」では、共通の目標に到達することが目指されることから、学習における協同の条件が生まれることになる。「目標に準拠した評価」はまさしく子どもたちの対話を励まし、学び合いを推し進める教育評価なのである。

第三に、「相対評価」ではたとえ「５」や「４」をとったとしても、その意味するところは集団で上位にいることを示したものにすぎず、学力がしっかり身に付いたかどうかという学力の実態は不明である。これに対して、「目標に準拠した評価」ではまさに学力内容としての「到達目標」を評価規準とすることによって、どのような学力が形成されたのか（されていないのか）を明らかにすることができるようになる。

そして第四として、「相対評価」で悪い成績をとった場合には、それは競争に負けた子どもたちの責任に帰せられるが、「目標に準拠した評価」では、評価結果を踏まえて教師の教育活動の反省と子どもたちへの学習の援助を通じて、学力の保障を図ろうとする。まさしく、タイラーが主張した「エバリュエーション」としての教育評価の復権を目指そうとしたと言えるであろう。「学習改善」と「指導改善」をつなぎ、支える教育評価は、その対象を拡大して、カリキュラム評価を射程に入れる必要がある。そのことによって、まさしくPDCAサイクルが稼働するのである。「目標に準拠した評価」の意義をまとめると、

> 「目標に準拠した評価」では、子どもたちに身に付けてほしい学力内容を到達目標として示し、すべての子どもが目標に到達するように授業や教育課程の在り方を検討していく。そして、「目標に準拠した評価」を行い、未到達な状況が生まれた場合には、教え方と学び方の両方に反省を加え、改善を行うことができる。まさしく「目標に準拠した評価」こそ、未来を生きる子どもたちに基礎的な学力を保障する方針である。

ところで、「相対評価」に対する批判は、「目標に準拠した評価」の立場からのみなされたわけではない。歴史的に見ても、「個人内評価」からも批判がなされていた[9]。「個人内評価」とは、子どもの目線を規準にして、子どもを発達的に全体的に評価しようとするものである。

しかしながら、「相対評価」と「個人内評価」とが接合する場合には、「個人内評価」は「相対評価」の矛盾を糊塗する役割を担っていた。やや結論を急ぐとして、「個人内評価」に含意されている積極面を引き出すためには、「目標に準拠した評価」と結合しなくてはならない。後述する「真正の評価」論とは、学習評価観から見た場合、「目標に準拠した評価」と「個人内評価」との結合した形態と言えよう。

②　「目標に準拠した評価」と評価機能の分化

「目標に準拠した評価」が、それこそ指導に生きる評価になるためには、指導のプロセスに即した丁寧な「フィードバック」が必要となってくる。「相対評価」のもとでは、集団の中での序列によって評価が行われたことから、「フィードバック」と言っても指導の終わりに子どもたちに順位（または順位を示す評点）を示すだけでよかった。しかし、「目標に準拠した評価」では、すべての子どもたちに基礎的な学力を保障するために、評価の機能を「診断的評価（diagnostic evaluation）」「形成的評価（formative evaluation）」「総括的評価（summative evaluation）」と分化させて、それぞれの役割に即して子どもたちと教師たちに学力形成のために有効な「フィードバック」を行うことが必要であると主張する。以下、三つの評価機能の特徴とそれぞれの「フィードバック」の在り方について述べてみたい。

〔ⅰ〕「診断的評価」の役割

診断的評価とは、入学当初、学年当初、授業開始時において、学習の前提となる学力や生活経験の実態や有無を把握するために行う評価のことである。入学当初や学年当初に行われる診断的評価の情報は、子どもたちに対する長期的な指導計画やクラス編成、班編成などの学習形態を考慮するためにフィードバックされる。また、授業開始時に実施される診断的評価の情報は、不足している学力を回復したり、授業計画を修正・改善するためにフィードバックされるのである。

従来、「レディネス」という概念が学習の準備状態を意味する用語として使用されていたが、その内容はおもに学習への能力・適性といった個々の子どもたちの素質や性格特性を指していた。すなわち、「レディネス」概念は子どもたちの学習の可能性を明らかにするというよりも、学習の制約や限界を示すものとして理解されてきた。これに対して、学力保障を理念とする「目標に準拠した評価」の一環として取り組まれる診断的評価が明らかにしようとするのは、前提となる学力の実態であり、それは授業実践によって変革可能であることを意味する。したがって、診断的評価によって明らかになる学習の出発点での学力状況と総括的評価によって明らかになる学習の到達点としての学力状況を比較考量することによって、その授業における「成果」と「課題」が明確になる。

診断的評価を実践するためには大きくは二つのフィードバックの内容が考えられる。その一つは、新しい教育内容を学ぶにあたって必要とされる学力や生活経験がどの程度形成、存在しているのかを確かめる場合である。例えば、割り算の意味を教える場合に、かけ算の意味をどの程度理解しているのかを事前に調べてみることなどである。そして、もし決定的な学力不足が確認されたときには、授業の開始前に回復指導が実施される。

もう一つは、新しい教育内容に対してどの程度の学力や生活経験があるのかを確かめる場合である。例えば、社会科で単元「あたたかい土地とくらし」を教える場合に、沖縄のことをどの程度知っているのかを事前に調べてみることなどが挙げられる。

〔ⅱ〕「形成的評価」の役割

形成的評価とは元来はスクリヴァン（Scriven,M.）がカリキュラム評価の文脈で使用した用語であったが、ブルーム（Bloom,B.S.）が授業（マスタリー・ラーニング）のプロセスで実施される評価行為の意味で使用した。「目標に準拠した評価」の核心的な評価行為と理解してよいだろう。

既述したように、教育評価とは単に子どもたちの学習結果を評定＝ネブミすることではなく、教師にとっては指導の反省として、子どもたちにとっては学習の見通しを得るために行われるものである。そうであれば、教育評価は実践の最終局面で実施される（総括的評価）のみでは不充分であって、授業の開始時において（診断的評価）、さらには授業過程において実施される（形成的評価）必要がある。そして、形成的評価の情報は即時にフィードバックされ、授業がねらいどおりに展開していないと判断された場合には、授業計画の修正や子どもたちへの回復指導などが行われる。したがって、形成的評価は成績づけには使われない。

この形成的評価の特質は、例えば東井義雄が「子どもはつまずきの天才である」として、つまずき分析を通じて「教科の論理」と「生活の論理」の析出を行おうとしたこと。また、斎藤喜博が「××ちゃん式まちがい」を提起して、つまずきの共有化を図った態度に通底しており、まさしくすぐれた教師たちに内在していた教育技術の一つに合理的な自覚化を促そうとしたものである[10]。

形成的評価が行うフィードバックを考える場合に、次のような点はぜひ留意されるべきだろう。

㈠　まず、形成的評価とは、授業のうまい先生のエッセンス（まなざしの共有、ゆさぶりの発問、机間指導、ノート点検等）を共有財産にするために提起されたものであって、小テストを行うことと狭く限定する必要はない。もちろん、小テストを作成するときは、それは「目標準拠のテスト」でなくてはならない。

㈡　形成的評価を実施するところは、その単元のポイントであり、子どもたちの「つまずき」やすいところである。したがって、「評価を大切にする」ということと「評価をむやみに多用する」こととは区別すべきである。例えば、「乗法」を指導する際には、「単位あたり量」と「いくつ分」の区別がついているのかを確かめる形成的評価が必要となる。また、「分数」指導であれば、計算問題をたくさん課すよりも、「量分数」と「割合分数」の違いを理解しているかどうかを明らかにする形成的評価が求められるだろう。

㈢　形成的評価をすべき内容は、教えたこと以外のことを問うてはならず、その結果は評価基準（の公開）とともに即時に子どもたちにフィードバックすべきである。その際、子どもたちが点数のみに関心を向けないように、なぜどこで間違ったのかをていねいに指導すべきである。

この点で悪しき例を挙げるとすると、毎時間ごとに小テストはするが、それらの返却は学期末にまとめて行うというのがある。たしかに多忙な日常を過ごしていると小テストと言えども採点に充てる時間を取れない場合がある。しかし、これでは単に成績をつけるための小テストであって、形成的評価にはならない。形成的評価として小テストを行うとするならば、即時にフィードバックされない限り指導や学習の改善には役立たない。その場合、小テストを行う必要があっても採点に充てる時間を取るのに無理がある場合には、その授業内で子どもたち（同士）で採点を行うようにするのも一つの工夫だろう。

〔ⅲ〕「総括的評価」の役割

総括的評価とは単元終了時または学期末、学年末に実施される評価のことである。教育評価は子どもたちの学習結果を判定し、序列化する行為であると考えられていたときには、それこそ総括的評価のみで事足りていた。しかし、すべての子どもたちの学力保障を目指す「目標に準拠した評価」においては、その目的を実現するために、評価行為を診断的評価、形成的評価、総括的評価と機能分化すべきことが提案された。そして、このように位置付けられた総括的評価の情報は、教師にとっては実践上の反省を行うために、子どもたちにとってはどれだけ学習のめあてを実現できたかを確認するためにフィードバックされるようになる。また、この総括的評価の情報に基づいて評定（成績）がつけられるのである。

ところで、教育評価論において形成的評価の役割が強調されてくると、総括的評価の役割を軽視または否定する論調があらわれるようになってきた。例えば、形成的評価こそ「プロセスの評価」であって、総括的評価は「結果の評価」にしか過ぎない。総括的評価とは形成的評価を積み上げていくことで達成されるもので、それ独自の役割はないといった主張である。このような主張の前提には、学力の「基礎」を積み上げれば連続的に目標とすべき「応用」能力が形成されるとする仮定がある。

しかし、基本的な学力と発展的な学力には明らかに質的なちがいがある。例えば、発展的な学力とは、習得したある概念を活用してオープン・エンドな問題状況を説明・予測し、検証できる力である。それゆえに学力の基本性を主たる対象とする形成的評価と学力の基本性のみならず発展性（活用力や総合力）を対象とする総括的評価とは区別されるべきであり、この発展的な様相を把握する評価方法（概念地図法、比喩的説明法、パフォーマンス評価法、ポートフォリオ評価法など）が開発される必要がある（後述)。

また、学力形成の観点から見れば、「プロセス」と「結果」の関係は、決して相互に排除するものではない。形成的評価の場面においても総括的評価の場面においても、「プロセス」を明らかにする問題（比較や推論や論証などの問題）と「結果」を確認する問題（記憶の再生や再認の問題など）の両方が採用される必要がある。現実の問題としては、総括的評価において「結果」を確認する問題事例が多く、それでは学力の発展的様相を充分に把握することができず、改善が求められていると言えよう。

③　「目標に準拠した評価」の課題

すでに指摘したように、「相対評価」から「目標に準拠した評価」への転換は、まさしく本来の「教育評価」の復権を意味するものであった。「相対評価」には、できる子とできない子がいることを前提とする宿命的な教育観の下に、集団の順位を排他的に競争させるという問題点がある。それに対して、「目標に準拠した評価」は、教育目標を評価規準として、すべての子どもたちの基礎的な学力の保障を目指そうとする。そして、もし子どもたちの「つまずき」が多く見られる場合には、教育活動の反省を促す。まさしく、「指導と評価の一体化」を目指そうとしたのである。

しかしながら、この「目標に準拠した評価」（とりわけその歴史的な形態であった「到達度評価」）に対しては、国内外を通じて、はやくから教師の決めた教育目標に子どもたちが到達しているか否かを点検しているに過ぎないのではないかという疑問や批判が寄せられていた。それは、「目標つぶし」「詰め込み主義」の授業を助長するのではないかという懸念でもあった。急いで断っておくと、「目標に準拠した評価」として実践された授業のすべてにこのような問題点が発生していたわけではないし、また、そのような疑問や懸念を克服するための努力も積み重ねられてきたことも事実である。後述するように、このような批判の根底には、当時勢いを強めつつあった「構成主義的な学習観」の影響もあった。

そこで、まずは「目標に準拠した評価」をめぐってなされた論争を4点にわたって整理してみたいと思う。このことによって、「目標に準拠した評価」の課題が明確になるとともに、「目標に準拠した評価」が新しいステージを目指す必要性が理解されるであろう。

まずは、「目標に準拠した評価」は、教師による「目標」が規準となることから、それからはみ出す子どもたちの活動を見落とす危険性があるのではないかというものである。それを防ぐためには、まずは子どもたちの、ひいては保護者や地域住民の教育評価への「参加」が保証される必要があり、そのことによって、多面的に多層的に教育活動を眺めることが可能になってくる。これらは、「ゴール・フリー（目標にとらわれない）」評価からの批判と総称されるものである。

「ゴール・フリー」評価とは、スクリヴァンによって提唱された考え方である。「目標に準拠した評価」は、その授業において何を子どもたちに獲得させなくてはならないのかを明確化するという点で重要である。しかし、「教育目標」が子どもたちに獲得されたかどうかという視点のみで授業を見ていくと、教師のねらいからはみ出したり、さらにはそれを乗り越えていく子どもたちの姿が軽視されたり無視される場合が起こりやすい。たとえて言えば、料理人が自分で料理の味見をしているようなもので、それを味わうお客の立場が置き去りになりがちとなる。「ゴール・フリー」とは、目標を無視してよいという意味ではなく、教師の目標にとらわれないで、目標意識から自由な第三者による評価の可能性を示唆した提案である。この場合の第三者とは、同僚の教師であったり、地域住民であったり、もとより学習主体である子どもたちも包含されてくる。

次に、同じく「目標に準拠した評価」は、子どもたちにとっては「外的な評価」であって、子どもたち自身による「内的な評価」を十分には位置付けていないのではないかというものである。すると、子どもたちは自分の行う活動の値打ち付けを常に他者からの評価に依存することが習い性になって、いわゆる「指示待ち」「評価待ち」の状態になってしまう。「目標に準拠した評価」において、子どもたちの自己評価をどのように活性化させるかが課題となってくるというものである。

第三点目として、「目標に準拠した評価」は子どもたちの学習の成果に着目するあまり、その成果や結果に至る「プロセス」を丁寧に読み取ることに課題が残されているのではないかというものである。教師によってもたらされる「知識」が子どもたちの既有の知識体系と掛け離れていれば、そこに「葛藤」や「矛盾」が生じることになる。そして、この「葛藤」や「矛盾」を大切にすることで授業のダイナミズムが保証される。まさに、この「プロセス」の評価への方法論が問われているのではないかというものである。

最後に、「目標に準拠した評価」では客観性を重んじるために、客観テストが多用される場合が多い。もちろん、客観テストと言えども一様ではないが、それでも測定の範囲はおのずから限定されてしまう。すると、いわゆる量的な評価にとらわれて、高度な学力を対象とする質的な評価への目配りが弱くなるのではないか。ここでは、教育目標の質的な高度化と、さらには子どもたちの獲得した学力を様々な評価方法で表現させる工夫が求められているのではないかというものである。

以上の「目標に準拠した評価」に対する批判は、「目標に準拠した評価」がややもすれば教師中心で結果のみを追い求める傾向に向けられたものであり、つまるところ教育評価に子どもたちが「参加」するという視点をしっかりと位置付けるという点を課題として提起したものであった。さらには、学力の保障を表層のスローガンに終わらせるのではなく、子どもたちの学力の構造や質にしっかりと根付いたものにするための提案と考えてもよいだろう。

このような「目標に準拠した評価」の課題に応える新しい教育評価の考え方として、アメリカで主張されるようになった「真正の評価（authentic assessment）」論が着目されるようになる。次に、「真正の評価」論の特長について説明してみよう。

3 学習評価の新しいステージ ――「質」と「参加」を促す『真正の評価』論――

（1）「真正の評価」とは何か

アメリカの教育評価の歴史において、「真正の評価」なる言葉が登場するのは、1980年代の後半からである[11]。「オーセンティック」とは、「本物の」という意味である。この1980年代の後半は、学力向上を強調した有名なレポート「危機に立つ国家（Nation at Risk）」（1983年）を契機として、各学区、学校での教育成果を点検し、説明責任（accountability）の要請にも応えるものとして、とりわけ州政府による上からの「標準テスト」が多用され始めたときにあたる。このような動向に対して、そのトップダウン式の実施方法ともあいまって、はたして「標準テスト」で学校の教育成果を評価できるのか、いったい「標準テスト」は何を評価しているのかという疑問や批判が提起されるようになる。

ちなみに、1988年のアーチボルト（Archbald,D.A）との共著（Doug A.Archbald,Fred M.Newmann,1988）の中で学力評価の文脈で「真正の（authentic）」という概念をはじめて使用したのはニューマン（Newmann,F.M）であり、1989年の論文の中で「真正の評価」という概念を使い始めたのはウィギンズ（Wiggins,G）である。ニューマンが、その「真正」という概念を登場させた共著の題名は、「標準テストを超えて（Beyond Standardized Testing)」であり、副題として「中等学校における真正の学力を評価する（Assessing Authentic Academic Achievement In the Secondary School)」とあるように、当時強まりつつあった、トップダウン式に広範囲に多用された「標準テスト」に対抗する意味で、「真正」という概念が創発されたのである[12]。

一般に「標準テスト」では「テストのためのテスト」と言われるような、かなり作為的でかつ低次な問題を子どもたちに課す場合が多くなる。しかも、「テスト場面」は日常の授業場面とは断絶した、ある種の儀式化された様相を示すことになりやすい。そのために、このような「標準テスト」では、子どもたちの本当の学力を評価することはできないのではないか。逆に、このような「標準テスト」で良い成績をおさめたとしても、それは学校の中でしか通用しない特殊かつ低次な能力を評価したに過ぎず、生きて働く学力を形成したという保証にはならないのではないかという疑問や批判が生じた。まさしく「真正の評価」論とは、このような「標準テスト」批判を背景に登場してきたのである。

アメリカでポピュラーな教育辞典（The Greenwood Dictionary of Education,2003）によると、「真正の評価（authentic assessment)」は次のように規定されている。

> 標準テストに代替する評価の形式である。生徒が知識を現実の世界（the real world）にいかに効果的に応用（apply）するのかみようとするものである。

また、ウィギンズは、「真正の評価」論の重要な指標の一つとして「(オーセンティックアセスメントとは）大人が仕事場や市民生活、個人的な生活の場で試されている、その文脈を模写（replicate or simulate）すること」であると規定する[13]。教育評価の文脈で使われる「真正性」とは「現実の世界」を模写した評価課題に取り組む評価論として考えてよいだろう。このような定義が新しい教育評価論にどのように含意するのであろうか。それは、およそ6点に整理できるだろう。

①　評価の文脈が「真正性」を持っていること

「真正性」とは、評価の課題や活動がリアルなものでなくてはならないということである。例えば最近のアメリカの数学教科書を開けてみると、必ずと言ってもよいほどに数学課題が実在の人物との関係で提示されている。ただし、「真正性」とは子どもたちにとって親密なものではあっても、安易な探究によって解決できるものではない。「真正の課題」に応答するためには、「総合力」や「応用力」といった深い、より高次の理解が必要となる。

ニューマンの学力規定を、現実世界に転移（transferability）する「理解」概念として把捉し、発展させたウィギンズは、その「理解」概念を、次のように五つの様相（Facet）として説明している[14]。要約すると、

(i)　洗練された説明や解釈（Sophisticated explanation and interpretation）。今まで学習し、遭遇してきた正確かつ理路整然としてわかりやすい理論や物語を発展させ、提供し、実証する能力のこと。

(ii)　文脈上のパフォーマンスの秘訣や感受性（Contextual performance know-how and sensitivity）（機智savvy）。多様な、あるいは特別な状況において知識をどのように有効に利用し、応用するのかということ。

(iii)　見通し（Perspective）。批判的に思考（critical thinking）し、精査することを通して得られるものである。この意味において理解するということは、含蓄のあるものや仮定されているものの、眺望の利く観点から、複合的な展望から、物事をみることである。

(iv)　共感（Empathy）。他人の感情や世界観の内情に通じ、他人が経験するようにその世界を経験する能力のことである。共感は同情ではない。

(v)　自己認識（Self-knowledge）。これは私たちが持つ知的な先入観を知り、私たちがなにを、どのように理解したのか（または理解しなかったのか）という先入観がどのように影響し規定さえしているのかを確認する能力である。

後年になって、ウィギンズは、「理解」概念を次の六つの様相（facet）としてシンプルに説明している[15]。１．説明する（explain）。２．解釈する（interpret）。３．応用する（apply）。４．パースペクティブ（perspective）を持つ－批判的（critical）で洞察に富んだ見方。５．共感する（empathize）。６．自己認識（self-knowledge）を持つ。PISA調査以来、日本においては「資質・能力」として「思考力・判断力・表現力」の重要性・必要性が強調されているのは、この点と関係しているのである。

②　構成主義的な学習観を前提としていること

構成主義的な学習観とは、学習するとは知識を量的に蓄積することではなくて、環境との中で相互作用しながら、自分の経験に関する意味を再構成しつつ、学ぶことである。子

どもたちは、白紙の状態にある無能な学習者ではなく、自分を取り巻く様々な世界（自然、社会、人間）に対して主体的に働きかけながら、それなりの整合性や論理性を構築する有能な存在である。さらには、このようにして形成した世界像（ものの見方、考え方）は、主体的であるからこそ実感に裏打ちされた確信を伴って、強固な性格を持つに至っている。したがって、「新しい知識」によって子どもたちの既有知識を組み換えるには、かなり質の高い指導が必要とされるのである。

③　評価は学習の結果だけでなくプロセスを重視する

構成主義的な考え方が教育評価の在り方に提起していることは、まずは子どもたちが保有している今までの学習経験や生活経験といった既知なるものを確かめることであろう。そして、次にこの既知なるものと学校が提示することになる未知なるものとが、子どもたちの中にどのような「葛藤」を引き起こしているのかを具体的に把握することである。さらには、このような既知と未知との往還のプロセスについて、またどのような納得の仕方で知の組み換えを行ったのかについて、子どもたち自らの判断（自己評価）も大切な評価対象になる。この点を最もわかりやすく提起したのが、構成主義的な学習観を背景に提起された「素朴概念」の理論と方法である。

「素朴概念」とは、子どもたちが学習を始める前に持っている、自然や社会に関する知識で、大人や専門家から見れば、通常は正しくないと見なされる考え方である。例えば、「ものが燃えると軽くなる」「電流が電池のプラス極とマイナス極から出て衝突するから豆電球がつく」「昼と夜とでは、ろうそくの光が届く範囲は異なる」といったものである。子どもたちの生活知や日常知と適合していることから、きわめて安定性が高く、「素朴概念」の存在を軽視・無視した従来の指導方法では、変換不可能とされている。そのために、教育評価においても、まずは指導する前に子どもたちの「素朴概念」の実態を確かめる（診断的評価）。教師の教える科学知や学校知と子どもたちが持っている「素朴概念」との葛藤の様相を見取る（形成的評価）。そして、「素朴概念」がどの程度どのように子どもたちによって組み換えられたのか（総括的評価）、そのことについて子どもたち自身はどのように考えているのか（自己評価）を明らかにする必要がある[16]。

④　学習した成果を評価する方法を開発し、さらには子どもたちも評価方法の選択ができること

「真正の評価」は「真正の課題」に挑むことによって、それこそ五感で「表現」される学習のゆたかな様相を把握する評価方法を創意工夫すること、さらには学習の成果を「表現」する方法を子どもたちに選択させることが求められる。このような評価方法として、パフォーマンス評価（Performance assessment）やポートフォリオ評価（Portfolio assessment）が有名である。

パフォーマンス評価とは、主に学力の発展的な、活用する場面で使用されるものであって、例えば「作問法」(「3×5=15となるような問題を作ってみよう」)とか、「仮想的教示法」(「博物館の学芸員になって――pretend to――、哺乳動物の特徴を小学5年生に説明してあげて下さい」)などが有名である。一方、ポートフォリオ評価における「ポートフォリオ」とは「紙挟み」や「書類かばん」などの邦訳があるように、子どもたちが創造した作品(日記、ビデオテープなどを含む)や様々な評価記録(教師の観察記録、子どもの読書目録など)を収集したもので、その収集された中身やそれを入れる容器(ファイル、ボックス、棚など)を意味する。ポートフォリオ評価法とは、子どもたちの学習活動で生み出されてくる、様々な「作品」を蓄積するとともに、それらの「作品」を取捨選択する「検討会(conference)」に子どもたちを参加させることで、教師の指導上のねらいと子どもたちの学習上のめあてを練り合わせるとともに、子どもたちの自己評価能力の形成を促そうとするものである[17]。

⑤ 評価は自己評価を促すものでなくてはならない

評価は教師が成績づけを行うためだけではなく、何よりも子どもたちの学習を前進させるためのものであれば、その「所有権(ownership)」は子どもたちに属する。それゆえに「真正の評価」は子どもたちの「自己評価」を重視する。構成主義的な学習観では、学習における自己調整が何よりも必要であり、その核心は自己評価能力の形成にあると言っても過言ではないだろう。

⑥ 評価は教師と子どもとの、さらには保護者や地域住民も含む参加と共同の作業であること

「真正の評価」論では「評価参加者(stakeholder)」という言葉が登場する。評価に利害を有する人たちは、評価の行為に参加する権利があるという主張が背景にある。授業とは、教師と子どもたちとの共同制作であると言われるが、まさに評価場面においても子どもたちが評価活動に参加して、教師と共同して評価活動を創り上げていかなくてはならない。そして、さらには「評価参加者」は保護者にも開かれたものにならなくてはならないだろう。もし、「参加と共同」が学習場面に限定されて、評価場面では相変わらず教師の専断が許されるならば、授業の未来は閉じたものになるだろう。

冒頭で紹介した新指導要録に関する公的文書においては、学習改善と指導改善を目指す「教育評価 evaluation」の仕組みとして指導要録を改訂するという明確な立場を表明しつつ、さらには、次のような注目すべき指摘もなされている。

> 学習評価の方針を事前に児童生徒と共有する場面を必要に応じて設けることは、学習評価の妥当性や信頼性を高めるとともに、児童生徒自身に学習の見通しをもたせる上で重要であること。その際、児童生徒の発達の段階等を踏まえ、適切な工夫が求められること。

評価場面に児童生徒の「参加」を促す提起として、教育評価研究の新しいステージを意識したものと考えてよいだろう。このように、『真正の評価』論においては、学力の「質」と評価参加者の「参加」を促すことによって、従来の評価方法の方法原理に対しても、より明確な方向を打ち出すことになる。

(2) 評価方法の新しい方法原理

最も基本的な評価方法の原理として、従来から「妥当性（validity)」と「信頼性(reliability)」が挙げられてきた。「妥当性」とは評価対象をどれほどよく測れているのかを示す概念であり、「信頼性」とは評価対象をどの程度安定的に一貫して測れているのかを示す概念である。しかしながら、両者は親和的な関係ではなく、一方を重視すると他方を軽視するというアンビバレントな関係として推移してきた。

例えば、教師の手作りのテストは「妥当性」を、アカウンタビリティを要求されるハイ・ステイクス（high-stakes）なテストは「信頼性」をそれぞれ主張しつつ、他方の原理を不問にしてきた。また、記述式テストは「妥当性」は高いが「信頼性」は低く、客観テストはその逆であるとも指摘されてきた。

しかしながら、「目標に準拠した評価」さらには「真正の評価」へと進展する今日の教育評価研究においては、「妥当性」と「信頼性」は対立する概念としてではなく、まさしく評価の客観性を担保する二つの契機として把握することが求められている。以下、両概念をいかに発展的に理解していくのかについて説明したい。

①　「妥当性」とカリキュラム適合性

従来から、評価方法の原理としての「妥当性」には、「構成妥当性（construst validity）――その評価方法が評価対象として想定されている構成概念～「観点」や「学力モデル」～をどの程度適切に測ることができているのかに関する概念」が重視されており、ギップス（Gipps,C.V.）は、この「構成妥当性」をより明確に規定して、「カリキュラム適合性(curriculum fidelity)」という概念を提起している[18]。それは評価方法とカリキュラムの領域やレベルとが整合しており、さらにはカリキュラム全体を評価方法がカバーしなくてはならないという概念である（図1参照）。たとえ高次の教育目標（例えば、「表現力」や「問題解決力」）を設定して実践しても、評価方法が低次の教育目標に対応する客観テストであれば、高次の目標が達成されたか否かが不分明であるばかりか、子どもたちはそれこそ低次のテストに馴化してしまうことになる。ギップスの提起は、このような問題点を指摘するとともに、より高次の教育目標に対応する評価方法の開発を促そうとするものである。

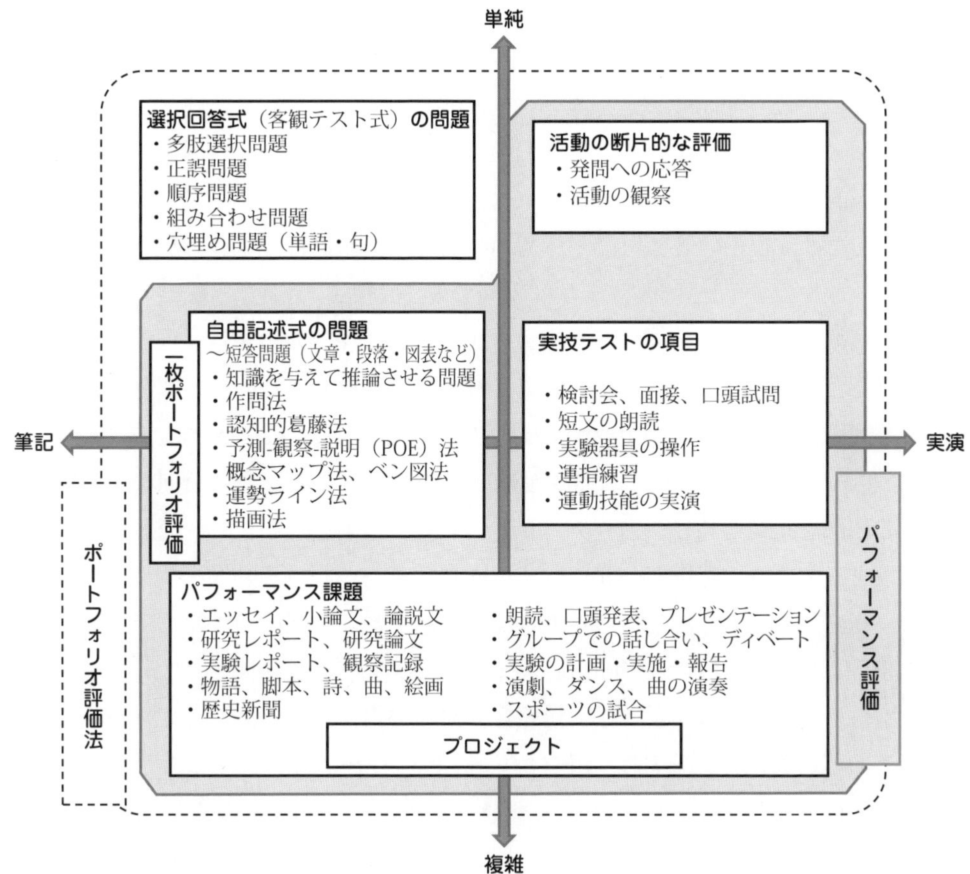

図1　能力と評価方法との対応

出典：西岡加名恵編：『「活用する力」を育てる授業と評価』学事出版、2009年、p.9

さらにギップスは、ある評価方法を実施することで、いかなる影響が生じるのかを検討する、「結果妥当性（consequential validity）」（または「波及効果」）という概念を提案している[19]。この提案は、たとえ「カリキュラム適合性」に優れた高次の評価方法（例えば、パフォーマンス評価）が選択・実施されたとしても、教育現場ではその評価方法への対症療法（いわゆる試験対策）が優先されてしまい、指導の質を吟味して高次の学力を形成するという地道な営みが軽視されることへの警告である。そして、このような対症療法を促進する大きな事態として、イギリスでかつて実施されていたナショナル・テストとその結果を公表すること（学校成績順位一覧表＝リーグ・テーブルと呼称）で学校間競争を激化させていた政策を典型例として挙げている。この「結果妥当性」は「学力テストの時代」という様相を帯びつつある現代日本にとっても、きわめて重要な問題提起となっている。

②「信頼性」と比較可能性

評価方法の「信頼性」とは、いつどこで誰が実施しても、その評価結果の精度が安定し、一貫していることを示す概念である。歴史的に見ると、「絶対評価」を批判して登場した「メジャメント運動」が、この「信頼性」確保のために統計手法を駆使して追求することを自己目的化したために、「妥当性」を失うことになった。さすれば、「目標に準拠した評価」さらには「真正の評価」にとっての「信頼性」概念は、いかに担保されるべきであろうか。

一般に「信頼性」には従来「評価方法の信頼性」と「採点の信頼性」の二つがあると指摘されてきた[20]。前者は、その評価方法がどの程度安定しているのかを問うもので、ある評価方法を同一集団に対して一定期間を置いて二度実施して、その相関を求める方法（再テスト法）やある評価方法と同一の形式と難度で作成された評価方法を同じ母集団に実施して、その相関を求める方法（並立テスト法）などが提案されてきた。後者は、採点の一貫性を追求するもので、評価者が異なっても同じ採点が行われるのかを問う「評価者間信頼性（inter-rater reliability）」と同じ評価者が一人の子どもを何度か評価しても同じ採点になるかを問う「評価者内信頼性（intra-rater reliability）」が考えられてきた。

先に指摘したように、このような「信頼性」が「妥当性」を不問にして一方的に追求されると、その評価方法は「客観テスト」や「標準テスト」に帰着することになる。そこで、ギップスは明示性のある「妥当性」概念としての「カリキュラム適合性」に対応する、「信頼性」概念の新たな規定として「比較可能性（comparability）」を提起している[21]。「比較可能性」とは、評価者間で評価基準が共通に理解され、評価対象であるパフォーマンスを同じルーブリック（評価指標）によって公平に評価することで、評価の一貫性が確保されているかどうかを検討する概念である。

そして、この「比較可能性」を高める手法として、モデレーション（moderation-調整）が提起される。モデレーションには、評価過程を統一する方法と評価結果を統一する方法の二つがあるが、次に紹介するパフォーマンス評価でよく用いられるグループ・モデレーション（表２）は、ルーブリックの作成を目指して評価過程で評価結果を統一する方法であり、そのモデレーションを通じて教師の教育評価に関する熟練度を向上させるきわめて有効な手法である。

表２　グループ・モデレーションの方法

①　あるパフォーマンスや作品（広義）を例えば４点という尺度で採点を行うことを確認する。
②　一つのパフォーマンスや作品に対して、少なくとも３人以上の教師が採点を行う。
③　全員が同じ点数をつけたパフォーマンスや作品に基づいて、指標づくりを行う。

出典：西岡加名恵編著『「逆向き設計」で確かな学力を保障する』明治図書、2008年

さて、このようにして作成されるルーブリックは、「尺度」、評価基準を示す記述語、具体的なサンプル（アンカーとも呼称）によって構成されている（表３参照）。それぞれの「尺度」にはそれを典型的に示すサンプルを付すことによって（表３の「データの収集」であれば、子どもたちが記録したレポート）、ルーブリックの伝達可能性や検証可能性を高めることができる。したがって、この場合の「尺度」は合議によって確定された記述語とサンプルを伴うことから、単なる「名義尺度（nominal scale）」ではなく「順序尺度（ordinal scale）」さらには「間隔尺度（interval scale）」を目指すものと言えよう。まさしく、ルーブリックはボトム・アップとしての「妥当性」と伝達や検証の可能性に支えられた「信頼性」によって、評価基準の客観性を保証するものと言えよう。

表３　理科実験〈５年生〉に関するルーブリック例

（データの収集）
４．データは、実験結果を正確に反映する整理されたやり方で収集され、記録された。
３．データは、実験結果をおそらく表現しているであろうやり方で記録された。
２．データは、混乱したやり方で記録されたか、教師の援助があるときにのみ記録された。
１．データは、不完全で行き当たりばったりなやり方で記録されたか、教師がかなり援助した後でのみ記録された。

出典：Wiggins,G,Educative Assessment,Jossey-Bass Pub,1998. p.167

なお、その際大切なことは、このルーブリックは子どもたちにも公開されていることである。このように評価指標を「公開」することにはやや抵抗があるかもしれないが、それには次のような意義がある。その一つは、「目標に準拠した評価」と主観的・恣意的な評価（「旧絶対評価」）とを分ける重要な点が、まさにこのような評価を行う基準が公開されているか、教師の中で秘匿されているのかという点にあるからである。公開されるということは、もし問題があれば批判的な検討を通じて修正されていく可能性があることを意味する。

さらに重要な点は、このルーブリックは何よりも子どもたちにとって学習活動や自己評価の指針としての役割を持つということである。ルーブリックにおける採点はあくまでもその時点での子どもたちの到達点であって、それが最終の判定を意味するわけではない。先の「実験」活動を評価する場合で言えば、「２」をもらった場合には「３」になるにはどのように学習を改善すればよいのかが教師と子どもたちの間で共通に認識されていることが大切なのであって、ルーブリックにはその役割が期待されている[22]。

③　公正性と実行可能性

評価方法の原理として、公正性（equity）と実行可能性（feasibility,manageability）という二つの概念も大切である[23]。公正性とは、出題や採点のプロセスに介入してくる、性別、国別、人種別、民族別、階層別などの様々な文化的バイアスを考慮して、可能な限り評価に関する条件を受験者に公平になるように整えようとするものである。

例えば、学力の国際調査で共通に出題される問題に含まれる素材には、明らかに文化圏の相違によって有利不利が分かれる。交通機関に電車を使わない国々の子どもたちにとって、電車を素材とする出題は明らかに不利となる。その場合には、評価する対象国でポピュラーな交通機関を素材とした出題が追求されるべきだろう。また、ハイ・ステイクスな試験において受験者の性別や人種などが事前に判明している場合には、採点者のバイアスがかかる危険があることから、匿名による採点が実施されるべきである。

実行可能性とは、その評価方法を実施するために必要とされる基盤条件を考慮することである。その条件とは、問題作成や採点に要する時間、費用、評価者の熟練度、人的な組織などであり、まさしくカリキュラム・マネジメントが要求される。例えば、パフォーマンス評価のような高度な評価方法を実施しようとする場合には、学校内で評価に関する専門的な組織を立ち上げ、パフォーマンス評価やモデレーションに関する研修を行って教職員の熟練度を向上させるとともに、学校や学年単位でのカリキュラム上の位置付けや時間確保にとりわけミドル・リーダーはリーダー・シップを発揮する必要があるだろう。

以上、評価方法の原理としての、妥当性、信頼性、公正性、実行可能性について説明してきた。それでは、次に「真正の評価」論を実際に運用する教師の専門性について、考えてみたい。

（3）評価リテラシーの育成

「真正の評価」論を実現するための三つ目の視点は、「評価リテラシー」の必要性である。いわゆる「読み・書き・算」のような基礎的な学力を「標準テスト」ではかるという行為においては、教師の力量はさほど必要とされないであろう。しかし、「質」の高い学力の形成を目指して、「パフォーマンス評価」を実施するとなると、スタンダードの設定、評価方法の選択、「ルーブリック」の開発などの重要な局面において、教師の高い専門性が求められる。このような「教育評価」に関わる専門的な力量を「評価リテラシー」と総称しておきたい。

まずは、アメリカにおける「評価リテラシー」の研修例を紹介してみたい（表4）。この紹介例からもわかるように、子どもたちの作品と「ルーブリック」を突き合わせれば、誰もが容易に自動的に採点できるというわけではない。この研修では「ルーブリック」のどの段階であるかを判断するためには、専門的な「トレーニング」が必要であることを示している。その場合に、「モデレーション」の一環としての「調節（calibration）」が重要な役割を担っていることにも着目しておきたい。なお、この「評価リテラシー」を形成する教師養成プログラムを樹立することも、日本においては今後の課題だろう。そして、近い将来においては、このように専門性が要求される「教育評価」が教育職員免許法の教職科目として位置付くことも考えなくてはならない。

表４　評価リテラシーの研修風景

集団による成績づけは、トレーニング期間から始まります。参加者はその間に、パフォーマンス、解答用紙、ポートフォリオを、合意済みのスタンダードに沿って評価することを学びます。通常、成績をつける人の活動はチームで行われ、それぞれのチームには経験豊かなリーダーが入ります。

グループでまず行うことは、生徒の作品を判断する際に使うスタンダードについて合意に至ることです。このプロセスの始まりに、各参加者は同じ作品サンプルをいくつか渡され、成績をつけます。そのサンプルは、評価する生徒たちの学力の幅広さを例証できるように、あらかじめ選ばれたものです。成績をつける人たちは、すでに存在している採点ルーブリックにそって成績をつけるでしょう。そのようなルーブリックがなければ、彼らはトレーニング期間のうちにルーブリックを開発する必要があるでしょう。

サンプルを個々人で採点し終えた後、チームのメンバーは一堂に会して**調節**（calibration）を行います。そこでは、最初に行った採点を比較し、見解が異なる部分を特定し、コンセンサスをはかります。このプロセスの一貫として、成績をつける人は、自分たちが採点のために用いたスタンダードが何を意味しているのかということを明確に探ることになります。また、例えばスペル間違いや標準的でない英語を嫌がってしまうといったバイアスを自分たちが持っていることにも向き合います。調節は、それぞれの事例についての採点にグループ全員が合意するまで続けられます。この時点になると、そのサンプルは*アンカー用紙*（*anchor papers*）として働き、他の解答を採点する際のベンチマークとなるのです。

全員が心の中に鮮明な採点スタンダードをもって、グループは生徒の解答や作品のサンプルを評価する仕事に取りかかります。一般的に、それぞれの解答は２人の採点者に１回ずつ、合計２回採点され、両採点者はお互いがつけた点数を知らされません。もし２人の点数が近ければ、それが最終成績になります。もしかなりの不一致があれば、３人目の採点者、通常はチームリーダーがその解答を再び採点して、差異を解決します。

グループ間での採点の一貫性を保証するために、いくつものモデレーションの技術が開発されてきました。その一つは、チームリーダーが日常的に、すでに採点された解答からいくつかを選び出して再採点することです。これによって、すべてのチームメンバーが同じ方法でスタンダードを適用しているかを確かめることができます。また、あるチームで採点された解答を他のチームに回し、その解答に同じ点数がつけられるかをみてみるという方法もあります。三つ目は、集団での調節のために１～２回立ち止まって、その間に全員で同じ解答を読んで、それをどう採点するべきかについて合意を得るという方法です。

集団による成績づけに参加した教師たちは、一般的にその仕事は大変だが有意義な経験だと報告しています。それは、これらの会合において、彼らが指導におけるもっとも根本的な問いにとりくんだからでしょう。その問いとは、「何に価値をおくのか？」「それはなぜか？」「生徒たちがそれらの価値を作品に反映しているかいないかということを、どのように判断できるのか？」といったことです。

出典：ダイアン・ハート著『パフォーマンス評価入門―「真正の評価」論からの提案』（田中耕治監訳）ミネルヴァ書房、2012年、pp.100-102

4 学習評価と入学試験

○ 学習評価の二つの役割

冒頭に挙げた学習評価に関する厳しい現状について、その大きな原因として、戦後半世紀に及ぶ「相対評価」の残滓を指摘したが、そのような現状を導因したもう一つの問題点を指摘しておかなければならない。それは、学習評価には二つの役割や機能があるという点である。

すなわち、その一つは入学試験や進学の際に活用される選考や選抜に関わる機能である。もう一つは、授業改善のための評価という言葉に代表される教育実践を改善する機能である。この二つの機能は本来矛盾するものではなく、統合して理解されてこそ、文字どおり「教育評価」は十全に機能するのである。しかしながら、激化する学歴獲得競争社会にあっては、前者の機能が後者の機能を侵食することになる。教育評価という言葉を聞いただけで、苦い思い出とともに、「優劣をつけられ、序列化された」と感じる人も多いだろう。

既述したように、半世紀わたって採用されてきた「相対評価」は、排他的な競争を煽り、選抜型入試と適合してきたのである。さすれば、2001年改訂の指導要録から、「相対評価」から「目標に準拠した評価」へと転換したとき、入試制度はいかに変革されるのであろうか。まさしく、「目標に準拠した評価」とその発展系である「真正の評価」は、入試制度にいかなる改革をもたらすのであろうか。その転換のキー・コンセプトは「選抜型入試」から「資格型入試」へといかに改革するかということである。この「資格型入試」とは、学校階梯間の「接続」を架橋する資格内容（受験学力）を上級校と下級校との協力によって構築して、合否を決定することである。この入試改革にメスを入れない限り、教育実践の改善のための学習評価改革も不完全燃焼に終わるか、さらには頓挫することにもなりかねない。

このように、「接続」の中に入試を位置付けるという志向は、中央教育審議会答申「初等中等教育と高等教育との接続の改善について」（1999年12月16日）以来、中央教育審議会答申「新たな未来を築くための大学教育の質的転換に向けて——生涯学び続け、主体的に考える力を育成する大学へ」（2012年８月28日）を経て、2015年２月に設置された「高大接続システム改革会議」による「最終報告」（2016 年３月31日）中に含意されている。

この「最終報告」では、「高等学校教育、大学教育、大学入学者選抜の一体的改革を『高大接続システム改革』」と呼称するとして、高大接続を大学入試改革を媒介として実施するという具体的な方策を示している。この一体的改革を貫く理念として、「一人一人が、

『学力の３要素』[24]を基盤に、自分に自信を持ち、多様な他者とともにこれからの時代を新たに創造していく力を持つこと」とされている。

この理念を実現するために、「大学入学者選抜実施要項（令和２年度版）」の冒頭において、「大学入学者選抜は、各大学（専門職大学及び短期大学（専門職短期大学を含む。以下同じ。）を含む。以下同じ。）が、それぞれの教育理念に基づき、生徒が高等学校段階までに身に付けた力を、大学において発展・向上させ、社会へ送り出すという大学教育の一貫したプロセスを前提として、各大学が、卒業認定・学位授与の方針（以下「ディプロマ・ポリシー」という。）や教育課程編成・実施の方針（以下「カリキュラム・ポリシー」という。）を踏まえ定める入学者受入れの方針（以下「アドミッション・ポリシー」という。）に基づき、大学への入口段階で入学者に求める力を多面的・総合的に評価・判定することを役割とするものである」と述べ、大学に三つのポリシーの明確化を求め、大学入試を大学教育の一環とする立場を鮮明にしている。すなわち、受験生の志望動機と「受験学力（「接続に必要とされる学力」）の明確化を求めているのである。

さらには、高校側に対しては、指導要録における「観点別学習状況」の評価が不十分であると指摘した上で、まさしく学力の３要素（新学習指導要領における「資質・能力」）を意識した指導と評価を追究すべきであると結論付けている。まさしく、指導改善と学習改善を励まし、「真正の評価」論の登場を促す方針と考えてよいだろう。

ただし、「最終報告」において、「もとより、高等学校教育、大学教育、大学入学者選抜の在り方はどれもが長い歴史を持ち、我が国の社会に深く根を張っている。こうした状況の下で、高等学校教育から大学教育、また義務教育や社会との関係まで含め、多岐にわたる改革内容をシステムとして捉え、これまでの歴史の先に新たな教育の仕組みを創造することは、長期にわたって『答えが一つに定まらない問題に解を見いだしていく』活動である」と率直に述べられているように、この度の改革方針は現行の試験制度に風穴を開けるとはいえ、入試方法の改革のみでは、高大接続システム改革を真に実現することは困難である。例えば、国公立入試と私学入試との差異を念頭に置きつつ、「入試期日」「学力検査科目」「学力検査方法（共通テストと個別テストの関係など）」「推薦・AO入試」などの再考を行うとともに、さらには学校間格差の是正や日本型学歴社会の見直しも展望されなくてはならないだろう。まさしく、「答えが一つに定まらない問題」へのチャレンジは続くことであろう。その上で、教育実践の文脈での学習評価改革を励まし、入学試験を「接続」を架橋する「資格試験」として展望するための条件（改革方針案）を７点提示して、小論を閉じたいと思う[25]。

⑴　下級学校の教育目標が到達目標化されて、公認されていること。

⑵　「内申書」は生徒の学力実態（目標の到達度）と指導方針を明示できるような様式に

していおくこと。

⑶　上級学校は、アドミッション・ポリシーを公開し、下級学校に対して説明責任を負うこと。

⑷　出題や資格認定は、上級校と下級校の協力で行い、公正で妥当な評価方法を確立すること。

⑸　有資格者数は、年度ごとに変動することを前提とした制度にしておくこと。

⑹　受験機会を複数化しておき、未到達目標は指導・学習の資料とすること。

⑺　個別科目の選択受験方式を採用して、科目ごとに合否を決定すること。

●**注**

1　宮崎市定『科挙　中国の試験地獄』中公新書、1963年参照。

2　尾中文哉「イエズス会修道士学校の試験制度についての社会学的考察－定期試験の誕生」『教育社会学研究』第44集、1989年参照。イエズス会では、すでに６段階の数量的な評価が行われ、examenという語自体はもともと「秤の指針」の意味であった（P.127）。

3　井上健治編『テストの話』中公新書、1970年参照。

4　田中耕治『教育評価』岩波書店、2008年の第１章参照。

5　正木正「価値と評価」『講座　教育』第３巻、岩波書店、1952年（p.245）。

6　文部省『初等教育の原理』東洋館出版社、1951年（pp.217-219）。なお、引用箇所の丸数字と下線は筆者が加筆。

7　拙稿「戦後初期『教育評価』概念の成立」『授業の探究』第３号、1992年３月（pp.1-14）参照。

8　ブルーム著、稲葉宏雄他監訳『すべての子どもに確かな学力を』明治図書、1986年（p.185）。

9　田中耕治、前掲書、第２章参照。

10　東井義雄『学習のつまずきと学力』明治図書、1958年と斎藤喜博編『未来につながる学力』麥書房、1957年参照。

11　筆者は、『真正の評価』論はブルーム理論の発展系であるOBEに淵源の一つを持つと考えている。田中耕治『教育評価研究の回顧と展望』日本標準、2017年参照。

12　Doug A.Archbald,Fred M.Newmann.,Beyond Standardized Testing Assessing Authentic Academic Achievement In the Secondary School.（National Association of Secondary School Principals,1988）とGrant Wiggins（1989）." A true Test：Toward More Authentic and Equitable Assessment" *Phi Delta Kappan*,70（9）.

13　Grant Wiggins（1998）.,Educative Assessment：Designing Assessments to Inform and Improve Student Performance,（Califonia：Jossey-Bass),p.24

14　Ibid.,84-85.

15　G．ウィギンズ/J.マクタイ著『理解をもたらすカリキュラム設計―「逆向き設計」の理論と方法』（西岡加名恵訳）日本標準、2012年（pp.101-102）。

16　堀哲夫『学びの意味を育てる理科の教育評価』東洋館出版社、2003年参照。

17　ダイアン・ハート著『パフォーマンス評価入門―「真正の評価」論からの提案』（田中耕治監訳）ミネルヴァ書房、2012年とB.D.シャクリー他著『ポートフォリオをデザインする―教育評価への新しい挑戦―』（田中耕治監訳）ミネルヴァ書房、2001年参照。

18　キャロラインV．ギップス著『新しい評価を求めて』（鈴木秀幸訳）論創社、2001年（p.239）。

19　同上書（p.89）。

20　同上書（p.94-95）。

21　同上書（p.237）。

22　ルーブリックの改善点として、「一般的ルーブリック」が提唱されている。安藤輝次「パフォーマンス評価と授業改革」『指導と評価』2019年９月号所載参照。

23　ギップス、前掲書（pp.205-209、p.158）。

24　「最終報告」では、「学力の三要素」は、（１）十分な知識・技能、（２）それらを基盤にして答えが一つに定まらない問題に自ら解を見いだしていく思考力・判断力・表現力等の能力、そして（３）これらの基になる主体性を持って多様な人々と協働して学ぶ態度である。

25　田中耕治、前掲書（pp.188-189）。

第2章

中教審答申・学習指導要領からみる学力論の拡張

第２章 中教審答申・学習指導要領からみる学力論の拡張

奈須正裕

1 資質・能力を基盤とした教育

（1）評価論は目標論・学力論の裏返しである

評価論は目標論なり学力論の裏返しであり、三者は原理的に対応関係にあるし、実際にも対応している必要がある。対応しなかった場合、目標論は「タテマエ」に成り下がり、評価論が「ホンネ」となって実質的な目標論・学力論として機能する。社会科が「暗記もの」と目されてきたことなどはその典型であり、学びの質を著しく損ないかねない。

2017年版の学習指導要領では、「知識及び技能」「思考力、判断力、表現力等」「学びに向かう力、人間性等」という資質・能力の三つの柱（図１）の考え方を基盤に、すべての教科等の目標論＝学力論＝評価論を一貫性・整合性のあるものとすることが目指された。

資質・能力とは、「有能さ」を意味する学術用語として教育学、心理学、言語学、経営学等で広く、また多様な意味合いで用いられてきたコンピテンス（competence）ないしは

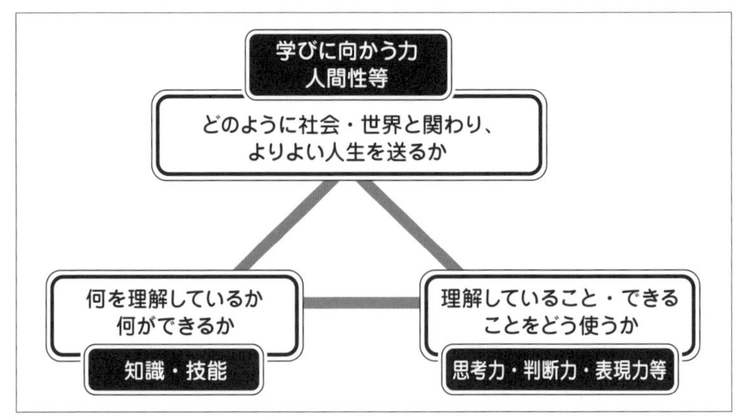

図１　資質・能力の三つの柱

コンピテンシー（competencies）を訳出した行政用語である。では、資質・能力とは何か、また、資質・能力を基盤とした学力論とはどのようなものだろうか。

（2）学習の転移は簡単には生じない

学力というと「何を知っているか」、典型的には授業で教わった知識や技能をどれだけたくさん、また教わったとおりの正確さで所有していて、それをテストの時にいかに素早く再生できるかといったイメージを抱く人が多いのではないだろうか。実際、我が国に限らず、長年にわたり学校教育は領域固有な知識や技能の習得を最優先の課題としてきた。

しかし、知識の習得それ自体はゴールではない。それらを自在に活用して質の高い問題解決を成し遂げ、個人としてよりよい人生を送ると共に、よりよい社会の創造に主体として参画できるところまでを視野に入れる必要がある。

実は、少しでも多くの知識を教え込むことに腐心してきたように見える従来型の教育も、子どもを「歩く百科事典」にしようとしたわけではなく、質の高い問題解決者にまで育て上げることを視野に入れてはいた。従来型の教育は、この目標を学問・科学・芸術などの文化遺産から知識・技能を選りすぐり教授することで達成できると考え、現に実行してきたのである。

なぜなら、それらは人類が成し遂げてきたもっとも偉大にして洗練された革新的問題解決の成果であり、子どもたちは習得した知識を適宜上手に活用することで、同様の優れた問題解決を成し遂げながら人生を生きていくだろうと期待した。さらには、例えば数学的知識の習得は、その過程において子どもに厳密な形式論理操作を要求するから、そこでは思考力や判断力も培われ、それらは数量や図形はもとより、社会的事象の構造的把握や批判的吟味にもたしかな礎を提供するに違いないと考えたのである。

このことは、従来型の教育が大いなる学習の転移（transfer）を暗黙の前提としていたことを意味する。学習の転移とは、ある文脈で学習したことが、新しい別な文脈における学習や問題解決に活用されることである。例えば、中高での英語学習は大学でのフランス語やドイツ語の学習を促進し、一定量の学習を節約する効果をもたらす。教育関係者も含め、人々は学習の転移が比較的容易に、また広範囲にわたって生じると信じてきた。

しかし、心理学は1970年代までに学習の転移はそう簡単には起きないし、その範囲も限定的であることを実証してしまう[1]。少なくとも、何かしらの知識や技能を習得してさえいれば、それが有用な場面に出合うと自動的に発動され、学習なり問題解決を促進してくれるといったことは、およそ期待できない。

例えば、2007年の全国学力・学習状況調査の小学校算数の問題において、同じ図形の面積に関する知識を適切に用いれば正答できる問題であるにもかかわらず、授業で教わったとおりの尋ねられ方をするA問題の正答率が96％だったのに対し、図形が地図の中に埋

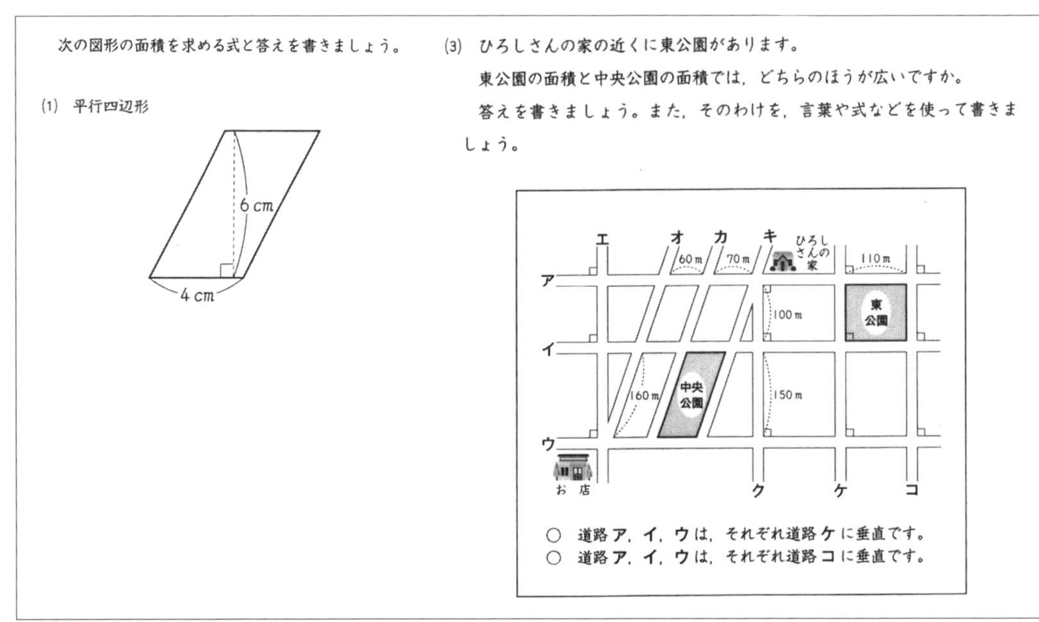

図2　小学校6年生算数のA問題（左）とB問題（右）（2007年度全国学力・学習状況調査より）

め込まれたB問題では18%と、両者の間には大きな乖離が認められた（図2）。

この事実は、知識は単に教わっただけでは自在には活用されないこと、つまり学習の転移が簡単には生じないことを鮮明に示している。したがって、特定の教科等における思考や創造の経験が思考力や創造力をもたらし、それがほぼ自動的に他の領域にも自在に活用可能になるという従来型の教育が頼りにしてきた原理も、抜本的な見直しを迫られる。

（3）非認知的能力の重要性

一方、マクレランド（McClelland,1973）は、領域固有知識の所有や基本的理解を問う伝統的な学力テスト、学校の成績や資格証明書の類いが、およそ職務上の業績や人生における成功を予測しないという衝撃的な研究結果を報告する[2]。より大きな影響力を示したのは、意欲や感情の自己調整能力、肯定的な自己概念や自己信頼などの情意的な資質・能力であり、対人関係調整能力やコミュニケーション能力などの社会スキルだった。

これら、非認知的能力の重要性は、大好きなおやつを一時的に先送りできるかどうかという4歳時点での自制心の高さが、その子の将来をかなり正確に予測するというミシェル（2015）の研究などにより、今や広く知られるところとなった[3]。おやつを待てた子は待てなかった子に比べ、青少年期に問題行動が少なく、理性的に振る舞い、大学進学適性試験（SAT）のスコアが2,400点満点中210点も高かった。また、成人後の肥満指数が低く、危険な薬物に手を出さず、対人関係に優れており、自尊心が高いとの報告もある。

しかも、近年の研究によると、感情の自己調整能力や社会スキルは生得的に運命づけられた不変な人格特性ではなく、組織的・計画的な教育によって十分に育成・改善が可能であり、むしろ幼児教育段階から適切に育てられることが有効であり、望まれてもいる。

（4）世界のトレンドとしての資質・能力育成

ならば、生涯にわたる洗練された問題解決の実行に必要十分なトータルとしての「有能さ」の実現を最優先の課題として、学校教育を抜本的にデザインし直してはどうか。これが、資質・能力を基盤とした教育の基本的な考え方である。

それは、教育に関する主要な問いを「何を知っているか」から「何ができるか」、より詳細には「どのような問題解決を現に成し遂げるか」へと転換する。そして、学校教育の守備範囲を知識・技能の習得に留めることなく、それらをはじめて出合う問題場面で効果的に活用する思考力・判断力・表現力などの汎用的（generic）認知スキルにまで高め、さらに非認知的能力へと拡充すること、すなわち学力論の大幅な拡張を求める。知識・技能についても、暗記的な状態から概念的な意味理解へ、要素的状態から相互に関連づき、全体として統合されたものへと、その質を高めようとの動きが顕著である。

まず、1997年から2003年にかけてOECDのDeSeCoプロジェクトがキー・コンピテンシーを提起し、PISAをはじめとする国際学力調査に導入した。一方、EUはキー・コンピテンシーを独自に定義し、域内における教育政策の共通的基本枠組みとする。北米では21世紀型スキルという名称の下、主に評価を巡って検討が行われ、その成果は後にPISAにも反映された。このような動向はイギリスやオーストラリアなどにも波及し、現在、多くの国や地域で資質・能力に基づくカリキュラム開発や教育制度の整備が進行中である。

国立教育政策研究所（2013）は、諸外国の動向を表１のように整理した[4]。そして、資質・能力を基盤とした各国の新しい学力論が、①言語や数、情報を扱う基礎的なリテラシー、②思考力や学び方の学びを中心とする高次認知スキル、③社会や他者との関係やその中での自律に関わる社会スキルの三層に大別できると結論づけた。それは、見てきたような学習と知識に関する近年の学術的な研究動向と、当然のことながら対応している。

2　社会構造の変化と学力論

（1）産業社会の要請に応えて誕生した近代学校

資質・能力を基盤とした教育の考え方それ自体は、学習と知識に関する研究の知見から導き出すことができるが、その今日における世界的活況の背後には、さらに社会的な要因

表１　諸外国の教育改革における資質・能力目標

DeSeCo		EU	イギリス	オーストラリア	ニュージーランド	（アメリカほか）	
キーコンピテンシー		キーコンピテンシー	キースキルと思考スキル	汎用的能力	キーコンピテンシー	21世紀スキル	
相互作用的道具活用力	言語、記号の活用	第１言語 外国語	コミュニケーション	リテラシー	言語・記号・テキストを使用する能力		基礎的なリテラシー
	知識や情報の活用	数学と科学技術のコンピテンス	数字の応用	ニューメラシー			
	技術の活用	デジタル・コンピテンス	情報テクノロジー	ICT技術		情報リテラシー ICTリテラシー	
反省性（考える力） （協働する力） （問題解決力）		学び方の学習	思考スキル （問題解決） （協働する）	批判的・ 創造的思考力	思考力	創造とイノベーション	認知スキル
						批判的思考と問題解決	
						学び方の学習	
						コミュニケーション	
						協働	
自律的活動力	大きな展望	進取の精神と起業精神	問題解決 協働する	倫理的行動	自己管理力	キャリアと生活	社会スキル
	人生設計と個人的プロジェクト						
	権利・利害・限界や要求の表明	社会的・市民的コンピテンシー 文化的気づきと表現		個人的・社会的能力 異文化間理解	他者との関わり 参加と貢献	個人的・社会的責任	
異質な集団での交流力	人間関係力						
	協働する力					シティズンシップ	
	問題解決力						

（国立教育政策研究所、2013、p13）

が深く関わっている。それは、工業による物の生産を礎とした産業社会から、知識の創造と活用が駆動する知識基盤社会へという社会構造の世界史的一大転換である。

18世紀イギリスに端を発する第１次産業革命は、それまで永く続いてきた農業社会から産業社会への移行をもたらした。農業社会では、気まぐれな自然に翻弄される不安定な状況下での生産・労働を余儀なくされたが、だからこそ人々は身の周りで生じるすべての出来事に注意を払い、思慮深く考えを巡らせ、よりよいあり方を求めて常に工夫を怠らず、またお互いに協力して日々の生活や仕事の改善・創造にあたっていた。

一方、産業社会は人為に基づく計画的で安定な生産・労働環境をもたらしたが、同時にもはや自分の才覚をかけての工夫を求められも認められもしないあり方へと、人々の精神を導く契機ともなった。産業社会は、それを可能とした産業機械のように、単純で定型的な労働を淡々と遂行できる能力と心性を人々に強く求めたのである。

今日、ごく普通に学校と呼ばれる教育機関は、この産業社会の新たな要請に応えるべく、近代という時代のただ中に生まれてきた。そこでは、大人社会が定めた現状における「正解」の量的蓄積とその型通りの運用を徹底することが中心的課題となる。自らの意思で工夫や創造を試みたり、いわんや疑問を差し挟んだりすることは、時に疎んじられこそすれ、あまり歓迎はされない。教師に質問を繰り返したが故にわずか３ヶ月で放校処分となったというエジソンの逸話は、このような近代学校に特有な風土をよく象徴している。

（2）知識基盤社会の到来

そして、今や社会構造は再び転換期を迎えている。知識基盤社会では、産業社会とは対照的に「正解」は存在せず、その状況における「最適解」をその都度自力で、あるいは多様な他者と協働して生み出すべく、知識を豊かに創造し活用する資質・能力がすべての人に求められる。産業社会を牽引してきた製造業ですら、もはや基本性能の優秀さだけでは十分ではない。さらに他社や他国との差別化を図るべく、マーケットの潜在的要求をいち早く察知してはそれに具体的な形を与え、あるいは斬新な提案によりマーケット・ニーズを創出する必要がある。そこでは、知的イノベーションこそが富の源泉である。

加えて、私たちの目前には、環境問題、食料問題、資源・エネルギー問題、貧困と格差の問題、人権と平和の問題など、国境を超えての力強い連帯と賢明な調整を不可避とする、やはり「正解」のない難問が山積している。もはや、時代は先進工業国家が第１次産業革命以来続けてきた奔放で競争的な開発を許さない段階へと突入しており、持続可能な開発の考え方に基づく、包摂的で公正な共生社会の実現を新たな原理とした教育への移行は避けがたい。そこでは、一人ひとりが自立した個人として、同じく自立した個人たる多様な他者と協働し、よりよい社会のあり方を不断に求め続ける中で新たな知識を生み出し、地球規模で流動する状況の変化に創造的に対応していく資質・能力の育成が求められよう。

（３）AI時代の到来は教育の「人間化」の好機

さらに、現在進行中の第４次産業革命が、この動きにいっそう拍車をかける。

その第一はIoT（internet of thing）とビッグデータである。従来のインターネットは人が情報の授受の対象だったが、今や工場の生産機械や家庭の家電などの様々なモノがインターネットにつながり、遠隔・自動での複雑な制御が可能となっている。また、交通や気象から個人の健康まであらゆる情報がデータ化され、これらをネットワークで結んで集約し分析・活用することで、新たな付加価値を生み出せるようになってきた。

第二はAI（人工知能）である。ディープ・ラーニング技術により、人間がコンピュータにすべての指示を与えなくとも、コンピュータが自ら学習し、一定の判断を行うことが可能となってきた。こうした技術革新により、従来人間によって行われていた労働が大幅にAIやロボットによって補助・代替されることが予想されている。

しかし、いくら優秀になったとはいえ、コンピュータが与えられた目的の範囲内で処理を行っていることに変わりはない。コンピュータと人間は、本質的に異なるのである。

例えば、2016年12月21日の中央教育審議会答申「幼稚園、小学校、中学校、高等学校及び特別支援学校の学習指導要領等の改善及び必要な方策等について」（以下、答申と略記）では、「人間は、感性を豊かに働かせながら、どのような未来を創っていくのか、どのように社会や人生をよりよいものにしていくのかという目的を自ら考え出すことができる。多様な文脈が複雑に入り交じった環境の中でも、場面や状況を理解して自ら目的を設定し、その目的に応じて必要な情報を見いだし、情報を基に深く理解して自分の考えをまとめたり、相手にふさわしい表現を工夫したり、答えのない課題に対して、多様な他者と協働しながら目的に応じた納得解を見いだしたりすることができるという強みを持っている」（p.10）との指摘がなされている。

第１次産業革命が人々にもたらした労働のあり方は、チャップリンが映画『モダンタイムス』で描いたように人間の「機械化」であった。そして、そこへの人材供給のために整備された伝統的な学校教育も、多分に共通した特質を内在させてきた。

第４次産業革命は、第１次産業革命が要請した暗記や習熟中心の受動的で定型的な学習との決別を可能にしてくれる。AIの進展により、もはや人間は機械にできることをしなくてもよい。そして、人間にこそできること、人間ならではの強みを伸ばすことに教育はそのリソースを集中できるし、集中すべきである。その意味で、AI時代の到来は近代学校がその特質を抜本的に見直し、教育の「人間化」を実現する好機であると言えよう。

2017年版学習指導要領の学力論

(1) 三つの視点と学力の三層構造

以上の議論を踏まえ、資質・能力の三つの柱へと至る我が国の議論の経緯を振り返りながら、2017年版学習指導要領の学力論について考えてみたい。

資質・能力への注目は、1996年に提起された「生きる力」の中にすでに認めることができるが、「次期学習指導要領に向けての基礎的な資料を得ること」を明記して本格的検討を進めたのは、2012年12月に文部科学省内に設置された「育成すべき資質・能力を踏まえた教育目標・内容と評価の在り方に関する検討会」である。検討会は2014年3月に「論点整理（主なポイント）」を公表し、「現在の学習指導要領に定められている各教科等の教育目標・内容を以下の三つの視点で分析した上で、学習指導要領の構造の中で適切に位置付け直したり、その意義を明確に示したりすることについて検討すべき」とした。

ア）教科等を横断する汎用的なスキル（コンピテンシー）等に関わるもの

① 汎用的なスキル等としては、例えば、問題解決、論理的思考、コミュニケーション、意欲など

② メタ認知（自己調整や内省、批判的思考等を可能にするもの）

イ）教科等の本質に関わるもの（教科等ならではの見方・考え方など）

ウ）教科等に固有の知識や個別スキルに関するもの

これらは、単に検討すべき視点が三つ存在することを示す以上に、学力をこのような三層構造で考えるという新たな視座を提供したものと解釈することができる。

歴史的に見ても、ア）の汎用的スキルとウ）の領域固有知識は、「問題解決力の育成が本質で、知識はその手段に過ぎない」とする経験主義的な立場と、「まずは知識を教えなければ、そもそも考えることすらできない」とする系統主義的な立場の間の論争を典型として、「あれかこれか」の対立図式で議論されがちであった。これに対し上記の三層構造では、イ）の教科等の本質を仲立ちとすることで、二元論的解釈に陥りがちなア）とウ）を有機的に統合し、調和的に実現する教育が明確にイメージされている。

それぞれの教科等で指導しているいかなる領域固有知識も、元を正せば、その教科等ならではの見方・考え方に基づく探究や議論から析出してきたに違いない。したがって、一見すると多岐にわたる膨大な領域固有知識も、その教科等の本質との関わりにおいて、必ずや体系的・統合的に把握できるはずである。また、教科等の本質との関わりを意識することで、個々の知識に関する理解も深まり、結果的に定着もよくなるであろう。

一方、汎用的スキルには、いわゆる思考スキルのような、特定の教科や領域にあまり依存しないものもたしかにある。その一方で、ある教科等の見方・考え方が、当初の領域や対象を超えて他の領域や対象に適用される場合も多い。自然の事物・現象をよりよく探究するために発展してきた近代科学の方法や原理は理科の中で体系的に指導されるが、それを社会事象や人間の理解に適用するというのは、その代表的なものである。

このような理解に立つ時、水と油の関係に見えたア）の汎用的スキルとウ）の領域固有知識は、イ）の教科等の本質を仲立ちとして有機的に結びつき、三者が全体として調和的な一つの学力構造をなしうることが見えてくる。

（2）資質・能力の三つの柱

その後、2014年11月に文部科学大臣から中央教育審議会への諮問があり、学習指導要領の改訂作業がスタートした。約２年間の議論を経て、2016年12月21日、中央教育審議会は答申を公表する。そして、2017年３月より順次、学習指導要領が告示されてきた。

中央教育審議会での検討は、もちろん先の検討会の議論を踏まえて行われたが、結果的に学習指導要領は、その学力論の表現として資質・能力の三つの柱を選択する。

三つの視点と三つの柱は、イメージする学力論それ自体に大きな違いはない。では、なぜこうも違ってくるのか。学力論とはいわば立体的な構造物であるから、その表現に際しては、何らかの角度でスライスして見せる必要がある。三つの視点と三つの柱では、同じ学力という構造物をどの角度から切って見せるか、その切断面の角度が違うのである。

三つの柱を生み出す角度が選択された最大の理由は、学校教育法30条２項に規定された、いわゆる「学力の三要素」、すなわち「基礎的・基本的な知識・技能」「知識・技能を活用して課題を解決するために必要な思考力・判断力・表現力等」「主体的に学習に取り組む態度」との整合性であろう。もちろん、それ自体は極めて妥当な判断である。また、先に表１で示したように、同様の整理はOECDや世界各国の学力構造論でも提起されている。つまり、資質・能力の三つの柱は、目下における学力論のグローバル・スタンダードとも言える構造を採用しており、妥当性の高いよくできた学力モデルと言えよう。

では、改めて三つの視点と三つの柱の関係を見てみよう（図３）。三つの視点の「ア）教科等を横断する汎用的なスキル（コンピテンシー）等に関わるもの」は、メタ認知をも含めた、認知的・情意的・社会的なすべての汎用的スキルを含み込む。さらに、明示こそされていないが、価値や態度に関わる学力要素もここに位置付くと解釈できよう。

これに対し、三つの柱の「思考力、判断力、表現力等」には、主に認知的な汎用的スキルが、「学びに向かう力、人間性等」には、情意的・社会的なスキルに加えて、価値や態度に関わる学力要素が位置付くと考えられる。つまり、三つの視点と三つの柱は、この部分について、ほぼ１対２の関係でそれぞれ整理されていると解釈しうる。

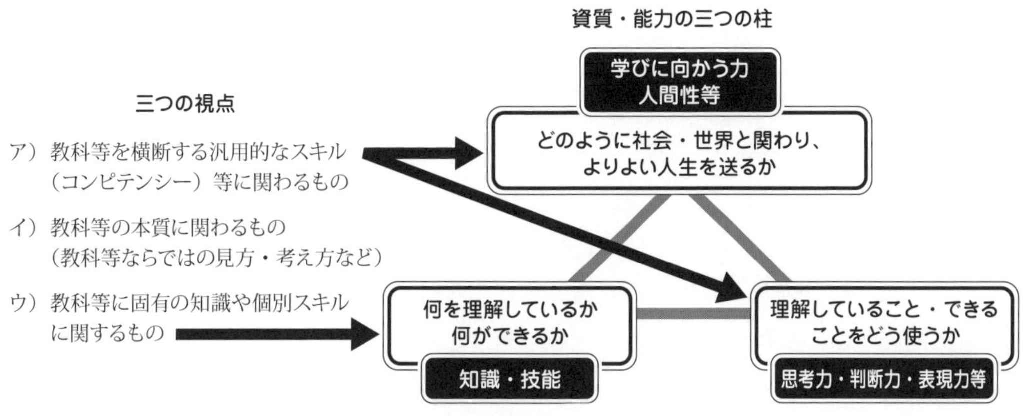

図３　「三つの視点」と「資質・能力の三つの柱」の関係

一方、三つの視点の「ウ）教科等に固有の知識や個別スキルに関するもの」は、三つの柱の「知識及び技能」ときれいに対応している。

かくして、三つの視点の側においてのみ、「イ）教科等の本質に関わるもの（教科等ならではの見方・考え方など）」が残る。学習指導要領では、これを「各教科等の特質に応じた見方・考え方」という新たな概念として三つの柱とは別建てにし、各教科等の目標の中に記載するなどして、明確に学力論の中に位置付けた。

2017年版学習指導要領では、各教科等の目標の記述様式が大幅に刷新された。具体的な表現は各教科等により微妙に異なるが、基本的な構造としては、まず第１の文において、各教科等の特質に応じた「見方・考えを働かせ、○○な活動を通して、△△する（のに必要な）資質・能力を次の通り育成することを目指す」と宣言される。そして、その後に⑴〜⑶として、資質・能力の三つの柱に基づき、知識及び技能、思考力、判断力、表現力等、学びに向かう力、人間性等に関する具体的な記述が列挙されている。

つまり、三つの視点における「イ）教科等の本質に関わるもの（教科等ならではの見方・考え方など）」から姿を変えた「各教科等の特質に応じた見方・考え方」を働かせた学習活動を通して、資質・能力の三つの柱を育成するという構造になっているのである。このように、2017年版学習指導要領の学力論、そして目標論は、学校教育法の規定等との整合性を確保しつつ、三つの視点が示した学力の三層構造の理念を発展的に継承していると言えよう。

（3）現実の問題解決に資する学力を目指して

以上見てきたように、資質・能力の三つの柱は、単に学力を構成する要素が並列的に三つあると理解されるべきではない。「各教科等の特質に応じた見方・考え方」を仲立ちとして三つの柱が構造的に結び付き、その着実な育成を通して、生涯にわたる洗練された問題解決の実行に必要十分なトータルとしての「有能さ」を徐々に高めていくと解釈することが重要である。答申でも、子どもたちに育まれる資質・能力が現実の問題解決に資する質のものとなるよう、従来に比べ、より動的で幅広いものとして描かれている。

まず、知識及び技能については、「個別の事実的な知識のみを指すものではなく、それらが相互に関連付けられ、さらに社会の中で生きて働く知識となるものを含む」（答申、p.28）とされた。また、そのために、「子供たちが学ぶ過程の中で、新しい知識が、既に持っている知識や経験と結び付けられることにより、各教科等における学習内容の本質的な理解に関わる主要な概念として習得され、そうした概念がさらに、社会生活において活用されるものとなることが重要である」（答申、p.29脚注60）と指摘されている。

思考力、判断力、表現力等についても、「物事の中から問題を見いだし、その問題を定義し解決の方向性を決定し、解決方法を探して計画を立て、結果を予測しながら実行し、振り返って次の問題発見・解決につなげていく」（答申、p.30）など、実際の問題解決過程に即した形で、その育成がイメージされている点に注目したい。思考力や判断力を汎用的認知スキルと呼ぶことがあるが、数多くの特殊具体的な問題解決過程でさまざまに思考を巡らせ判断を下した経験を足場に、そこに共通する有効なアプローチや着眼点の存在に気付く中で、認知スキルは徐々にその汎用性を高めていく。

情意に関わる学力側面としては、従来の「関心・意欲・態度」からその意味合いを大幅に拡張した「学びに向かう力、人間性等」という表現が用いられたこと自体がそもそも画期的である。そこでは、まずもって情意や態度が認知的な学習の手段や前提条件に留まるものではなく、それ自体が育成すべき重要な学力であるとの認識が大切である。また、感情や行動の自己調整を典型として意志の働きを強調すると共に、「自らの思考の過程等を客観的に捉える力など、いわゆる『メタ認知』に関するもの」（答申、p.30）をも含むことが明記された。さらに、「多様性を尊重する態度と互いのよさを生かして協働する力、持続可能な社会づくりに向けた態度」（答申、p.31）など、学習指導要領前文でいう「持続可能な社会の創り手」を強く意識したものとなっている点にも大いに注目したい。

●引用文献

1　奈須正裕「学習理論から見たコンピテンシー・ベイスの学力論」奈須正裕・久野弘幸・齊藤一弥（編著）『知識基盤社会を生き抜く子どもを育てる－コンピテンシー・ベイスの授業づくり』ぎょうせい、2014年、pp.54-84

2　McClelland, D. 1973 Testing for competence rather than “Intelligence”. *American Psychologist*, 28, pp.1-14.

3　ウォルター・ミシェル（著）柴田裕之（訳）『マシュマロ・テスト：成功する子・しない子』早川書房、2015年

4　国立教育政策研究所「社会の変化に対応する資質や能力を育成する教育課程の基本原理」平成24年度プロジェクト研究調査研究報告書、2013年、p.13

●参考文献

奈須正裕『「資質・能力」と学びのメカニズム』東洋館出版社、2017年

第3章

「報告」にみる新しい学習評価

第３章 「報告」にみる新しい学習評価

秋田喜代美

2019（平成31）年１月21日中央教育審議会初等中等教育分科会教育課程部会「児童生徒の学習評価の在り方について（報告）」（以下「報告」）にみる「新しい」学習評価の新しさとは何か。３点をここでは特に挙げたい。第一には、「カリキュラム・マネジメントの一環としての学習評価」という視点、第二には、「主体的・対話的で深い学び」という視点からの授業改善と評価、そして第三には「関心・意欲・態度」の評価から「主体的に学習に取り組む態度」の評価という点である。本章前半ではこの３点のそれぞれがこれまでの学習指導要領とその評価と比べ、どのように新しいのかを整理してみたい。そして後半では、それが国際的な教育改革や動向と比べて、どのように位置付けられるのかという視点から、その新しさを述べてみたい。

1 報告における学習評価に対する「新しさ」

(1) カリキュラム・マネジメントの一環としての学習評価

最も大事な点は、報告「２　学習評価についての基本的な考え方」に記されている「学習評価については、子供の学びの評価にとどまらず、『カリキュラム・マネジメント』の中で、教育課程や学習・指導方法の評価と結び付け、子供たちの学びに関わる学習評価の改善を、更に教育課程や学習・指導の改善に発展・展開させ、授業改善及び組織運営の改善に向けた学校教育全体のサイクルに位置付けていくことが必要」としていることである（下線は、筆者）。つまり、子どもの学びの評価というある特定時点の成果を見るだけではなく、子どものある時点での学習評価につながる教育課程、学習・指導方法自体を対象化しつなげて評価改善していくという子どもの学びのプロセスと結び付け、一貫した環としての形成的な評価による改善サイクルの循環が、カリキュラム・マネジメントの語によって明示されたことである。

前回の改訂時にも、筆者は学習評価のワーキンググループの委員の一人であった。そのときにも指導と評価の一体化は言われていた。ただしそこでは、授業改善の視点がより意識明示化され、組織運営の改善や学校全体の体制を捉える視点は、今回ほどは明確ではなかった。「カリキュラム・マネジメント」の考え方が、新学習指導要領第１章総則第１の４に初めて、以下のように示されたことによって、評価のサイクルがよりマクロな螺旋的な形で捉えられるようになったと言える。

「各学校においては、児童や学校、地域の実態を適切に把握し、教育の目的や目標の実現に必要な教育の内容等を教科等横断的な視点で組み立てていくこと、教育課程の実施状況を評価してその改善を図っていくこと、教育課程の実施に必要な人的又は物的な体制を確保するとともにその改善を図っていくことなどを通して、教育課程に基づき組織的かつ計画的に各学校の教育活動の質の向上を図っていくこと（以下「カリキュラム・マネジメント」という。）に努めるものとする。」

カリキュラム・マネジメントを行う主体（主語）は、「各学校においては」とあるように「学校全体」がチームとして取り組むことである。そして、目の前の子どもたちや置かれた地域の状況を踏まえて、教育活動の質の向上を図るものとされている。学校は現在地域によって、少子化で過疎に向かう地域も多く、またその一方で、都市化傾向で人口過密化に向かう地域もある。またこれからの社会に求められる資質・能力、コンピテンシーの育成のためには、個別教科の知識やスキルだけではなく、それら全体にわたって育成すべき、教科横断的に汎用的なスキル等を育成する視点も必要になる。また技術革新が進み、時代とともに情報は増え、教えるべき内容が増えるならば、教師にとっても子どもたちにとってもそれは教育課程の内容が過重負荷となる「カリキュラム・オーバーロード」の状況になる。だからこそ教科横断的な視点が、学習者にとって内容のつながりからも必要になる。国際的に見て各国ともに各教科内容、コンテント重視のカリキュラムからコンピテンシー重視の資質・能力ベースのカリキュラムになっている。

また学校教育の12年間の期間だけを意識するのではなく、生涯にわたる多様な観点からの人の幸せを考えたときには、社会に開かれた教育課程が強調されるように、地域や社会とのつながりもまた資質・能力の育成において重要になってきている。このような状況だからこそ、カリキュラム・マネジメントの一環としての評価とその重要性が示されたと言える。

学校として大事にしたいのは、１時間や単元単位の子どもの学習指導評価にとどまらず、学校が教育課程を実施したことによって、学校が育てたい資質・能力、いわゆる資質・能力の三つの柱、「知識及び技能」「思考力・判断力・表現力等」「学びに向かう力、人間性等」が、その教育課程や指導方法で身に付いたのか、それが６年間、３年間等の積み重ねの中で育っていっているのかを評価の過程で見える化して、事実や根拠に基づいて問い、さらに向上の取組を行うことである。計画し意図されたカリキュラムに対して、実際に各教室、授業で実施実行されたカリキュラムやその指導によって子どもたちが経験した学びのカリキュラム、どのような質の学びの経験をし、いかなる学びの履歴をたどったのか、本当に学校が目指した資質・能力がどの子どもたちにも身に付いていっているのか、あるいはそれが十分に達成できないとしたら、それを単なる特定の生徒の能力や教師の指導力に帰するでのはなく、学校全体としてどのように高めていくのかの過程を教育行為として学校全体で考えていくことが求められていると言えるだろう。

これは１年に１回教育課程編成の時期に検討すればよいということではない。PDCAサイクルを実際には回しながら質の繰り上がりが生まれるようにしていくこと、自分たちの求める資質・能力を抽象的な語で表現し評定記述するだけではなく、実際に目指し、また具体化された育ちの姿の表れを、具体的な生徒の学びの姿の中に捉えること、そしてそのためにはどのような教材や課題、学習活動をどのようなカリキュラムや時間で保障をしていくのかを常に教師が同僚と共に生徒の学習状況を参観しながら捉えること、そのために見とりの評価方法を共有し、そして見とりを根拠にして指導改善につなげる道筋という実践化へのサイクルを幾重にも創っていくことが必要となるだろう。と書くとこれはさらに大変であり、忙しいことになると考える人もおられるだろう。しかし、この実現のためには、これまで学校で慣行として行われてきたことでも必要性や妥当性がないものは見直していくというような大胆な発想が必要になる。

例えば、定期考査を廃止し単元テストのみにし、さらにその単元テストは再チャレンジすることができる、しかし生徒に負担が増えないように教師同士がスケジュール調整をするなどの工夫を入れた改革を行った千代田区立麹町中学校の工藤勇一校長（2018）は、ある時点で評価するという仕組みの問題を指摘し、「目的と手段を取り違えない」「上位目標を忘れない」「自立のための教育を大切にする」点を指摘している。筆者はこの方法が唯一の評価の改革法だとは思っていないが、慣行として実施されてきたこなすためだけの評価の仕事をせず、真に生徒の学びを深めていくためのカリキュラムと評価方法はどのようにあったらよいのかをこの機会に学校で議論しながら、カリキュラム・マネジメントの循環を生み出していくことが求められている。

（2）主体的・対話的で深い学びの視点からの授業改善と評価

2016（平成28）年12月の答申において「学習の成果を的確に捉え、教員が指導の改善を図るとともに、子供たち自身が自らの学びを振り返って次の学びに向かうことができるようにするためには、この学習評価の在り方が極めて重要」と述べられている。ここには、人生100年時代を考えると、教師から評価される存在としてだけではなく、自分自身の学びを児童生徒自らが評価し、よりよい学びを創る主体となるように育てていくことの大切さが述べられている。

学習評価ワーキンググループでは、高校生の意見を聴く機会が今回初めて中央教育審議会の会合の中に設けられた。そこで高校生たちからは、自分たちになされてきた評価の矛盾として、教師が学習内容の深まりや生徒の創意工夫ではなく授業態度で評価しがちなことや、評価規準が教師ごとに異なること、どうしたらよりよくなるのかという向上の視点を知りたかったという意見等が出てきた。教師が生徒の声を聴くと同時に、教師と生徒が形成的な評価観と評価に基づく向上への道筋を共有することが重要である。それはつまり教師と生徒が達成したい目標や課題を共有し、そこに向かって取り組む授業や学習になっているかという点が始まりとして重要であるだろう。

と同時に、主体的・対話的で深い学びは、教育の目的ではなく求められる資質・能力を育成するための手段であり、そのための方法と学習者の状況を示しているものであること、その目的、目標と手段を取り違えないようにすることも大切である。

主体的になるためには、まずその子どもにとっての安定・安心した居場所が学級や授業において創られていること、また自らが見通しを持って、行動し、そして自分でももっと工夫してみたい、挑戦してみたいと思える課題があり、その時間が保障されること、そして子どもたちも教師も主体的であるという相互に誰もが主体的になる（Co-Agency）の場が創られることが大切であると考えている。だからこそ自分で振り返り、仲間とともに対話をしながらそれぞれの良さを認め合える関係ができる。そしてそれによって互いの相違からの学び合う集団関係ができていく。この場づくりや関係性の形成のない特定のハウツーだけでは、真に主体的にはなり得ない。OECDで現在取り組まれている2030年を考える教育プロジェクト（Education2030）ではこれからの社会に求められる資質を育成するためには「A（Anticipation：見通しを持つ、ワクワクして予期する）―A（Action：実際に関与する、行動する）―R（Reflection：振り返る）」のサイクルが大事と考えられている。まさにそれは子どもが課題を自分事として見通しを持って関わることで記録したり、振り返りたくなる必然性を生むことの必要性を指摘している。

図１は新潟大学教育学部附属新潟中学校が、このAARサイクルの考え方を用いて生徒自身が自ら既習の知識やスキルと新たな内容をつないでいくことで、学びがつながっていくことを学校で共有できるようにイメージ図として作成し共有している。そしてそのためには、深い学びへの手立てとして、この学校独自の語として「学びの再構成」ということを考え、教師は「学びの再構成を促す工夫」の手立てを講じ、生徒はそれによって生じた自らの学びの変容を単元ごとに作成するプログレスノートで振り返ったり、プレゼンテーションや他の人への提案などの表現活動の中で振り返りを行うようにしている。再構成とは、知識や技能のつながりをほどいたり、新たにつなげたりすることで、生徒は思考力・

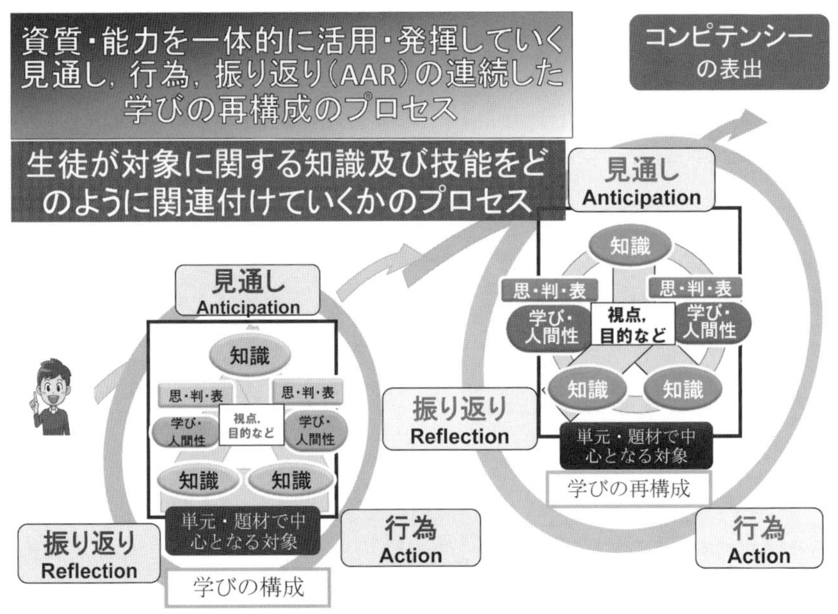

図１　AARサイクルを生かした学びの再構成のプロセス（新潟大学教育学部附属新潟中学校、2019）

判断力・表現力などの資質・能力を一体的に活用・発揮し、対象に対する見方が深まり、身の回りの世界の見え方や関わり方が変容するための手立てを単元の中で講じることを考えておられる。

例えば、中学理科で実験を通して「凸レンズによって像ができるしくみ」の知識を得た子どもたちが、再度その見方を再構成するように「半分に切った凸レンズではどのような像ができるか」と問うことで、半分に切った凸レンズでは、凸レンズを通過しない光が生じるため、生徒は仮説を立て直し始める。そして、その相互の予想や仮説を交流し合う中で「光の道筋」を視点に、「光の性質」と「通過できる光量」を関連付けて捉えることができるようになっていく。そして、そこでの学びの過程を生徒自らがポートフォリオ型の記録で振り返るようになっている。

多くの教師は、すでに十分に日頃から主体的に子どもが取り組む授業をしていると思っている。そこでは実際に行動や実験などをしているということにとどまっていることも多い。しかし、さらに教師自身が主体的に教材研究や活動を振り返ってみることで、子どもの主体性の質をより高めることができる。例えば、高知市の小学校１年生の生活科授業で毎年あさがおを育てている教職経験６年目の先生がおられた。子どもたちは楽しんで自分のあさがおを育てている。しかし、お世話するということになると、必ずしもどの子も主体的に取り組んでいるとは言えなかった。そこで、その年は、子どもたちに任せてみようと「あさがおのはてなをみつけよう」という単元名にして実践された。これまではクラスの前に順に鉢を並べていたものを、校庭のどこに鉢を置いたらよく育つかなとそれぞれに考え、自分の鉢の場所を決めて置くようにした。すると子どもたちは、日陰か日なたか、雨が当たるかどうかなどを考え始めたという。また支柱も、これまでは先生が必要な時期に準備して渡していたが、時期が来てもしばらく様子を見ているようにすると、子どもの方から「近所の家の朝顔には支柱が立っている」と発見し教師に報告をして、なぜ支柱を立てないといけないかに気づいて立てるようになったという。先生はこれまでも子どもたちの主体的な取組を大事にしてきたつもりだったが、発想や教材を自らが工夫することで、子どもがもっと主体的になれることを知ったと語っておられた。そして、それまでは観察日誌を付けるように指示してきたが、書きたいときにいつでも書ける観察記録用紙を準備しておくと、子どもが自分の気づいたことを書くので以前よりも面白いことがいろいろ書かれるようになったと言われていた。子ども自身もまたそれによって、振り返りの質も変わっていくということである。

教師は授業においてめあてを示す。しかし、それが子どもにとって考えたい課題や問いになっているかどうか、またそれを考えるだけの時間が保障されているかが「主体的・対話的で深い学び」のためには必要なのである。

「主体的」にもいろいろな段階や程度がある。図２は、OECD Education 2030が示している主体性の段階モデルである。あくまでも参考までであるが、おそらくどの教師も子どもに主体的に授業において活動してほしいとは願っている。しかし、その程度が問われるのである。

また、そのときに問われるのは誰が主体的であるかということである。クラスの中でも一部の子どもたちだけであるのか、あるいはどの子も自身の学びの深まりを実感し、自信

主体性への参画の段階
共同エージェンシー（Co－Agencyの太陽モデル）
（訳は東京学芸大・ISNメンバーの共同による）

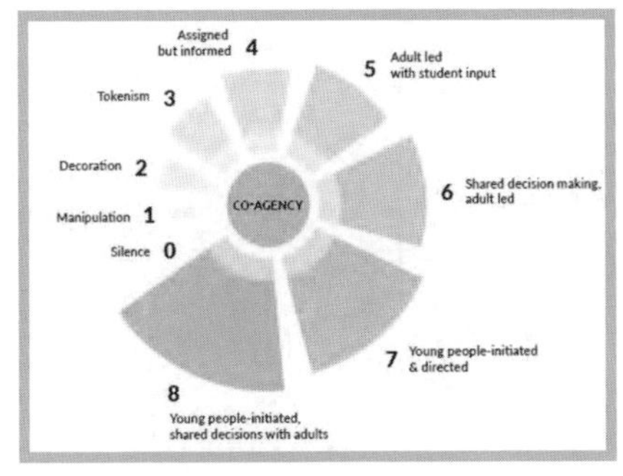

0.	沈黙
1.	操り
2.	お飾り
3.	形式主義・形だけの平等
4.	子供に特定の役割が与えられ、伝えられるだけ
5.	子供からの意見を基に大人が導く
6.	意思決定を大人・子供で共有しながら、大人が導く
7.	子供が開始し、方向性を定める
8.	子供が開始し、大人とともに意思決定を共有する

図２　主体性への参画の段階

を培うことができる機会が振り返りで与えられるのかは重要な違いとなるであろう。そのためには、学びの変容や深まりを、自分で何が変わったのかなどを、学びの節目で捉えるような手立てや道具立て、学習環境が必要であるだろう。ただし大事なことは、今回の「主体的・対話的で深い学び」による授業改善においても、特定の授業方法や形態、また評価の方法や形態があるわけではない。教師がチーム学校として主体的に、同僚と対話しながら、教材や授業そして生徒の学びに関してより深く学ぶことから改善し考えていくことが求められている。

（3）「関心・意欲・態度」から「主体的に学習に取り組む態度」の評価へ

これまでの観点別評価においても最も評価が難しいと言われたのが「関心・意欲・態度」であった。これを「学びに向かう力・人間性」には「主体的に学習に取り組む態度」という観点別評価で見取ることができる部分と、観点別評価にはなじまず、個人内評価を通じて見取る部分があると明確に二つに区分した点、及びその「主体的に学習に取り組む態度」を①知識及び技能を獲得したり、思考力、判断力、表現力等を身に付けたりすることに向けた粘り強い取組を行おうとする側面と、②①の粘り強い取組を行う中で、自らの学習を調整しようとする側面の二つの側面を評価することができると、二つの軸を示した点が今回の新たな点である（図３）。

この軸が生まれた背景には学習におけるメタ認知研究やモニタリング研究、自己調整学習（selfregulated learning）研究がこの10年間に大きく発展したことが背景にある。自己調整学習では「学習者が〈動機づけ〉〈学習方略〉〈メタ認知〉の３要素において自分自身の学習過程に能動的に関与していること」が必要と考え、特定の内容への意欲だけではなく、自分がやればできるという自己効力感を持っていること、また学習の方法を創意工夫して自ら知っていることと関連づけたり、言い換えをするなどの認知的な学習方略と、上

○　「主体的に学習に取り組む態度」の評価については、①知識及び技能を獲得したり、思考力、判断力、表現力等を身に付けたりすることに向けた粘り強い取組を行おうとする側面と、②①の粘り強い取組を行う中で、自らの学習を調整しようとする側面、という二つの側面を評価することが求められる。

○　これら①②の姿は実際の教科等の学びの中では別々ではなく相互に関わり合いながら立ち現れるものと考えられる。例えば、自らの学習を全く調整しようとせず粘り強く取り組み続ける姿や、粘り強さが全くない中で自らの学習を調整する姿は一般的ではない。

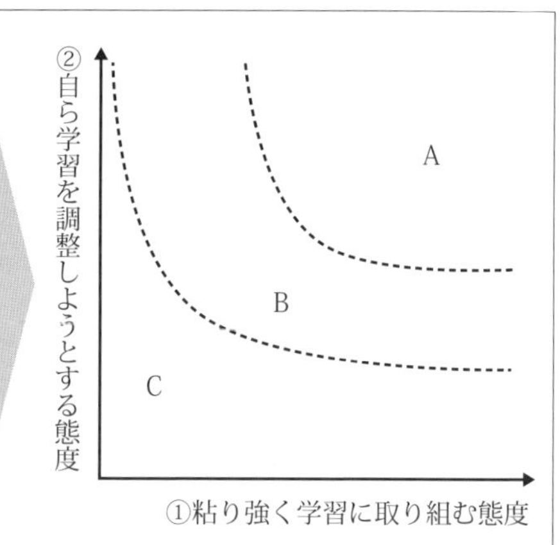

図３　「主体的に学習に取り組む態度」の評価のイメージ（文部科学省、2018）

手くいかないときにも気持ちの立て直しをすることができ意欲を維持できるような情動的な方略が必要と考えられている。さらに、自分の学習が上手く進んでいるのかどうかをモニタリング（吟味）し学習行動を統制できることによって学習は進むと考えられている。そして、興味を持って目標を設定し自分でできるという感覚から方略を計画する「予見の段階」、実際に行うにあたっては注意を計画的に配分し自分が理解できているかをモニタリングする「遂行の段階」、その遂行を自ら評価し上手くいかなかった、上手くいった原因を分析しさらにより向上できるようにしていく「自己省察の段階」のサイクルを続けられるようになっていくことで、自らの学びを自ら計画し行動していける学習者の育成が可能となっていくと考えられている。意欲だけではなく認知的方略と情動的方略の必要性に視点を当てている点が特徴である（伊藤、2008）。こうした学習において、どのような方略が、どのような学習者にとって、どの年齢段階で有効かは、様々な研究が進んできているところである。

この視点を入れた評価によって、めあてに向かっていろいろな方略や方法の工夫を教師が認めたり指導したりすることで、学習を持続的により向上させていくための具体的な情報提供ができる評価となるということである。

2 「カリキュラム―教育方法―評価」のプロセスをつなぎこれからに求められる資質・能力を育む

（1）OECD Education 2030での論点

日本での新学習指導要領の改訂は、これからの時代に求められる資質・能力、コンピテンシーが議論され、そのために教科内容中心のコンテントベースのカリキュラムだけではなく、内容とコンピテンシーの両方を育成していくカリキュラムへの動きと軌を一にしている（田熊・秋田、2017；シュライヒャー、2019）。OECDではEducation 2030というプロジェクトにおいてこれからの学びの枠組みやカリキュラムの問題が議論されてきている。その中で評価（assessment）の問題に関しても、求められる資質・能力を実現するカリキュラムとその内容に取り組むための教育方法（pedagogy）と評価をどのようにつなぎ一貫したものにするかが議論されている。そして、その中で話題に関する国際的な文献レビューや各国はどのようにしてそれに取り組もうとしているのか、国や自治体、学校、教師のそれぞれの水準で一貫性のために何が必要であるのかという議論が始まっている（OECD IWG、2019.10）。せっかく国のカリキュラムを改訂したとしても、その内容が増えることによるオーバーロード（過重負担）、具体的にどのように各学校が効果的に実施したらよいのかという策定から実施への問題、またその中でも質の高い内容としていくために具体的にどのように実践・実施したらよいのか、またすべての子どもたちのために平等に質の高い教育を保障することの難しさ、そしてカリキュラム作成をしても、それを学校や教師が理解して実行しその成果として生徒の学びの成果が見えるようになるまでには、タイムラグジレンマと言われるように時間がかかること等の課題が指摘されてきている。

と同時に、さらにそのカリキュラムが有効であるのかを評価していくためには、明確に成果の指標は何かを定義していくこと、また州や地方自治体がカリキュラムに沿ってどこまでその地域に即してより具体的にしていくことができるのかということの問題、そして、学校を基盤として形成的な評価のための工夫を行っていくことの必要性などがどの国でも議論となっている。そして学校の中でも誰もが当事者意識を持っていく協働分散型のリーダーシップや何のために評価を変えていくのかという目標に関する理解を関係者が共有していくこと、また生徒間での相互の信頼を生む学級を創っていくことで、教師や友人からのフィードバックが有効に働くような文化風土を形成していくこと、各教科での評価のツールやガイドラインの開発、時間や資金という資源を用意することなどが求められることとして挙げられている。そして自治体や学校というシステムレベルで、「カリキュラム―教育方法―評価」が一貫してつながりあった改革が行われることの重要性等が議論されてきている。そしてそのためには「標準化（standardized）」ではなく、地域や学校の文脈を考慮した在り方の必要性が言われてきている。

この意味でも日本は日本、そして各地域においてどのように教育の質向上のための評価のシステムを形成していくのかが問われていると言うことができる。

（2）新たなカリキュラムに応じた「授業―学習活動と対話―評価」を生み出すために

私自身はこの一貫性のためには、図４のようなつながりを持つことがカリキュラム・マネジメントにおいて必要だと考えている。どのような資質・能力が必要だからどのような姿が生まれるとよいのかをイメージできること、そしてそのためにどのようなカリキュラムを編成していくのかを教員や保護者が共に理解し、真正な学びを行うために、子どもたちも教師も協働に探究すること、そしてそのためにはいわゆる答えが一つになる知識やス

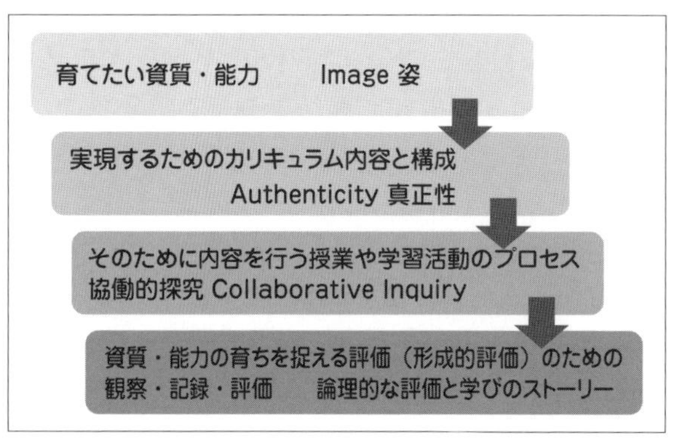

図４ 「資質・能力から評価までの一貫した流れ」とその各段階での鍵概念

キルだけの評価ではなく、見方・考え方を育成するような挑戦的な課題、意味を問い直すような課題を導入しながらそれがどのような質になっているのかをルーブリックで捉えたり、また生徒自らも、また相互に自らの学びの履歴をワークシートやポートフォリオ等を用いて振り返り、そこに自らの学びの物語を見出していくことである。学習は認知的なプロセスだけではなく、情動的なプロセスも含まれているからこそ、それを表現できるような学びの記録が意味を持っていく。

しかし実際には、新しい学びへの授業改善と評価の一体化のためには、私は図の４点を意識し、そこに潜む障壁を乗り越えることが重要だと考えている。

図５を見ていただきたい。一つには課題が子供たちにとって真に探究したい真正で挑戦的な課題を取り扱っているかである。やさしければ順にわかるという発想から子どもたち自らが探究し、見方・考え方を育成できるようにしていくことが必要である。またそのときに教室での会話が教師からの承認のための会話になるのではなく、誰もが子ども同士が安心して協働探究するための対話を許容するような教室談話を形成することが求められる。そしてそのためには、そのための時間の保障が必要である。単元を単位として内容を精選していくことで、子どもにも教師側にもゆとりが生まれる。そして協働探究を支えるような学習環境である。

しかし実際には、このような新たな学習指導要領やそれに伴う評価のためには、教師自身がこれまで自らが学んできたような授業のスタイルから脱皮すること、なぜそれが必要かを理解して生涯にわたり学び続けられる子どもたちを育成していくことが必要になる。そうしたカリキュラムと授業があっての、評価である。主体的・対話的で深い学びをどの子どもたちにも保障するという視座は、現在 Deep Learning や Collaborative Inquiry と呼ばれ国際的にも問われてきている。その中で子どもたちが精いっぱい力量を発揮できる課題や活動の中でその姿を教師だけではなく、子ども自身も自己評価でき、また仲間や保

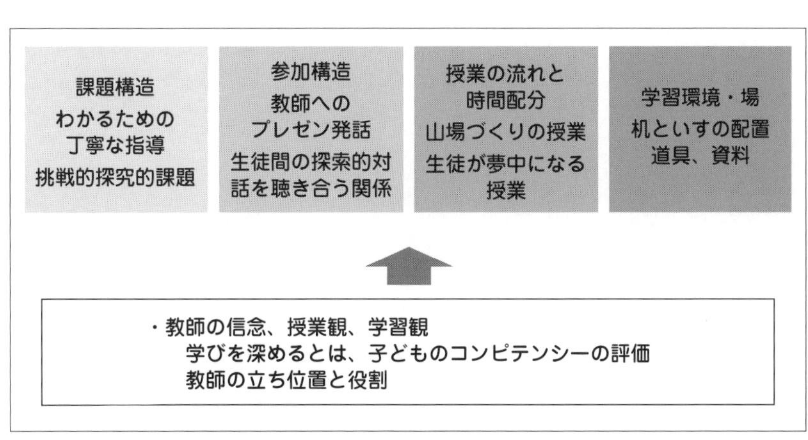

図５　「主体的・対話的で深い学び」に向かう授業の四つのジレンマ要因

護者もその学びのプロセスでのその子らしさやその工夫を認めることで自己効力感を持って学びの主体者となるという方向性や考え方こそが、今回の評価の新しさの根底にあるだろう。

●引用文献

工藤勇一『学校の「当たり前」をやめた』時事通信社、2018年

新潟大学教育学部附属中学校『教科等の本質的な学びを踏まえた主体的・対話的で深い学び（アクティブ・ラーニング）の視点からの学習・指導方法の改善の推進』報告書紀要、2019年

伊藤崇達「『自ら学ぶ力』を育てる方略:自己調整学習の観点から」『BERD』№13、ベネッセ教育研究開発センター、2008年、pp.14-18
https://berd.benesse.jp/berd/center/open/berd/2008/07/pdf/13berd_03.pdf#search='%E8%87%AA%E5%B7%B1%E8%AA%BF%E6%95%B4%E5%AD%A6%E7%BF%92

田熊美保・秋田喜代美（2017）「新しい学力像と評価のあり方」佐藤学・秋田喜代美・志水宏吉・小玉重夫・北村友人（編）秋田喜代美（責任編集）『学びとカリキュラム』〈教育 変革への展望〉第５巻、岩波書店、2017年、pp.273-309

アンドレアス・シュライヒャー（著）経済協力開発機構（OECD）（編）鈴木寛・秋田喜代美（監訳）小村俊平・平石年弘・桑原敏典・下郡啓夫・花井渉・藤原誠之・生咲美奈子・宮美和子（訳）OECD Education 2030 IWG (2019) *Literature review on allightment of pedagogies and assessment woth curriculum change*. Edu/EDDPC(2019)16

第4章

観点別評価の改善と3観点の捉え方

第４章 観点別評価の改善と３観点の捉え方

樋口とみ子

1 観点別評価の枠組み

（1） 4観点から３観点へ

2019（平成31）年の指導要録の改訂により、観点別評価の在り方が変わろうとしている。いったい、何がどのように変わるのか。また、その変化にどのように関わっていけばよいのか。本稿では、観点別評価の在り方について考えてみたい。

観点別評価と言えば、これまで、指導要録の「各教科の学習の記録」欄において、「観点別学習状況」欄が設けられてきたことが想起される。「総合評定」と対になる概念である観点別評価は、学習の状況を分析的に捉えるという特徴を持つ。

例えば、2010（平成22）年版の指導要録では、主に４観点が設定されていた。具体的な観点の表記は教科ごとに違いが見られるものの、その基本的な枠組みは、①「関心・意欲・態度」、②「思考・判断・表現」、③「技能」、④「知識・理解」であった。社会科の「観点別学習状況」欄の場合、①「社会的事象への関心・意欲・態度」、②「社会的な思考・判断・表現」、③「観察・資料活用の技能」、④「社会的事象についての知識・理解」の順に記載されていた。

ところが、今回の指導要録の改訂により、観点別評価は、従来の４観点から３観点へと変更することが示された。その方向性を指し示した直接的な文書は、中央教育審議会初等中等教育分科会教育課程部会「児童生徒の学習評価の在り方について（報告）」（2019年１月21日）である（以下、「報告」と表記）。

この「報告」では、新しい３観点として、①「知識・技能」、②「思考・判断・表現」、③「主体的に学習に取り組む態度」が明示された。今後は、どの教科においても、この３観点で、指導要録の「各教科の学習の記録」欄の「観点」欄を記入することになる。

このように観点が変更された背景には、学習指導要領の改訂が関係している。すでに、

2016（平成28）年12月には、中央教育審議会「幼稚園、小学校、中学校、高等学校及び特別支援学校の学習指導要領等の改善及び必要な方策等について（答申）」が出されており（以下、「答申」と表記）、そこでは、新しい学習指導要領（2017年・2018年改訂）のキーワードとなる「資質・能力」に対応するかたちで、観点別評価の観点も「改善」する必要があるという指摘が当初からなされていた。この「答申」によれば、今後の子どもたちに必要な「資質・能力」は、「三つの柱」で構成されるものであり、具体的には、①「知識及び技能」、②「思考力、判断力、表現力等」、③「学びに向かう力、人間性等」と整理された。新しい学習指導要領において目指すべき「資質・能力」の中身が示された時点で、これら「三つの柱」を、その評価に関わる指導要録の「観点」にも反映・対応・一致させる必要性が示されていたということになる。

まさに目標（「資質・能力」の「三つの柱」）と評価（指導要録の「３観点」）の一体化を図ることが、「目標に準拠した評価」を実質化するとともに、教科・学校種を超えた共通理解に基づく組織的な取組を展開するためにも、必要とされたと解釈することができる。

この「答申」（2016年）を受けて、「報告」（2019年）では、小・中・高等学校の各教科を通じて、観点別評価の「観点」欄は、すべて先述の３観点で整理するということが明記・確認され（図１を参照）、さらに具体的な評価方法の在り方が示されることになった。

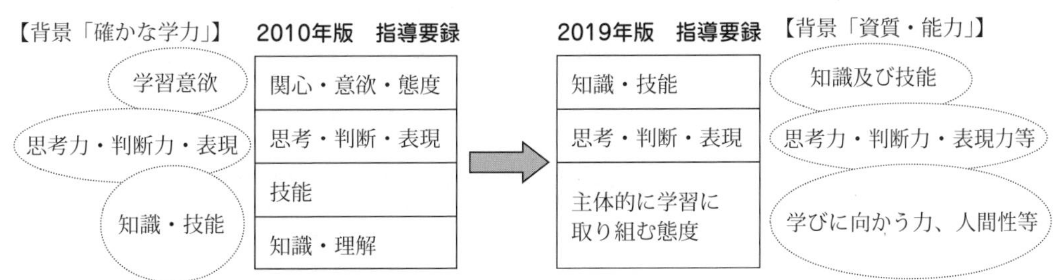

図１　指導要録における観点別評価の「観点」の変化（筆者作成）

なお、「報告」の後に出された、文部科学省「小学校、中学校、高等学校及び特別支援学校等における児童生徒の学習評価及び指導要録の改善等について（通知）」（2019年３月29日）では、指導要録の参考様式（書式）が示されている。この参考様式を見てみると、確かに、あらゆる教科で、①「知識・技能」、②「思考・判断・表現」、③「主体的に学習に取り組む態度」の３観点が表記されている。逆に言えば、2010年版までのように、観点を表記する際の教科ごとの違い（例えば、「○○事象についての～」などの表記）は、まったく見られないという特徴がある。

（2）資質・能力との関係

以上のように、目標となる「資質・能力」の「三つの柱」と対応させるかたちで設定された観点別評価の「観点」欄は、「資質・能力」すべてを網羅するものだと考えてもよいのだろうか。いや、そこには相違もあることが指摘されている。

その相違が顕著に見られるのは、指導要録における三つ目の観点「主体的に学習に取り組む態度」である。これは、「資質・能力」のうち、基本的には「学びに向かう力、人間性等」に対応している。しかしながら、「学びに向かう力、人間性等」の中には、学習の状況を分析的に捉える観点別評価を通じて「見取ることができる部分」と、「観点別評価や評定にはなじまず、こうした評価では示しきれないことから個人内評価（個人のよい点や可能性、進歩の状況について評価する）を通じて見取る部分」があるということに留意すべきだと、すでに「答申」の時点で指摘されていた。

前者、すなわち、あくまで観点別評価で「見取ることのできる部分」が「主体的に学習に取り組む態度」だということになる。目指すべき「資質・能力」として打ち出された

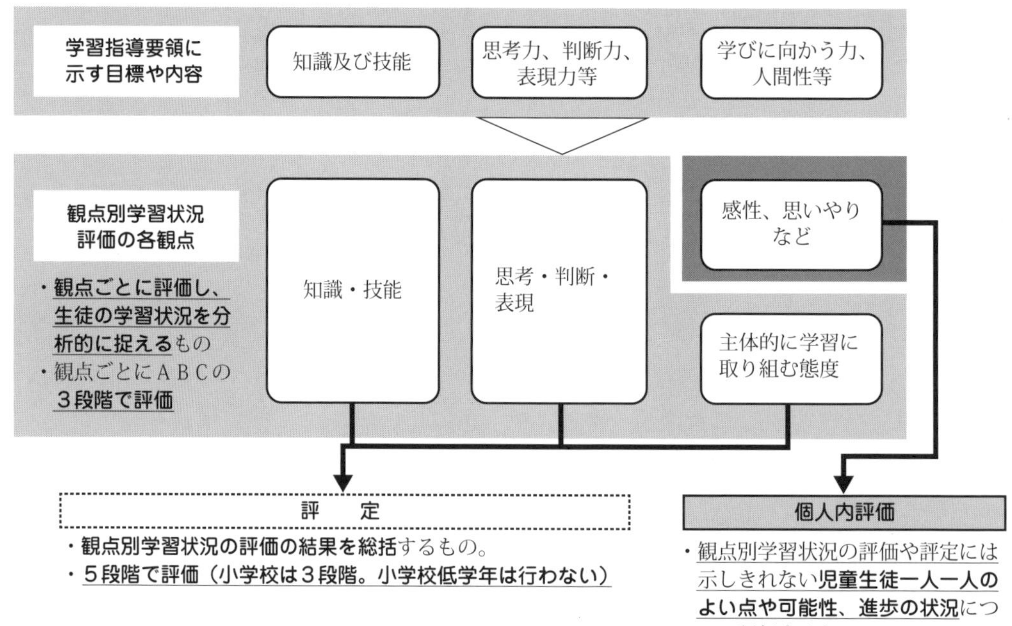

図２　「資質・能力」と「観点別評価の３観点」の関係
出典：中央教育審議会初等中等教育分科会教育課程部会「児童生徒の学習評価の在り方について（報告）」2019年１月21日、p.6

「学びに向かう力、人間性等」は、その「主体的に学習に取り組む態度」よりも実は幅広い内容を含み持っているとされたのだ。

そのため、今回の「報告」においても、「学びに向かう力、人間性等」については、「目標に準拠した評価」で行う観点別評価に合致する部分（「主体的に学習に取り組む態度」）がある一方で、目標に基づく観点別評価にはなじまないため「個人内評価」で行う部分（「感性、思いやりなど」）をあえて分けるということが、図２のように明示された。

「資質・能力」＝「観点別評価の３観点」ではなく、目指す「資質・能力」のうちの一部は「観点別評価の観点」になじまないという構造になっていることを見て取れる。

このことに留意しつつ、以下では、2019年版の指導要録における観点別評価の新しい３観点それぞれについて、これまでの４観点との共通点や相違点を検討していきたい。

2　新しい観点「知識・技能」

（１）従来の観点「知識・理解」「技能」と何が違うか
――「活用」場面も視野に入れる――

新しい2019年版の指導要録の観点「知識・技能」の評価は、「報告」（2019年）によれば、次のように説明されている。すなわち、「各教科等における学習の過程を通した知識及び技能の習得状況について評価を行うとともに、それらを既有の知識及び技能と関連付けたり活用したりする中で、他の学習や生活の場面でも活用できる程度に概念等を理解したり、技能を習得したりしているかについて評価するもの」とされる（p.7）。

この観点「知識・技能」を、従来の2010年版の指導要録における４観点に照らし合わせてみると、「知識・理解」と「技能」の２観点との関連が深いことを見て取れる。「報告」によれば、これまでの観点「知識・理解」は、「各教科等において習得すべき知識や重要な概念等を理解しているか」を見るものであり、観点「技能」は「各教科等において習得すべき技能を児童生徒が身に付けているか」を捉えようとするものであった。

これらの２観点と比較しながら、新しい観点「知識・技能」について説明した先述の「報告」の文言をあらためて見てみると、単に「習得」しているかどうかだけではなく、他の学習や日常生活の場面において「活用」できるようになっているかという視点も加えられていることが特徴だと言える。

というのも、背景にある「資質・能力」としての「知識及び技能」と対応させて観点「知識・技能」を捉えると、そこには、「資質・能力」という言葉が意味するもの、すなわち、現実の社会生活の中で「何ができるようになっているか」という視点が含まれてくるからである。

「資質・能力」とは、教科内容の習得、すなわち「何を知っているか」にとどまらずに、実際に「何ができるようになっているか」を重視する言葉であることは、すでに「答申」において強調されている。換言すれば、「どのような問題解決を現に成し遂げるか」という視点を含み持つのが「資質・能力」であるため（奈須、2017、p.37)、知識や技能を習得する際にも、社会生活における問題解決の中でそれらを「活用」するということを視野に入れる必要性が生じるのだ。

これからは変化の激しい先行き不透明な時代だと言われる。答えや解法が明確ではない状況下で、実際の社会生活における問題の解決に自ら進んで取り組んでいくことが求められる時代において、もはや既存の知識・技能を単に習得しているかどうかという視点だけでは弱いという認識があることを今回の「報告」は示している。

(2) 観点「知識・技能」の評価方法

社会生活の中で「活用」することも視野に入れるとき、観点「知識・技能」の具体的な評価方法としては、どのような工夫ができるだろうか。「報告」の中では、「事実的な知識」のみならず「概念的な理解」を捉えるペーパーテストの問題を工夫すること、また、子どもたちが文章によって説明したり、式やグラフで表現したりするなど、「実際に知識や技能を用いる場面を設ける」ことが必要とされている（p.8)。

例えば、小学校２年生の算数科「数と計算」のうち「乗法（かけ算)」に関する単元を取り上げてみよう。乗法という演算を新しく学ぶ際には、ともすれば、何より「九九」を速く正確に暗記できているかどうかという点に注目が集まる傾向もあることが指摘されるところである。しかしながら、乗法の意味理解にも視野を広げ、子どもたちが「普段の生活の中」から、「どんな時にかけ算を使うか」を調べていくという興味深い実践も展開されている（渡辺、2002、p. 63)。

ある子どもは、「同じずつのものがいっぱいあるとき、かけ算は使うんだよ。おかあさんが、夕ごはんにコロッケを作っていたよ。うちは７人かぞくで１人に２こずつコロッケをあげるから、いくつ作るかって、おかあさんはかけ算を使っていたよ」ということを生活の中で見つけてきたという（p. 66)。ほかにも、「おばあちゃんは、切手を買う時に１まい80円の切手14まい買うといくらになるか計算する時に使うって言ってました」ということを調べた子どももいたという（p. 67)。

もちろん、個々に異なる生活の具体を取り上げる際には留意すべき点もある。だが、かけ算とは、一あたり量×いくつ分＝全体の量であるという知識内容について、子どもたちが生活における具体的な「活用」場面を通して理解を深めていく様子を教師が捉えるための一つの糸口を、こうした実践は提供していると考えられる。

新しい観点「知識・技能」の評価にあたっては、従来のペーパーテストだけに頼る必要もなければ、今までにない新しい方法だけが要求されるわけでもない。これまでの取組の中から、観点「知識・技能」の趣旨（すなわち、生活場面で活用することを視野に入れた概念の理解や技能の習得）を捉えることができるような評価方法を意識的に探り出していくということも考えられていいだろう。

3　観点「思考・判断・表現」

（1）従来の観点「思考・判断・表現」との関係――「資質・能力」の強調――

次に、新しい指導要録における観点「思考・判断・表現」について検討してみよう。この観点は、2010年版の指導要録の観点「思考・判断・表現」と名称上の違いはない。

今回の「報告」では、「各教科等の知識及び技能を活用して課題を解決する等のために必要な思考力、判断力、表現力等を身に付けているかどうかを評価するもの」だとされている（p.8）。このような考え方は、従来の2010年版の指導要録の観点「思考・判断・表現」においても「重視してきたところ」であるという認識のもと、新たに学習指導要領で「資質・能力」が打ち出され、社会生活において「何ができるようになっているか」が強調される中、さらに「各教科等の特質に応じた評価方法の工夫改善を進めること」が重要とされている（p.8）。

具体的な評価方法としては、「論述やレポートの作成、発表、グループでの話合い、作品の制作や表現等」の「多様な活動」を取り入れる必要があると「報告」では指摘されている（pp.8-9）。こうした「多様な活動」については、すでに2010年版の指導要録改訂の時点で、観点「思考・判断・表現」は従来のペーパーテストの○×では把握しにくいという理由などから注目されてきた。様々な評価方法が工夫されているところである。

（2）パフォーマンス課題の取組

観点「思考・判断・表現」を見取るための評価方法の代表例としては、パフォーマンス課題を挙げることができる。パフォーマンス課題とは、日常の生活場面などで、様々な知識や技能を使いこなすことを求める評価方法のことである（西岡、2016）。

ここで、小学校４年生の算数科「図形」における単元「平面図形の面積」のパフォーマンス課題を紹介してみよう。例えば、学校の行事で、理科室か理科室前の廊下、どちらかを使いたいという状況を設定し、できるだけ多くの人に参加してもらうために広い方で実施したいという条件のもと、どちらの方が広いかについて、クラスのみんなに求めてほしい、という課題が工夫されている（上杉、2011）。

こうしたパフォーマンス課題の特徴は、第一に、日常生活に近い文脈・状況を設定している点、第二に、解法が明示的でなく、様々な知識・技能を駆使して総合的に問題を解決することを求める点（例えば、実際の部屋の形から面積を出す方法を考え、実際に長さを測って計算する点など）である。逆に言えば、文脈から切り離されて与えられた長方形の辺の長さの数字を公式にあてはめる形式とは異なっている。このような特徴を持つパフォーマンス課題は、まさに生活の中で知識・技能を活用して課題を解決するために必要な思考力・判断力・表現力等を見取ることができるものとして紹介されてきた。

新しい学習指導要領では、「資質・能力」というキーワードが強調されることにより、以前よりもさらに、実際の社会生活の中で「何ができるようになっているか」が強調されている。実際の社会生活で生じる問題や課題は、必ずしも教科の枠組みに限定されているわけではない。今後は、そうした複雑で総合的な課題の解決と、各教科の固有性（例えば、各教科の枠組みの中で大切にしたい本質的な知識・技能の活用）との関係をどのように捉え見取るかが課題となるだろう。

新しい観点「主体的に学習に取り組む態度」

（１）従来の観点「関心・意欲・態度」との違い――「意思的な側面」も――

今回の指導要録改訂に関わる「報告」文書の中で、最も多くの分量が割かれて説明されているのは、新しい観点「主体的に学習に取り組む態度」である。この観点は、先述のように、目指すべき「資質・能力」のうち、特に「学びに向かう力、人間性等」に関連しており、その中でもあくまで分析的な観点別評価になじむ部分であると位置付けられた。

では、今までの観点「関心・意欲・態度」と、新しい観点「主体的に学習に取り組む態度」とは、何が異なるのだろうか。

従来、「関心・意欲・態度」の評価にあたっては、授業中における挙手・発言の回数やノートの取り方、提出回数など、「形式的な活動」を見取る傾向にあったことが「答申」や「報告」では指摘されている。いわば、性格や行動面の傾向など、ともすれば、学習内容との結び付きを問わない外在的な「関心・意欲・態度」が評価されてしまうのではないかという点も長く危惧されてきたところである。

そのため、今回は、「関心・意欲・態度」など情意面の評価にあたり、形式ではなく、むしろ、次のような「意思的な側面」が重要であると、「答申」の時点で指摘された。すなわち、「子供たちが自ら学習の目標を持ち、進め方を見直しながら学習を進め、その過程を評価して新たな学習につなげるといった、学習に関する自己調整を行いながら、粘り強く知識・技能を獲得したり思考・判断・表現しようとしたりしているかどうかという、意思的な側面を捉えて評価することが求められる」と、「答申」では記されていた。

学習への「意思的な側面」を捉えようとする背景には、心理学や教育学の中で注目されてきた「メタ認知」（自らの思考の過程等を客観的に捉えること）や「自己調整に関わるスキル」も関係しているという。挙手の回数やノートの取り方など、性格・行動面の「一時的な現れ」を判定するというよりも、学習に関する「メタ認知」能力や「自己調整に関わるスキル」の育成を意識的に視野に入れることで、態度の見取りが「生涯にわたり学習する基盤を培う視点」と結び付くよう配慮する必要があるとされたと解釈できる。

もとより、従来の観点「関心・意欲・態度」においても、「各教科等の学習内容に関心をもつことのみならず」「よりよく学ぼうとする意欲をもって」「学習に取り組む態度」を評価するのが「本来の趣旨」であったという（「報告」、p.10）。今回の指導要録改訂では、情意面の評価は、発言の有無など「形式的な活動」というよりも、「自らの学習状況を把握し」「自らの学習を調整しながら、学ぼうとしているか」という、学習への「意思的な側面」を含むことを鮮明にするために、あえて観点の表記を「主体的に学習に取り組む態度」としたというわけだ。

(2)「粘り強さ」と「自己調整」

具体的に、「主体的に学習に取り組む態度」の評価にあたっては、その趣旨に照らして、次の二つの側面が重要になると「報告」では明記されている(p.11)。

> ①　知識及び技能を獲得したり、思考力、判断力、表現力等を身に付けたりすることに向けた粘り強い取組を行おうとする側面
> ②　①の粘り強い取組を行う中で、自らの学習を調整しようとする側面

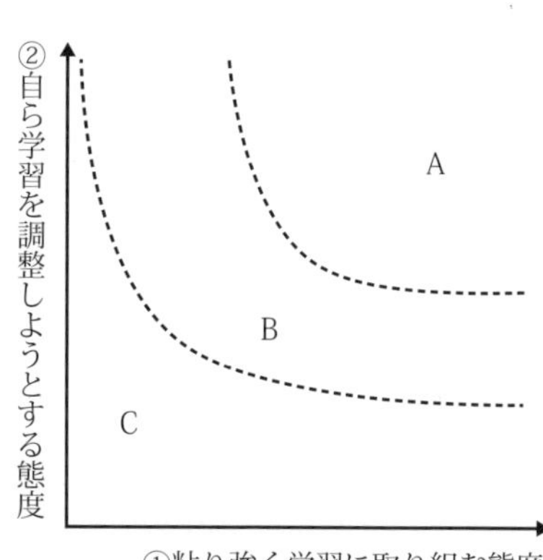

図3　「主体的に学習に取り組む態度」の評価イメージ

出典：中央教育審議会初等中等教育分科会教育課程部会「児童生徒の学習評価の在り方について（報告）」2019年1月21日、p.12

特に後者は、子どもたちが自らの学習状況を振り返り、今後の進め方について試行錯誤したりするなど、メタ認知や自己調整のスキルを含むことが強調

されている。

ただし、両者は、必ずしも別々のものではなく、実際の授業では、相互に関わり合いながら現れるという。前ページの図３は、その両者、つまり、①「粘り強く学習に取り組む態度」と、②「自ら学習を調整しようとする態度」の関係を評価する際の基準（A/B/C三段階）のイメージを示したものである。

仮に、①粘り強さが十分に認められたとしても、②自己調整が不十分であれば、「十分満足できる（A）」とは評価されないことを、この図は示している。メタ認知と自己調整によって、自らの学習を方向づけていく取組に重きが置かれるわけだ。

このように、①粘り強さの態度を認めるだけではなく、学習の今後に向けて、②自ら学習を調整しようとしているかどうかという点を含めて評価することが、目指すべき「資質・能力」としての「学びに向かう力、人間性等」を涵養し、子どもたちが「生涯にわたり学習する基盤」を形成する上で極めて重要だとされるのだ。

（3）観点「主体的に学習に取り組む態度」の評価方法

以上のような特徴を有する観点「主体的に学習に取り組む態度」の具体的な評価方法については、「報告」の中で次のように記されている。すなわち、「ノートやレポート等における記述、授業中の発言、教師による行動観察や、児童生徒による自己評価や相互評価等の状況」を、「教師が評価を行う際に考慮する材料の一つとして用いることなどが考えられる」という（p.13）。

これらの材料をもとに、例えば、「『めあて』に向かって自分なりに様々な工夫を行おうとしている」という点や、「他の児童との対話を通して自らの考えを修正したり、立場を明確にして話していたりする」という点なども視野に入れて、子どもたちの学習状況を把握するための工夫をしていくことが求められるという（p.13）。

その際、留意すべき点として、他の観点、すなわち「知識・技能」や「思考・判断・表現」との関連を持たせることが指摘されている。学習内容に関わる他の観点から切り離して、情意面としての態度のみを評価することは適切ではないというわけだ。従来の観点「関心・意欲・態度」が、ともすれば挙手の回数など「形式的な行動」の評価に陥る傾向を持っていたことへの反省から、内容面と関連させる必要性が指摘されたと考えられる。

観点相互の関連を持たせた評価の具体的な可能性としては、先述のパフォーマンス課題も参考になる。というのも、パフォーマンス課題では、思考力・判断力・表現力とともに、課題に取り組む態度も見ることができるとされているからである（西岡、2016、p.161）。

いずれにしても、人間の内面にあたる情意面の評価は決して容易なことではない。観点別評価にはなじまない部分もあることが「答申」や「報告」で明記された今回、子どもたちの内面を教師が一方的に「判定」して決めつけて終わりにすることのないよう留意する必要がある。あくまで教育内容との関連において情意面を捉え、指導の改善やその後の授業づくり（発問や教材の工夫など）へとつなぐ回路を忘れることのないようにしたい。そうした日常的な評価と授業実践のつながりを大切にしていけば、いずれ、情意面を観点別評価欄の観点として指導要録に残す必要が果たしてあるのかどうかという議論も必要になるだろう。

5 観点別評価の目的は何か

本稿で検討してきた観点別評価は、子どもたちの学習状況を分析的に捉えるという性格を持つ。今後は、新しく打ち出された３観点によって、子どもたちの学習状況を分析的に見取った上で、それらをもとに総合評定（「評定」欄）を記載することになる。

観点ごとに分析的に捉えたものをもとに総合評定を出す場合、各観点の重みづけをどうするのか、三つはすべて同等に並立するものなのか、それとも各教科のねらい等により、どこかの観点に重点を置くべきなのか等について考えていく必要がある。

また、総合評定との関係においては、観点ごとの要素を単純に合わせただけではないものが含まれてくるのかどうか、単純に合算するだけであるならば、もはや総合評定は必要ないのか、という点についても、すでに教育評価論において議論されてきたものの、今後、目指すべき「資質・能力」との関連で考えていくことが求められるだろう。

なお、観点別評価と評定は、いずれも「目標に準拠した評価」で行うことになっている。「目標に準拠した評価」が全面採用されたのは2001年版の指導要録以降である。それから18年ほどが経過する中、学校では、目標にどの程度達しているかを示す材料・資料集めに追われ、「評価疲れ」とも呼ばれる状況が生まれているという。今回の改訂では、新しい学習指導要領における「資質・能力」というキーワードを背景に、実際の社会生活において「何ができるようになっているか」まで捉えようとする評価改革が進められている。それが、さらなる「評価疲れ」を引き起こさないためにも、あらためて、何のために評価するのかという点が問われていると言えるだろう。

そもそも、教育評価とは、教師にとっては「指導の改善」のためのものであり、子どもたちにとっては、自らの学習を進めるため、メタ認知を含む「自己評価能力」の向上という役割を果たすものであることが主張されてきた（田中、2008）。観点ごとに子どもたちの学習状況を捉える試みも、決して子どもたちを判定して終わりにするのではなく、ましてそのための資料集めに終始するのでもなく、指導の改善と自己評価能力の向上につながるべきである。

特に、最近の「資質・能力」ブームに対しては、結局のところ、「暗黙裡に最も重要視」されているのは教科内容を媒介しない「態度」であり、一方的に「望ましいと定めたふるまいや心構え」を子どもたちに押し付けることになりかねないという危機感も提出されている（本田、2017)。こうした事態に陥らないためにも、学習対象である教科内容等との関連において指導を改善するとともに、学習に対する子どもたちの自己評価能力の向上へとつながるよう、観点別評価の在り方を探究していく必要がある。評価の在り方は、子どもたちの学習の充実と密接に関わっている。

●参考文献

田中耕治『教育評価』岩波書店、2008年
西岡加名恵『教科と総合学習のカリキュラム設計』図書文化社、2016年
石井英真「新指導要録の提起する学習評価改革」石井英真・西岡加名恵・田中耕治編著『小学校新指導要録改訂のポイント』日本標準、2019年
上杉里美「理科室と理科室前廊下、広いのはどっち？」田中耕治編『パフォーマンス評価』ぎょうせい、2011年
奈須正裕『「資質・能力」と学びのメカニズム』東洋館出版社、2017年
本田由紀「資質・能力のディストピア」『人間と教育』旬報社、第13号、2017年
渡辺恵津子『こどもといっしょにたのしくさんすう：小学１～３年』一声社、2002年

第5章

指導要録の改善と取扱いのポイント

第５章

指導要録の改善と取扱いのポイント

石井英真

1 評価観の転換
——判定ベースから対話ベースへ——

2019（平成31）年１月、「児童生徒の学習評価の在り方について（報告）」（以下「報告」）が公表され、指導要録改訂等の方針が示された。今回の学習評価改革は、新学習指導要領の資質・能力ベースの改革を評価においても貫徹しようとするものである。具体的には、小・中学校で実施されている観点別評価を高校でも本格的に実施すること（一貫改革）、また、資質・能力の三つの柱に対応して観点を再構成すること（一体改革）が提起された。

「主体的・対話的で深い学び」を通じて育まれる資質・能力の評価について、資質・能力の三つの柱との整合性をもたせるべく、現行の４観点による観点別評価は３観点（①知識・技能、②思考・判断・表現、③主体的に学習に取り組む態度）に改められる。そして、資質・能力をバランスよく評価するために、知識量を問うペーパーテストのみならず、論述やレポートの作成、発表、グループでの話合い、作品の制作や表現等の多様な活動を通した評価（パフォーマンス評価）を用いるなど、多面的・多角的な評価が必要とされている。

このように書くと、現場からは、思考力・判断力・表現力、さらには主体的に学習に取り組む態度なんて、どうやって客観的に測るのか、そもそも評価なんてできるのか、評価に時間を取られて授業がおろそかになる、といった声が聞こえてきそうである。評価に関する議論の混乱を解きほぐし、現場の負担を減らす方向で評価改革を進めていく上でも、まずは「評価」概念そのものを整理しておく必要がある。

評価という仕事の負担感の大部分は、総括的評価（最終的な学習成果の判定（評定）のための評価）と形成的評価（指導を改善し子どもを伸ばすために行われる評価）とを混同していることによる。思考力・判断力・表現力を形成するために授業過程での子どもたちの活動やコミュニケーションをしっかり観察（評価）しなければならないのは確かだが、それは形成的評価として意識すべきものである。総括的評価の材料なら、子ども一人一人について、確かな根拠をもとに客観的に評価することが求められるが、形成的評価なら、指導の改善につながる程度の厳密さで、ポイントになる子を机間指導でチェックしたり、子どもたちとやり取りしたりすることを通して、子どもたちの理解状況や没入度合などを直観的に把握するので十分である。このように、形成的評価と総括的評価を区別することで、評価に関わる負担を軽減することができるとともに、もともと授業の中で無自覚に行われてきた子どもの学習状況の把握場面を形成的評価として意識することは、授業改善に直結するだろう。

こうして、観点別評価の徹底と再構成のみならず、「報告」では、評価の改善機能の強調や現場主義の重視など、評価という営みのイメージ自体の転換を図る視点も盛り込まれている。審議過程で「(総合) 評定」欄の廃止の可能性が議論されたことも、評価観の転換と関わっており、「報告」では、分析評定である観点別評価の重視が提起され、教師の指導改善のみならず学習者自身の学習改善につなげる必要性も強調されている。また、指導要録の所見欄を簡素化したり、通知表等による「指導に関する記録」の代替を認めたりするなど、「学習評価改革＝指導要録改訂」という前提も問い直されつつある。そして、国立教育政策研究所による参考資料の在り方についても、電話帳のような評価規準表ではなく、各自治体や各学校がテストや課題や規準・基準を協働で作っていくための事例集や手引書として構想する方向性が示されており、統一様式や評価表を提示することよりも、現場を尊重し、教師や教師集団の評価実践を励ます方向性を見て取ることもできる。いかに客観的に測定・評定するかのみにとらわれがちな判定ベースの評価から、いかに子どもを伸ばすかを第一に考えるコミュニケーション（対話）ベースの評価へと評価観の転換が求められている。

2　新３観点による評価の在り方
──学力の３層構造を意識する──

新たな３観点による評価の在り方について、「報告」では、「知識・技能」において、事実的で断片的な知識の暗記再生だけでなく概念理解を重視すること、「主体的に学習に取り組む態度」を授業態度ではなくメタ認知的な自己調整として捉え直し、知識・技能や思考・判断・表現と切り離さずに評価することなどが示されている。すべての観点において、思考・判断・表現的な側面が強まったように見えるが、そこで目指されている学力像を捉え、評価方法へと具体化していく上で、学力の３層構造を念頭において考えてみるとよいだろう。

教科の学力の質は下記の三つのレベルで捉えることができる。個別の知識・技能の習得状況を問う「知っている・できる」レベル（例：三権分立の三権を答えられる）であれば、

表１　現行の４観点の評価実践の傾向

		資質・能力の要素（目標の柱）			
能力・学習活動の階層レベル（カリキュラムの構造）		知識	スキル		情意（関心・意欲・態度・人格特性）
			認知的スキル	社会的スキル	
教科等の枠づけの中での学習	知識の獲得と定着（知っている・できる）	事実的知識、技能（個別的スキル）	記憶と再生、機械的実行と自動化	学び合い、知識の共同構築	達成による自己効力感
	知識の意味理解と洗練（わかる）	概念的知識、方略（複合的プロセス）	解釈、関連付け、構造化、比較・分類、帰納的・演繹的推論		内容の価値に即した内発的動機、教科への関心・意欲
	知識の有意味な使用と創造（使える）	見方・考え方（原理と一般化、方法論）を軸とした領域固有の知識の複合体	知的問題解決、意思決定、仮説的推論を含む証明・実験・調査、知やモノの創発（批判的思考や創造的思考が深く関わる）	プロジェクトベースの対話（コミュニケーション）と協働	活動の社会的レリバンスに即した内発的動機、教科観・教科学習観（知的性向・態度）

※「関心・意欲・態度」が表からはみ出しているのは、本来学力評価の範囲外にある、授業態度などの「入口の情意」を評価対象にしていることを表すためである。

表２　新しい評価実践の方向性

		資質・能力の要素（目標の柱）			
能力・学習活動の階層レベル（カリキュラムの構造）		知識	スキル		情意（関心・意欲・態度・人格特性）
			認知的スキル	社会的スキル	
教科等の枠づけの中での学習	知識の獲得と定着（知っている・できる）	事実的知識、技能（個別的スキル）	記憶と再生、機械的実行と自動化	学び合い、知識の共同構築	達成による自己効力感
	知識の意味理解と洗練（わかる）	概念的知識、方略（複合的プロセス）	解釈、関連付け、構造化、比較・分類、帰納的・演繹的推論		内容の価値に即した内発的動機、教科への関心・意欲
	知識の有意味な使用と創造（使える）	見方・考え方（原理と一般化、方法論）を軸とした領域固有の知識の複合体	知的問題解決、意思決定、仮説的推論を含む証明・実験・調査、知やモノの創発（批判的思考や創造的思考が深く関わる）	プロジェクトベースの対話（コミュニケーション）と協働	活動の社会的レリバンスに即した内発的動機、教科観・教科学習観（知的性向・態度）

※子どもたちの資質・能力が発揮され、それをめぐって豊かなコミュニケーションが自ずと生じる舞台としての、豊かなテストとタスク（子どもの学びを可視化するメディア）を設計する。

穴埋め問題や選択式の問題など、客観テストで評価できる。しかし、概念の意味理解を問う「わかる」レベル（例：三権分立が確立していない場合、どのような問題が生じるのかを説明できる）については、知識同士のつながりとイメージが大事であり、ある概念について例を挙げて説明することを求めたり、頭の中の構造やイメージを絵やマインドマップに表現させてみたり、適用問題を解かせたりするような機会がないと判断できない。さらに、実生活・実社会の文脈における知識・技能の総合的な活用力を問う「使える」レベル（例：三権分立という観点から見たときに、自国や他国の状況を解釈し問題点等を指摘できる）は、実際にやらせてみないと評価できない。そうして実際に思考を伴う実践をやらせてみてそれができる力（実力）を評価するのが、パフォーマンス評価である。

現行の観点別評価では、「知識・理解」「技能」について、断片的知識（「知っている・できる」レベル）を穴埋めや選択式などの客観テストで問い、「思考・判断・表現」については、主に概念の意味理解（「わかる」レベル）を適用問題や短めの記述式の問題で問うようなテストが作成される一方で、「関心・意欲・態度」については、後述するように、子どもたちのやる気を見るテスト以外の材料をもとに評価されているように思われる（表1）。

資質・能力ベースの新学習指導要領が目指すのは、「真正の学習（authentic learning）」（学校外や将来の生活で遭遇する本物の、あるいは本物のエッセンスを保持した活動）を通じて「使える」レベルの知識とスキルと情意を一体的に育成していくことである。新指導要録の観点別評価では、「知識・技能」について、理解を伴って中心概念を習得することを重視して、「知っている・できる」レベルのみならず「わかる」レベルも含むようテスト問題を工夫することが、そして、「思考・判断・表現」については、「わかる」レベルの思考を問う問題に加え、全国学力・学習状況調査のB問題のように、「使える」レベルの思考を意識した記述式問題を盛り込んでいくこと、また、後述するように、「主体的に学習に取り組む態度」も併せて評価できるような、問いと答えの間の長い思考を試すテスト以外の課題を工夫することが求められる（表2）。

3　情意領域の評価をめぐる諸問題

「関心・意欲・態度」の評価は、様々な問題を抱えてきた。それは多くの場合、挙手回数を数えたり、授業中の言動を記録に残したり、ノートや提出物を点検したりといった具合に、取組の積極性や努力度やまじめさ（授業態度）を対象としており、主観的にならないようにと、教師は証拠集めに追われがちであった。一方、子どもの側からすると、テストの点数がよくても授業態度が悪いといい成績をもらえないので、やる気をアピールし、器用にふるまえる子が得をするといった具合に、評価が生徒指導的な機能を果たしてきた。そして保護者は、観点別評価やそれをもとにした総合評定や内申点に不透明性や不公平感を感じ、学校に不信を抱くといった問題も生じている。

こうした状況の背景には、態度主義の学力観の問題、形成的評価と総括的評価を混同した観点別評価の運用の問題、そして、観点別評価と総合評定という現行の評価制度に内在する構造的問題がある。

そもそも情意領域については、全人評価や価値の押し付けにつながるおそれがあるため、目標として掲げ（形成的に）評価はしても、評定（成績づけ）することには慎重であるべきである。ただし、それが評定に用いられないならば、授業やカリキュラムの最終的な成果を判断する総括的評価も有効である。例えば、単元の終了時にその単元で扱った社会問題に対してクラスの大部分が望ましくない態度を抱いているなら、それはカリキュラムの改善を促す情報となる。そして、そうしたカリキュラム評価に必要なのは、質問紙などによる集団の傾向を示すデータのみである。実際、PISA調査などの大規模学力調査では、学習の背景を問う質問紙調査でそれはなされている。

また、情意の中身を考える際には、学習への動機づけに関わる「入口の情意」（真面目さや積極性としての授業態度や興味・関心・意欲）と学習の結果生まれ学習を方向付ける「出口の情意」（知的態度、思考の習慣、市民としての倫理・価値観など）とを区別する必要がある。授業態度などの入口の情意は、授業の前提条件として、教材の工夫や教師の働きかけによって喚起するべきものであり、授業の目標として掲げ系統的に育て客観的に評価するものというよりは、授業過程で学び手の表情や教室の雰囲気から感覚的に捉えられる部分も含めて、授業の進め方を調整する手がかりとして生かしていくものだろう。これに対し、批判的に思考しようとする態度や学び続けようとする意志などの出口の情意は、授業での学習を通してこそ子どもの中に生じて根付いていく価値ある変化であり、目標として掲げ得る。

現在の「関心・意欲・態度」の評価は、本来は目標というより教師の指導の手掛かりとして生かすべき子どものやる気（「入口の情意」）を、形成的評価ではなく「評定」しようとしているために、教師の側は、「指導の評価化」に陥り、子どもの側も、全人評価による息苦しさを感じるようになっているわけである。しかも、本来評定が困難な情意を、他の観点と同様にABCの３段階で評定の対象としていること、そして、観点別評価による分析評定をした上で、さらに５段階で総合評定を行っていることにより、観点の重みづけや分析評定から総合評定への総括の問題が生じ、評価の仕事は事務作業化し、評定の透明性を確保することも難しくなっている。観点別評価において、情意については、個人内評価で一人一人の成長を記述する、「行動の記録」欄のように満足なレベルに達していれば○を記す、あるいは、ABCで評価しても総合評定には合算しないといった具合に、目標として掲げても評定せずということも考えられる。また、「(総合) 評定」欄を廃止し分析評定で一本化する可能性もこれまで繰り返し議論されてきたところである。

なお、こうした評価システムの構造的な問題は、1991年版の指導要録が提起した、日本型の「観点別評価」の問題に起因する。すなわち、「新しい学力観」(学力を海に浮かぶ氷山にたとえ、氷山の一角である「見えやすい学力」よりも、水面下の「見えにくい学力」を重視する) に基づいて、他の観点よりも「関心・意欲・態度」を重視するものとして、さらに、「指導と評価の一体化」の名の下に、一時間の学習過程の各局面に評価の観点を割り付けて、授業中に常に子どもの姿 (プロセス) を評価 (評定) する (評価材料を集める) ことを求めるものとして、「観点別評価」は理解されるようになったのである。

だが、そもそも観点を分けることの意味は、学力の３層構造 (質的レベル) に応じた評価方法の選択で先に示したように、知識・技能の観点はペーパーテストで、思考・判断・表現を育てたいのであればそれ以外の方法もといった具合に、目標とする学力の幅を質的に拡張することに応じて、それを可視化すべく、単元末や学期末くらいの単位で、多様な総括的評価の方法を工夫していく点に主眼がある。例えば、大学のシラバスに載っている成績評価の方法を見てみると、ペーパーテスト４割、レポート６割とあったりするが、実はこれは観点別評価になっている。ペーパーテストで講義内容の理解状況、習得状況を問う。それに加えて、授業において議論したり自らの意見を熟考させたりする機会を大事にしているなら、論述試験やレポートも課す。出席状況等を加味することもあるが、基本的には認知的側面を中心に成績はつけるし、ペーパーテストやレポートなど、思考が表現された成果物を主たる評価材料とし、毎時間の授業での学生たちの取組の様子を細かく観察して評価材料とすることはあまりなされない。

結局、今回の指導要録改訂でも、「主体的に学習に取り組む態度」は３段階で評価 (評定) されることとなり、「評定」欄も残る形にはなった。しかし、「報告」において、観点別評価も評定の一種であると記されるなど、形成的評価と総括的評価の区別を意識した記述がなされており、またその上で、先述のように、分析評定である観点別評価を重視していく方向性や、評価の改善機能 (形成的評価) を重視していく方向性も打ち出されている。さらに、情意の評価の在り方について、授業態度の観察・記録に基づく評価を克服していく手がかりも見出すことができる。以下の部分では、新しい３観点それぞれの趣旨と関係をどう理解すればよいのかを明らかにした上で、「主体的に学習に取り組む態度」の評価の在り方について述べていきたい。

情意領域の評価の在り方
――「主体的に学習に取り組む態度」をどう捉えるか――

「主体的に学習に取り組む態度」の観点については、「出口の情意」としてそれを捉えていくことがまずは重要である。「報告」でも、資質・能力の三つの柱の一つとして示された「学びに向かう力、人間性等」について、そこには、「主体的に学習に取り組む態度」として、観点別評価で目標に準拠して評価できる部分と、感性や思いやり等、観点別評価や評定にはなじまず、個人内評価により個々人のよい点や可能性や変容について評価する部分があるとされており、情意の評価について対象限定がなされている。また、「主体的に学習に取り組む態度」については、「単に継続的な行動や積極的な発言等を行うなど、性格や行動面の傾向を評価するということではなく、各教科等の『主体的に学習に取り組む態度』に係る評価の観点の趣旨に照らして、知識及び技能を獲得したり、思考力、判断力、表現力等を身に付けたりするために、自らの学習状況を把握し、学習の進め方について試行錯誤するなど自らの学習を調整しながら、学ぼうとしているかどうかという意思的な側面を評価することが重要である」とされ（「報告」p.10）、そしてそれは、「①　知識及び技能を獲得したり、思考力、判断力、表現力等を身に付けたりすることに向けた粘り強い取組を行おうとする側面と、②　①の粘り強い取組を行う中で、自らの学習を調整しようとする側面」（p.11）という二側面で捉えられるとされている。単に継続的なやる気（側面①）を認め励ますだけでなく、教科として意味ある学びへの向かい方（側面②）ができているかどうかという、「出口の情意」を評価していく方向性が見て取れる。

しかし、「主体的に学習に取り組む態度」をメタ認知的な自己調整として規定することについて、メタ認知や自己調整という言葉が一人歩きして、教科内容の学び深めと切り離された一般的な粘り強さや学習方略として捉えられると、ノートの取り方などを評定対象とし、器用に段取りよく勉強できる子に加点するだけの評価となりかねない。もともと自己調整学習の考え方は、学び上手な学習者は自分の学習のかじ取りの仕方（メタ認知的な自己調整）が上手だし、力の使い方が間違っていないといった、学習の効果における学びへの向かい方（学習方略やマインドセット）の重要性を提起するものである。そこには、効果的な勉強法のような側面と、思慮深く学び続ける力として捉えられる側面とが混在している。目標として総括的評価の対象とすべきは後者の側面であり、各教科の目標に照らして、いわば教科の見方・考え方を働かせて学ぼうとしていることを重視する必要がある。前者は「入口の情意」として、ノートの取り方やポートフォリオ等による自己評価の仕方といった基本的な学び方の指導の留意点（形成的評価）として主に意識すべきであろう。

また、「報告」では、「主体的に学習に取り組む態度」のみを単体で取り出して評価することは適切でないとされており、「思考・判断・表現」等と一体的に評価していく方針が示されている。例えば、ペーパーテスト以外の思考や意欲を試す課題について、「使える」レベルの学力を試す、問いと答えの間が長く試行錯誤のある学習活動（思考のみならず、粘り強く考える意欲や根拠に基づいて考えようとする知的態度なども自ずと要求される）として設計し、その過程と成果物を通して、「思考・判断・表現」と「主体的に学習に取り組む態度」の両方を評価するわけである。美術・技術系や探究的な学びの評価でしばしばなされるように、その時点でうまくできたり結果を残せたりした部分の評価とともに、そこに至る試行錯誤の過程で見せた粘り、あるいは筋（センス）のよさにその子の伸び代を見出し、評価するという具合である。「報告」では、粘り強さ（側面①）だけでなく、一定水準の自己調整（側面②）も伴わないと、ＢやＡという評価にならないとされているが、同時に、実際の教科等の学びの中では両側面が相互に関わり合って立ち現れるともされている。スマートで結果につながりやすい学び方をする子だけでなく、結果にすぐにはつながらないかもしれないが、泥臭く誠実に熟考する子も含めて、教科として意味ある学びへの向かい方として評価していく必要があるだろう。

5　分析評定と総合評定の関係

観点別評価から総合評定への総括に関わって、「報告」では、「知識・技能や思考・判断・表現の観点が十分満足できるものであれば、基本的には、学習の調整も適切に行われていると考えられる」（p.11）と述べ、「知識・技能」「思考・判断・表現」「主体的に学習に取り組む態度」の各観点の評価の結果が、「CCA」や「AAC」といったばらつきが出ることは基本的にはないとしている。これまでのように、他観点同様、単元ごとに素点や評定を積み上げて、合算して求めるのかどうかなど、具体的な手順については、現場の裁量にゆだねられている。

積み上げて合算する場合、各観点の重みづけについては、１：１：１と機械的に考えることもできるが、４観点から３観点になっている点、そして、態度の観点が他の認知的観点と連動するものとされている点を考慮すれば、２：２：１と考えることもできる。なお、そもそも観点の重みづけや総括の問題は、授業の現状や目指す授業像から考えるべきものである。断片的な知識を一方的に教え込む授業をしているのであれば、「知識・技能」の観点を重くせざるを得ないだろうし、逆に、活動や議論を軸にした授業を行っているのにテストが穴埋め問題ばかりだと、子どもたちも承服しないだろう。

しかし、積み上げて合算する方式は、態度観点を独立的に評価することと結び付きやすい点には注意が必要である。態度観点を、日々のまじめさや努力度として捉えると、継続的に記録を集める発想になりやすい。しかし、「出口の情意」として捉えれば、それは、ある程度の教科・領域固有性を持ちつつ、単元を超えて育まれていく、より汎用的で長期的な育ちと見ることができる。そこで、総括する段階で、他の観点がＡＡならＡ、ＣＣならＣ、その他はＢを基本にして、教科として意味ある学びへの向かい方が見られた場合、思考や意欲を試す課題への取組の姿を主なエビデンスとして、Aにしていくといった形も考えられるだろう。日々減点を気にする評価ではなく、がんばりへの救済でもなく、その時点でできた・できないに引きずられがちな認知的な観点では掬い取りにくい、伸び代や実力を評価していくことが重要である。

6 評価手順よりも学びが可視化される舞台づくりを ――豊かなテストとタスクの創造へ――

試合、コンペ、発表会など、現実世界の真正の活動には、その分野の実力を試すテスト以外の舞台（「見せ場（exhibition）」）が準備されている。そして、本番の試合や舞台の方が、それに向けた練習よりも豊かでダイナミックである。だが、学校での学習は、豊かな授業（練習）と貧弱な評価（見せ場）という状況になっている。それもあって、「思考・判断・表現」等の「見えにくい学力」の評価は授業中のプロセスの評価（観察）で主に担われることになりがちで、授業において教師が常に評価のためのデータ取りや学習状況の点検に追われる問題状況も生み出している（指導の評価化）。他方、単元末や学期末の総括的評価は、依然として知識・技能の習得状況を測るペーパーテストが中心で、そうした既存の方法を問い直し、「見えにくい学力」を新たに可視化する評価方法（舞台）の工夫は十分に行われているとは言えない。

課題研究での論文作成・発表会や教科のパフォーマンス課題（例：町主催のセレモニーの企画案を町の職員に提案する社会科の課題、あるいは、栄養士になったつもりで食事制限の必要な人の献立表を作成する家庭科の課題）など、日々の授業で粘り強く思考し表現する活動を繰り返す中で育った思考力や知的態度が試され可視化されるような、テスト以外の舞台を設定していくことが重要である。そうして知識を総合して協働で取り組むような挑戦的な課題を単元末や学期末に設定し、その課題の遂行に向けて、子どもたちの自己評価・相互評価を含む形成的評価を充実させて、子どもを伸ばしながらより豊かな質的エビデンスが残るようにしていく。豊かな評価方法（子どもの学びを可視化するメディア）は、学びの外に面談の機会などを特別に設けなくても、形成的評価の場面を含んだ豊かなコミュニケーションを自ずと生み出し、質的なエビデンスの蓄積を厚くしていくのである。

テスト以外の舞台づくりに取り組むことは、一見ハードルが高いように思われるかもしれない。また、「評価についてはこれから」という声もしばしば耳にする。しかし、もともと資質・能力ベースの新学習指導要領の趣旨をふまえた取組を行っているのであれば、これまでの単元や授業の在り方について変革がなされているであろうし、そこに「使える」レベルの学力を育てつつ可視化する舞台（総括的で挑戦的な課題）づくりも盛り込まれているはずである。資質・能力を育てるべく授業改善に取り組んでいるのであれば、そこに評価は自ずとついてきている。本丸である授業改善や子どもたちの学びの変革に取り組むことなく、物差しだけを新しくして、そのものさしで評価する場面を既存の授業の中に探ろうとすると、目標として追求する学力の幅を広げれば広げるほど、評価・評定のまなざしは日常の授業場面へと広がり、授業が評価材料収集の場となる。そして、こうした対処療法的な取組が生み出す煩雑な仕事に現場は疲弊することになるだろう。

観点別評価にしてもルーブリックにしても、手続き論としてのみ議論されがちであるが、課題が貧弱なままで、すなわち、可視化される学びの範囲が狭いままで、物差しばかり立派なものにするようなことになってはいないだろうか。それをうまくやり遂げられれば、態度の観点もＡだろうし、それでその教科の総合評定で５か４をつけても、教師も子どもも納得できるような、総括的で挑戦的な課題づくりをこそ、そして、そうした課題を位置付けた単元づくりや授業づくりをこそ充実させていかねばならない。

●参考文献

石井英真『今求められる学力と学びとは』日本標準、2015年
石井英真『増補版・現代アメリカにおける学力形成論の展開』東信堂、2015年
石井英真『中教審「答申」を読み解く』日本標準、2017年
石井英真・西岡加名恵・田中耕治編著『小学校 新指導要録改訂のポイント』日本標準、2019年
西岡加名恵・石井英真・田中耕治編『新しい教育評価入門』有斐閣、2015年

第6章

教師の負担軽減と評価活動の工夫

第6章 教師の負担軽減と評価活動の工夫

佐藤　真

1 「学校における働き方改革」とこれからの学習評価

2017（平成29）年12月22日に中央教育審議会「新しい時代の教育に向けた持続可能な学校指導・運営体制の構築のための学校における働き方改革に関する総合的な方策について（中間まとめ）」、その後、2019（平成31）年１月25日に中央教育審議会「新しい時代の教育に向けた持続可能な学校指導・運営体制の構築のための学校における働き方改革に関する総合的な方策について（答申）」が出された。

これまでの我が国において教育環境といった場合には、児童生徒という学習主体としての教育を受ける学習者本人にとっての環境という意味合いが強かったと言える。すなわち、学習をする人間や教育を受ける人間からの教育環境論である。それに対して、教育を担う人間や学習を助ける人間からの環境論ということについては、児童生徒と教師というような相互関係性の中では論じられてきたとも言えようが、彼ら自身のさらにはその働き方という観点からの問いかけはあったとしても、現在のこれほど問題とされ問われ論議され、かつ、その改革のための具体的なアクションが取られた時代はなかったと言えよう。それは、2018（平成30）年７月に公布された働き方改革を推進するための関係法律の整備に関する法律（いわゆる「働き方改革推進法」）や労働基準法第36条における時間外労働に関する協定（いわゆる「36協定」）によっても明らかである。

現在の「学校における働き方改革」による教師の負担軽減は、近年の我が国の教育課題としては最大のものの一つと言え、まさに焦眉の急と言えるものである。これまで、何となく教師の自主性やいわゆる「聖職」という言に依存し長時間労働が当たり前というような慣習的な学校における働き方は、我が国の学校現場においてよく見られた状況でもあったと言えよう。このような、学校における長時間労働等々の働き方は、我が国の社会一般におけるあらゆる働き方においても問題とされているような、各職場に通底する「ブッラック化」した働き方とも言えるものであったのかもしれない。

確かに、これまで「日本型学校教育」のよさと言われた、世界的にも評価が高い我が国の教員集団による「意図的・計画的・組織的」な学校での総合的な指導によって、全国的な教育の一定水準の確保や質の高い学校教育の維持には一定程度の貢献が認められることも事実であろう。しかしながら、現在的に重要なことは、このような世界的に評価されてきた我が国の学校教育をさらに持続させ発展させるためにも、なによりも教員自身が疲弊しないことこそが第一であると言えよう。

したがって、これまでに教員が行ってきた多様で様々な役割を重視しながらも、現時点で一度それらを整理し、ICT活用も含めた支援ツールの採用、教員以外の専門職員やスタッフ、また地域人材の活用等も積極的に考えていく必要があろう。そのためには、職員室という教員と職員による教職員に限定された部屋という捉え方から、教員以外の専門職員やスタッフ、地域人材の活用も踏まえた教育スタッフルームとしての機能を果たせる環境整備等々を学校管理職や教育委員会が進めることなども必要であるかもしれない。それは、いわゆる村社会的な職員室における教員の長時間労働は、教員の心理的負担を高め、過度の疲労の蓄積から心身の健康を損ね、生命の危機に及ぶことさえ考えられるからである。

是非とも、今後は、教員の身体的な健康のみならず、精神的な健康や社会的な健康のためにも、教員スタッフルームでの和気あいあいとした開放的な雰囲気の中で、多様な人材との様々な協働的な働き方へと転換すべきであろう。そして、児童生徒を健全に育むためにも、同じ空間で働く仲間として、お互いがお互いを気遣い、相互に助け合いながら仕事をすることを通して、お互いに身体的、精神的、社会的な健康状態を思いやる時間をも共有することが、教師の職場としての健全性だと考えることこそが重要であろう。

その意味において、2019年１月25日の文部科学省「公立学校の教師の勤務時間の上限に関するガイドライン」は、大きな意味を持つものと言えよう。ここでは、「社会の変化に伴い学校が抱える課題が複雑化・多様化する中、教師の長時間勤務の看過できない実態が明らかになっている」と明確に述べている。その上で、「いわゆる『超勤４項目』以外の業務について、教師が対応している時間が長時間化している実態が生じている」とし、これまでの我が国の学校教育の大きな蓄積と高い効果を持続可能なものとするためにも「学校における働き方改革」を進めるとしているのである。その具体は、教師の業務負担の軽減を図ることや限られた時間の中で教師の専門性を生かすこと等により、児童生徒等に対して効果的な教育活動を持続的に行うことができる状況を作り出すことである。ポイントは、「業務の明確化・適正化」と「必要な環境整備」等である。

この点は、これからの学習評価においても示されている。すなわち、2019年１月21日の中央教育審議会初等中等教育分科会教育課程部会「児童生徒の学習評価の在り方について（報告）」（以後、「報告」という）においてである。まず、「２．学習評価についての基本的な考え方」の「⑶学習評価について指摘されている課題」においては、教師が評価のための「記録」に労力を割かれて指導に注力できないことや相当な労力をかけて記述した指導要録が次学年や次学校段階において十分に活用されていない等の課題を示している。そして、「⑷学習評価の改善の基本的な方向性」で、中央教育審議会初等中等教育分科会学校における働き方改革特別部会において、教師の働き方改革が喫緊の課題となっていることも踏まえ、学習評価を真に意味のあるものとするという観点から、諸団体のヒアリングや幅広い意見聴取を行った結果も踏まえ、以下のように述べているのである。すなわち、学習評価の在り方については「児童生徒の学習改善につながるものにしていくこと」と「教師の指導改善につながるものにしていくこと」に加えて、「これまで慣行として行われてきたことでも、必要性・妥当性が認められないものは見直していくこと」を基本とするということである。

さらに、「４．学習評価の円滑な改善に向けた条件整備」を示している。ここでは、2016（平成28）年12月21日の中央教育審議会「幼稚園、小学校、中学校、高等学校及び特別支援学校の学習指導要領等の改善及び方策等について（答申）」において「学習指導要領改訂を受けて作成される、学習評価の工夫改善に関する参考資料についても、詳細な基準ではなく、資質・能力を基に再整理された学習指導要領を手掛かりに、教員が評価規準を作成し見取っていくために必要な手順を示すものとなることが望ましい」こと、また「教員が学習評価の質を高めることができる環境づくり」の観点からの研修の充実等や学習指導要領等の実施に必要な諸条件の整備として教員の養成や研修を通じた教員の資質・能力の向上、指導体制の整備・充実等を求めていることなどが記されている。その上で、⑴国立教育政策研究所に求められる取組について、⑵教育委員会、学校、教員養成課程等に求められる取組について、⑶教職員や保護者等の学校関係者、社会一般への周知について、という３点を示したのである。

これらのうち、これからの学習評価における実践課題としては、以下の３点が挙げられよう。すなわち、第一は「⑵教育委員会、学校、教員養成課程等に求められる取組について」での「各教育委員会等においては、本報告や今後、国が示す学習評価及び指導要録の改善の通知等を踏まえつつ、教員研修や各種参考資料の作成に努めることが求められる」こと。第二は「各学校においては、学習評価の妥当性や信頼性が高められるよう、例えば、評価規準や評価方法等を事前に教師同士で検討し明確化することや評価に関する実践事例を蓄積し共有していくこと、評価結果についての検討を通じて評価に関する教師の力量の向上を図ることや、教務主任や研究主任を中心に学年会や教科等部会等の校内組織を活用するなどして、組織的かつ計画的な取組に努めることが求められる」こと。第三は「また、学校の実態に応じ、効果的・効率的に評価を行っていく観点からデジタル教科書やタブレット、コンピュータ、録音・録画機器等のEdtechを適切に活用することで、例えば、グループに分かれたディスカッションでの発言や共同作業におけるグループへの貢献、単元を通じた理解状況の推移など、教師一人で十分に見取ることが困難な児童生徒の様々な活動や状況を記録したり、共有したりしていくことも重要である。その際、教師にとって使い勝手の良いデジタル機器やソフトウェア等の導入を進めることは、評価の質を高める観点から有効である。各地方公共団体や教育委員会等においては、現場のニーズを十分に反映できるような発注の仕方を考えていくとともに、それらの前提となるICT環境の整備を進めていくことが求められる。また、民間事業者においても、学校や教師のニーズを十分に踏まえた技術の開発が期待される」こと、の３点である。

2 これからの学習評価の内容的な共通理解と協働的な評価活動

上述した「４．学習評価の円滑な改善に向けた条件整備」の「⑴国立教育政策研究所に求められる取組について」では、「学習評価については、学校全体で組織として学習評価やその結果を受けた学習指導の工夫改善の取組を促すとともに、教育課程や校内体制の改善などを促すカリキュラム・マネジメントも併せて重要であり、このような点に配慮した参考資料の示し方も検討する」としている。

改めて言うまでもなく、これからの学習評価は、組織的かつ協働的な学習評価にすることと、教育課程の改善並びにそれに基づく授業改善の一連のサイクルに適切に位置付くことが重要である。すなわち、これまでのスコープとシークエンスによるカリキュラム編成論として学習指導要領で「何を学ぶか」という教育内容を各学年・学校段階や各教科等に位置付けるということのみならず、今後の社会変化を見据え児童生徒が「何ができるようになるか」という育成を目指す資質・能力から「何が身に付いたか」という学習評価の充実までの一環したマネジメント・サイクルに責任を持った協働ということである。

それは、新しい学習指導要領は、教育における目標・内容・方法・評価というすべてについて示していると言え、また、評価という結果にまで責任を持って言及しているからである。これは、これまでの学習指導要領にはない特質である。したがって、各学校においては、まずは、これからの学習評価の内容的な共通理解について、とりわけ「何が身に付いたか――学習評価の充実――」の重要性について、校内体制として組織として積極的に取り組む必要がある。

周知のように、学習評価は第一に各学校の教育活動に関して児童生徒の学習状況を評価するものである。したがって、「児童生徒にどういった力が身に付いたのか」という学習状況を的確に捉えることがまずは重要である。ただ、この第一の児童生徒の学習状況を評価するためには、教員は個々の授業のねらいをどこまでどのように達成したかだけではなく、児童生徒一人一人が前の学びからどのように成長しているのかはもちろんであるが、今次はより「深い学び」に向かっているのかを捉えていく評価も必要視される。第二に、教員自身が自分の指導の改善を図るためにも必要である。第三に、児童生徒自身が自らの学びを振り返り、次の学びに向かうことができるようにするためにも極めて重要である。そして、そのためには、学習評価を教育課程や学習・指導方法の改善と一貫性を持たせた形で進めることが肝要である。

すなわち、学習評価は児童生徒の学びの評価にとどまらず、カリキュラム・マネジメントの中で教育課程や学習・指導方法の評価と結び付けて、児童生徒の学びに関わる学習評価の改善を常に教育課程や学習・指導の改善に発展・展開させ、授業改善及び組織運営の改善に向けた学校教育全体での協働によるサイクルに位置付けていくことが必要なのである。

さて、これまでは各教科等について児童生徒の学習状況を分析的に捉える「観点別学習状況の評価」と総括的に捉える「評定」とを、学習指導要領に定める目標に準拠した評価として実施することを基本として、学習評価は実施されてきた。そして、その評価の観点については、従来の４観点の枠組みを踏まえつつ学校教育法第30条第２項が定める学校教育において重視すべき３要素（「知識・技能」「思考力・判断力・表現力等」「主体的に学習に取り組む態度」）を踏まえ再整理された。すべての教科等において教育目標や内容は、「資質・能力」の三つの柱に基づき整理されたのである。これは、資質・能力の育成を目指して目標に準拠した評価を実質化するための取組と言える。まずは、これまでの学習評価の成果を踏まえて目標に準拠した評価をさらに進めていくためには、こうした教育目標や内容の再整理を踏まえることが重要である。

具体的には、今後の観点別学習状況の評価については、目標に準拠した評価の実質化や教科・校種を超えた共通理解に基づく組織的な取組を促す観点から、各教科は「知識・技能」「思考・判断・表現」「主体的に学習に取り組む態度」の３観点に整理された。これは、教育課程の全体では「学びに向かう力、人間性等」として示された資質・能力はあるが、これには感性や思いやりなど幅広いものが含まれているので、これらの資質・能力のすべてが観点別学習状況の評価になじむものとは言い難いからである。

したがって、各教科の評価の観点としては、これまでの学校教育法第30条第２項に示された「主体的に学習に取り組む態度」と同様な文言として設定され、感性や思いやり等については観点別学習状況の評価の対象外とされたのである。このような観点別学習状況の評価では十分示し切れない、児童生徒一人一人のよい点や可能性、進歩の状況等については、日々の教育活動や総合所見等を通じて積極的に児童生徒に伝えることが重要である。また、これらの観点については、毎回の授業ですべてを見取るのではなく、単元や題材を通じた「まとまり」の中で、学習・指導内容と評価の場面を適切に組み立てていくことも重要である。

すなわち、「主体的に学習に取り組む態度」と資質・能力の柱である「学びに向かう力、人間性等」の関係については、「学びに向かう力、人間性等」には「主体的に学習に取り組む態度」として学習状況を分析的に捉える観点別評価を通じて見取ることができる部分と、観点別評価や評定にはなじまずにこうした評価では示しきれないことから個人のよい点や可能性また進歩の状況について評価する個人内評価を通じて見取る部分があることに留意する必要がある。そもそも「主体的に学習に取り組む態度」については、学習前の診断的評価のみで判断したり、挙手の回数やノートの取り方などの形式的な活動を評価したりして為されるものではない。「関心・意欲・態度」の観点については、挙手の回数やノートの取り方など性格や行動面の傾向が一時的に表出された場面を捉える評価であるような誤解が払拭し切れていないのではないかという問題点が指摘されたところである。「関心・意欲・態度」から「主体的に学習に取り組む態度」になったことを契機に、各教科等の単元や題材を通じた「まとまり」の中で、児童生徒が学習の見通しを持って学習に取り組み、その学習を振り返る場面を適切に設定することが必要である。

そして、なによりも児童生徒自らが、学習の目標を持ち、進め方を見直しながら学習を進め、その過程を評価し、新たな学習につなげる、といった学習に関する自己調整を行い、粘り強く知識・技能を獲得したり、思考・判断・表現しようとしたりしているかどうかという意思的な側面を捉えて評価することである。また、このような児童生徒の姿を見取り評価するためには、児童生徒が主体的に学習に取り組む場面や機会をいかに各教科等の単元や題材を通じた「まとまり」に設定するかが重要であり、主体的・対話的で深い学びの実現に向けた授業改善が必要であることは論を俟たない。そのためには、学校全体で評価の改善に組織的に取り組む校内体制づくりが肝要なのである。

前回の学習指導要領改訂を受けて作成された学習評価の工夫改善に関する参考資料については、今回は詳細な基準ではなく資質・能力を基に再整理された学習指導要領を手掛かりに教員が評価規準を作成し見取っていくために必要な手順を示すものとなった。すなわち、2019（令和元）年６月14日に国立教育政策研究所教育課程研究センターから出された小学校、中学校等における学習評価について教師向け資料『学習評価の在り方ハンドブック、小・中学校編』（以後、「ハンドブック」という）等である。

これは、1998（平成10）年の学習指導要領のもとで「目標に準拠した評価」への転換を図るために『評価規準の作成、評価方法の工夫改善のための参考資料』（国立教育政策研究所、2002年12月）が作成・配布され、評価規準が示されたこととは異なるものである。今次のハンドブックでは、各教科や単元ごとの評価規準などは示されず、まず学習評価の基本的な考え方として今次学習指導要領に対応した学習評価の基本的な考え方について、次に学習指導要領において目標及び内容が資質・能力ごとに整理されたことを踏まえ各教科における学習評価の基本構造について、また各教科等の学習評価を行う上でのポイント等について、そして観点別学習状況の評価についてとして「知識・技能」「思考・判断・表現」「主体的に学習に取り組む態度」のそれぞれの観点についての評価方法が示されたのである。

したがって、現在の「学校における働き方改革」の点からも、あまりに細かく評価の作業に注視するよりも、教師の負担軽減の観点からも目の前の児童生徒に資質・能力が確実に育まれるように、見取り評価するというコミュニケーション重視の評価こそが、これからの学習評価としては大切である。そのためにも、児童生徒の具体的な活動をイメージしながら指導計画を作成し、その指導計画の中で学習評価の機会や場面を意図的・計画的・組織的に位置付けて確実に実施するという、教育課程に基づいて組織的かつ計画的に教育活動の質的な向上を図るカリキュラム・マネジメントを、教員一人一人が主体的に、かつ学校の校内体制としては協働的に実施することが必要である。

この点において、ハンドブックにある「コラム、評価の方法の共有で働き方改革」は、一つのメッセージとして読むに値するものと言えると考えるので、少し長いが下に引用し示したい。すなわち、「ペーパーテスト等のみにとらわれず、一人一人の学びに着目して評価することは、教師の負担が増えることのように感じられるかもしれません。しかし、児童生徒の学習評価は教育活動の根幹であり、『カリキュラム・マネジメント』の中核的な役割を担っています。その際、助けとなるのは、教師間の協働と共有です。評価の方法やそのためのツールについての悩みを一人で抱えることなく、学校全体や他校との連携の中で、計画や評価ツールの作成を分担するなど、これまで以上に協働と共有を進めれば、教師一人当たりの量的・時間的・精神的な負担の軽減につながります。風通しのよい評価体制を教師間で作っていくことで、評価方法の工夫改善と働き方改革にもつながります」（p.11）。

3　これからの評価方法における重要点

これまでに述べたような育成を目指す資質・能力をバランスを取って学習評価するためには、指導と評価の一体化を図る中で、ペーパーテストの結果のみにとどまらずに実施することである。児童生徒の論述やレポートの作成、発表、グループでの話合い、作品の制作等といった多様な活動に取り組ませるパフォーマンス評価などの多面的・多角的な評価を実施することである。さらに、総括的な評価のみならず、一人一人の学びの多様性に応じて学習の過程における形成的な評価を行い、児童生徒の資質・能力がどのように伸びているのかを、例えば、日々の記録やポートフォリオなどによる評価を通じて児童生徒自身が把握できるようにしていくことも必要である。

すなわち、これからの学習評価は、児童生徒の学習状況の質を評価することが重要であり、序列付けや統計的な得点分布を重視する評価ではなく、具体的に児童生徒は「何ができるのか」を明らかにする記述や作品、実技等によるパフォーマンス評価が肝要なのである。実効性のあるパフォーマンス評価は、実際的な場面設定により近いリアルで本質的な学習課題による評価をすることである。また、これを評価するためには、学習目標との関係において求められる達成事項の質的な内容を文章表現したルーブリック（rubric、評価指標）も必要である。具体的には、児童生徒の学習の実現状況の度合いを示す数段階の尺度と、それぞれの尺度に見られる学習の質的な特徴を示した記述語や学習作品から構成されるものである。

具体的なパフォーマンス評価は、当該の知識や技能の活用を図るリアルで本質的な課題に対して、人文科学的に記録・レポート・解説文・論文等。社会科学的にアンケート・参与観察等。自然科学的に観察記録・実験記録・測定記録等。身体科学的にダンス・演劇等。芸術的に絵画・演奏・彫刻等。これらにより、実際の運用場面により近い設定によって評価を具体的に実施することである。なお、これらは筆記と実演とを組み合わせたプロジェクトを通じて評価を行うことも可能である。

そして、その際、パフォーマンス評価の指針としてルーブリックを採用することが肝要である。ただ、評価指標は、現実の評価場面における実用性と、評価としての信頼性の獲得が大きな課題である。信頼性を高めるための手立てとしては、評価と指導の一連の過程にルーブリックの改善・修正を位置付け、児童生徒の実態をルーブリックに反映させていくことが重要である。ルーブリックは可変的なものであり、「指導と評価の一体化」を図るものとして位置付けていくことが求められる。信頼性を高めるためには、学習の実質的な特徴を見抜き、それを記述することが重要であることから、確かな鑑識眼が教師には求められる。

ポートフォリオによる評価では、児童生徒一人一人が自らの学習状況やキャリア形成を見通したり振り返ったりできるようにすることが重要である。そのため、児童生徒が自己評価を行うことを教科等の特質に応じて学習活動の一つとして位置付けることが適当である。特別活動（学級活動・ホームルーム活動）を軸とした「キャリア・パスポート（仮称）」などを活用して児童生徒が自己評価を行うことを位置付けることなども言われている現在である。ただし、その際にはアメリカでのイブニング・ポートフォリオという児童生徒等と教員とのカンファレンスに似たような、教員が対話的に児童生徒に関わることで自己評価に関する学習活動を深めていくことなども重要である。

これについては、ガイドブックでも「（筆者、中略）教師と児童生徒が共に納得する学習評価を行うためには、評価規準を適切に設定し、評価の規準や方法について、教師と児童生徒及び保護者で共通理解を図るガイダンス的な機能と、児童生徒の自己評価と教師の評価を結びつけていくカウンセリング的な機能を充実させていくことが重要です」（p.5）と述べているところでもある。

すなわち、こうした評価の方法は、教員にとっては児童生徒が行っている学習にどのような価値があるのかということをより深く認識できる機会となるものである。また、児童生徒にとっては、その学習が自分にとっていかなる意味があるのかということに気付かせてくれ、自らの学びを価値付ける機会ともなることから、非常に重要である。そのためにも、教員が学習評価の質を高めることができる環境づくりが必要であり、教員一人一人が児童生徒の学習の質を捉えることのできる教師としての鑑識眼を培っていくことができるよう、評価に関する研修の充実を図るために、学校としての評価に関わる校内体制をつくっていくことも大切である。

このような教師の鑑識眼を、学校が校内体制として組織的に協働し高める研修の方法としては、モデレーション（moderation、評価の調整）がある。実効性のある評価として機能する信頼性を有する評価指標は、規準をさらに言葉によって精緻化を図るのではなく、児童生徒の具体的な記述や作品、実技等を示しながら、規準を生かした指導改善に結び付くような教師間での協働の語り合いを繰り返すことが肝要である。これは、各教師間における同じ観点における評価規準の意味内容の把握とそれを生かした見取りのズレを縮小し、個々の教師の見取りのブレをも軽減するものである。

この各教師間での協働的な合議によるモデレーションは、現在的な評価の問題とされる同一地域・学校での個々の教師による評価の一貫性を確保するための方法でもある。モデレーションにより、評価者である教師相互の評価者間での討議方法、評価規準の共通理解、評価事例の提供と検討、評価活動の具体的な調査、評価結果の承認等による妥当性が担保される。また、このモデレーションによって、各教師は評価者として児童生徒の具体的な記述や作品、実技等の評価資料をもとに評価の規準について確実にイメージが持てるようになる。さらに、各教師間では評価規準の具体について共通理解が図れ、言葉の操作のみに陥らない、実効性のあるルーブリックによる質的な評価が実行できるのである。

4　効果的・効率的なこれからの評価活動

2019年３月29日に文部科学省「小学校、中学校、高等学校及び特別支援学校等における児童生徒の学習評価及び指導要録の改善について（通知）」（以後、「通知」という）が出された。今後の指導要録や通知表については、先の報告では「２．学習評価についての基本的な考え方」の「⑶学習評価について指摘されている課題」において、「相当な労力をかけて記述した指導要録が、次学年や次学校段階において十分に活用されていない」という課題が記されている。また、「３．学習評価の基本的な枠組みと改善の方向性」の「⑺指導要録の改善について」の「②指導要録の取扱いについて」においては、「教師の勤務実態などを踏まえ、指導要録のうち指導に関する記録については大幅に簡素化し、学習評価の結果を教師が自らの指導の改善や児童生徒の学習の改善につなげることに重点を置くこととする。」と記されていた。通知でも、「１．学習評価についての基本的な考え方」の「⑶学習評価について指摘されている課題」において、「相当な労力をかけて記述した指導要録が、次の学年や学校段階において十分に活用されていない」と報告と同様の記述があり、その上で「３．指導要録の主な改善点について」で「教師の勤務負担軽減の観点から」「記載事項を必要最小限にとどめるとともに」「その記述の簡素化を図ることとしたこと」という記述も見られることから、今次の学習指導要領改訂にともなう学習評価と指導要録の改善においては、「学校における働き方改革」の観点からの改善を図るという方向性が確認できるのである。

具体的には、通知で示された指導要録（参考様式）は、効果的・効率的なように各教科ごとに３観点と評定とを一体として記入欄をまとめられ、「総合所見及び指導上参考となる諸事項」は要点を箇条書きにするなど記載事項を必要最小限にとどめるなどとされている。さらに、指導要録と通知表それぞれの役割を踏まえた上で様式を共通としたり、通知表の学期ごとの学習評価の結果の記録に年度末の評価結果を付加して追記したり、通知表の文書記述の評価を指導要録と同様に学期ごとではなく年間を通じた学習状況をまとめて記載したりすることなども考えられるともされているのである。

これらのことは、評価の結果が児童生徒の具体的な学習改善につながること、また教師によって評価の方針が異なることなく学習改善につなげることによるカリキュラム・マネジメントの一環としての「指導と評価の一体化」が明確になったと言える。また、教師が評価の「記録」に労力を割かれて指導に注力できないということにならないようにすることなど、「学校における働き方改革」の点からも通知表と指導要録を連動させることが示されたと言える。

周知のように、通知表は法令上の規定や様式に関して国として例示したものはなく、児童生徒の学習状況について保護者に対して伝えるものとして存在するものである。したがって、学校管理職は、まずはこの点も含めて、是非、保護者に当該学校での児童生徒の学習の改善に資する通知表の位置付けと、児童生徒の学習を促進させる家庭での通知表の機能について説明し、保護者と評価の考え方を共有し理解を得ることが肝要である。

また、すでに2010（平成22）年９月に文部科学省初等中等教育局教育課程課『指導要録等の電子化に関する参考資料・第１版』が出されているが、現在では統合型校務支援システムの導入によって指導要録の記載などの学習評価をはじめ、様々な業務の電子化による効率化を図り、ICTの活用による教材の共有化も積極的に進められようとしている。ICTの活用については、これまでの学校ではとかく児童生徒を対象としていかに学ばせるかという教え方を主として研究や研修をしてきたと言える。

しかし、今後は「学校における働き方改革」を進める点からも、学校の実態に応じて効果的・効率的にタブレットやコンピュータ、Edtech等を活用するなど、円滑な評価活動の改善を図ることが必要である。特に、主体的・対話的で深い学びの実現に向けた授業改善が志向され実践されている現状で、グループに分かれたディスカッションでの児童生徒の発言の把握、児童生徒の共同学習や協働作業における児童生徒一人一人のグループへの貢献の把握、個人としての学習の状況の把握、長期の単元を通じた児童生徒の理解状況の推移の把握等々、教師一人で十分に見取り評価することが困難な児童生徒の様々な活動や状況を記録し共有して評価の質を高めるためにも、ICTの活用は求められよう。今後は、このような評価の質を高めるための様々な現場のニーズを十分に反映できるように、学校管理職や教育委員会、地方公共団体等には、ICT環境の整備をいっそう推進していくことが求められる。

●引用・参考文献

佐藤真「『子どもの学びの促進』に結びつく教育評価の在り方―学習評価・授業評価・カリキュラム評価の連関性―」文部科学省編『初等教育資料・８月号』東洋館出版社、2003年、pp.74-77

佐藤真「資質・能力の明確化で変わる学習指導、総合的な学習の時間」文部科学省編『初等教育資料・９月号』東洋館出版社、2006年、pp.2- 7

佐藤真「資質・能力をみとる評価活動のあり方」『新教育課程ライブラリVol.3　子どもの姿が見える評価の手法』ぎょうせい、2016年、pp.22-25

佐藤真「これからの時代に求められる資質・能力を育む教育方法と教育評価」『第23回・教育展望札幌セミナー要項』教育調査研究所、2016年、pp.26-33

佐藤真「次期教育課程で学習評価はどう変わるか」『学校の評価・自己点検マニュアル』（追録第16号）ぎょうせい、2016年、pp.3391-3397

佐藤真「第５章、授業改善につなぐ学習評価の在り方」吉冨芳正編『「深く学ぶ」子供を育てる学級づくり・授業づくり』〈『次代を創る「資質・能力」を育む学校づくり　第２巻〉ぎょうせい、2017年、pp.68-84

佐藤真「新教育課程を生かす授業づくりと学習評価」『新教育課程ライブラリVol.11　新しい学びを起こす授業』ぎょうせい、2017年、pp.64-65

佐藤真「特集・学校における働き方改革を探る、学校の環境の改善による働き方の見直し」『教育展望・６月号』（第64巻第５号）教育調査研究所、2018年、pp.16-20

佐藤真「新教育課程の趣旨を生かした今後の学習評価」「『思考力、判断力、表現力』と『主体的に学習に取り組む態度』の評価」『リーダーズ・ライブラリVol.8　子供の学びをみとる評価』ぎょうせい、2018年、pp.18-21

佐藤真「連続講座・新しい評価がわかる12章　今次の学習指導要領改訂における評価の重要性」『学校教育・実践ライブラリVol.1』ぎょうせい、2019年、pp.72-73

佐藤真「連続講座・新しい評価がわかる12章　指導要録の改訂ポイント」『学校教育・実践ライブラリVol.2』ぎょうせい、2019年、pp.74-75

佐藤真「連続講座・新しい評価がわかる12章　観点別学習状況の評価の改訂ポイント」『学校教育・実践ライブラリVol.3』ぎょうせい、2019年、pp.70-71
佐藤真「連続講座・新しい評価がわかる12章　評価観点『知識・技能』」『学校教育・実践ライブラリVol.4』ぎょうせい、2019年、pp.72-73
佐藤真「連続講座・新しい評価がわかる12章　評価観点『思考・判断・表現』」『学校教育・実践ライブラリVol.5』ぎょうせい、2019年、pp.74-75
佐藤真「連続講座・新しい評価がわかる12章　評価観点『主体的に学習に取り組む態度』（その１）」『学校教育・実践ライブラリVol.6』ぎょうせい、2019年、pp.72-73
中央教育審議会「幼稚園、小学校、中学校、高等学校及び特別支援学校の学習指導要領等の改善及び方策等について（答申）」平成28年12月21日
中央教育審議会「新しい時代の教育に向けた持続可能な学校指導・運営体制の構築のための学校における働き方改革に関する総合的な方策について（中間まとめ）」平成29年12月22日
中央教育審議会初等中等教育分科会教育課程部会「児童生徒の学習評価の在り方について（報告）」平成31（2019）年１月21日
中央教育審議会「新しい時代の教育に向けた持続可能な学校指導・運営体制の構築のための学校における働き方改革に関する総合的な方策について（答申）」平成31年１月25日
文部科学省「公立学校の教師の勤務時間の上限に関するガイドライン」平成31年１月25日
文部科学省「小学校、中学校、高等学校及び特別支援学校等における児童生徒の学習評価及び指導要録の改善について（通知）」平成31（2019）年３月29日
国立教育政策研究所教育課程研究センター『学習評価の在り方ハンドブック、小・中学校編』令和元年６月14日

第7章

小学校における
これからの学習評価

第７章 小学校におけるこれからの学習評価

原 田 三 朗

1 求められる評価――これからの評価を考えるための前提として押さえておきたい三つの方向性――

（１）教師の指導改善につながる評価

言うまでもなく、一人一人の子どもの学習が、今、どのような状況であるのか捉え、それに応じて授業を構成するのは、授業づくりの基本中の基本である。これまで子どもたちはどのようなことを学習してきたのか、それをつかみ、培われてきた力を生かして新しい内容を理解していくことができるように単元の計画を立てる。本時の授業を計画するときには、前時までの子どもたちの実態を踏まえて学習展開を構想する。授業場面では、子どもの反応をみながら臨機応変に展開を修正する。どの場面でも、教師による確かな子どもの姿の捉えがあり、それに応じた授業展開がある。「教師の指導改善につながる評価」とは、基本的には、このようにして教師が次の指導に生かしていくために子どもの姿を捉えることなのである。こうした営みは、教師たちの日常の教育活動の中で、地道に繰り返されてきた。評価というとどうも総括的で診断的なイメージがあるが、そうではなく、教師の授業づくりや今後の指導へとつながる評価を充実させていこうとすることが新しい評価の考え方の基本的な方向性の一つである。

（２）児童の学習改善につながる評価

求められる評価の二つ目の方向性として示されているのは、「児童の学習改善につながる評価」である。これについても、これまで現場の教師たちが実践を通して脈々と積み重ねてきたことである。優れた実践には、必ず、子どもが自分の学びの足跡を振り返る場面がある。それによって、次に何をすればよいのかを考えたり、自分の成長を自覚化したりすることができる。主体的な学びを目指すのであれば、こうした場面は自ずと必要になってくる。また、自分の学びを捉え直すには、他者との関わりも必要である。見方・考え方を比較し、異なった考えを取り入れ、学びをブラシュアップしていくことができる。また、他者と関わることで自分の成長を自覚し、これからの学びの道筋について考えることもできる。

このようにして、学んでいることや学んできたことを子ども自身にフィードバックし、学びを客観的に捉えさせ、自分で学びの方向を調整していくことができるようにする。それが、児童の学習改善につながる評価である。

（3）これまでの評価の在り方の見直し

改善の基本的な方向性として示されている三つ目のことは、「これまで慣行として行われてきたことでも、必要性・妥当性が認められないものは見直していくこと」である。これまでの評価を「児童生徒の学習評価の在り方について（報告）」（以下、「報告」）に示されている「指導と評価の一体化」[1]という視点から捉え直したとき、改善すべき点が見えてくる。ことさら、小学校教育においては一人の教師が複数の教科や領域等を担当することが多く、評価する内容は、それぞれ異質なものである。教科等の特性に応じて評価項目を細かくし分析的に子どもを捉えようとする気持ちをもわからなくもないが、それでは、「報告」で「学習評価について指摘されている課題」として挙げられている「教師が評価のための『記録』に労力を割かれて、指導に注力できない」[2]、学期末や学年末などの事後での評価に終始してしまう[3]等の事態に再び陥りかねない。さらに、詳細にわたる分析的な評価が必ずしも次の指導に生かされる適切な子どもの捉えになるわけではない。「指導と評価の一体化」を目指した「児童生徒一人一人の学習の成立を促すための評価」という観点から見直しを図ることで、評価がよりよい授業づくりの重要な手立てとなる。そして、授業展開に活用された評価を本人や保護者にフィードバックすることが、さらに学習の深まりへとつながっていくのである。それは、決して新しい取組をするということではなく、これまで行ってきた授業づくりを、形成的評価という視点から捉え直し、それをさらに活用していこうと試みることである。そのためには、形式化、形骸化したものや子どもの次の学びへ生かされていない評価等を大胆に改めていく覚悟も、現場では必要となる。

2　どのような学校づくりを目指すのか

（1）カリキュラム・マネジメントの一環としての指導と評価

「報告」では、「2．学習評価についての基本的な考え方」の最初に、「⑴カリキュラム・

マネジメントの一環としての指導と評価」について示されている。このことの意味するところは大きい。

小学校では、学習する内容が教科の枠を超えて相互に関連し合っていることも多くある。また、関連付けて学ぶことによってより内容理解が深まったり、学んだ内容を生活場面とつなげて捉えたりすることができるようにもなる。一方で、日常の授業以外の場面でも子どもたちは多くのことを体験的に学びとる機会も多くある。したがって、学校で学ぶ子どもたちの姿をより広い視野で俯瞰して捉えたり、学校生活の日常の子どもたちの姿を捉えたりすることによって、カリキュラム・マネジメント[4]で言われている「教育の目的や目標の実現に必要な教育の内容等を教科等横断的な視点で組み立てていくこと」や「教育課程の実施に必要な人的又は物的な体制を確保するとともにその改善を図っていくこと」ができるようになる。

学校の教育目標や研究主題等は、子どもたちと時間と場所を共有している全教職員の子どもたちにかける「願い」が表されたものである。その大切な「願い」は果たして具現されているのか、それを様々な視点（例えば、人的には、教師、子ども、保護者、地域の人等）から捉え、評価し、改善を加えていく。それが、カリキュラム・マネジメントの一環としての評価の重要な役割である。適切な評価活動は、一人一人の教師や職員の子どもの見方や捉え方、子どもへの日常的な接し方や声掛けの仕方、あるいは、保護者や来校者への対応の仕方、地域の人との関わり方等への改善へとつながる。そして、そうした小さな変革の積み重ねは、自ずと１時間の授業にも色濃く反映されるのである。このようにして、カリキュラム・マネジメントの一環としての評価を、目指す学校像、子ども像と上手くリンクさせ、適切に行うことで、目指す子どもの姿が、授業をはじめとする様々な場面で具現されることになるのである。

（2）学校づくりに生きてはたらく評価

理屈としてはわかる。そして、それを実現しようと思うと大変な労力が必要になると思われるかもしれない。しかし、この「大変な労力が必要になる」という評価観を変えていくことこそが、これからの評価を考える上で必要なことである。子どもたちの姿を捉えようとすることは、あくまでもよりよい教育活動を目指すための、教育目標の具現というゴールを目指すための一つの手段である。こうした本来の意義に立ち返って評価を見直し、改革していくことこそ、私たちがすべきことである。

例えば、多くの学校で年度末に『紀要』や『まとめ』と呼ばれる類のものが作成されているが、それが、次年度の教育を進めていくための重要な今年度の教育活動の評価として位置付けられているだろうか。年度の初めにどんな『まとめ』を作成するのか、そのためにどんな記録を残していくのかということの共通理解を図り、例えば、『まとめ』を、教師たちの１年間の学びの履歴や保護者や地域の人たちの声等を蓄積したものとする。そして、年度末に読み合わせ、総括し、来年度のビジョンを立てる。『まとめ』をカリキュラム・マネジメントの一環としての評価として位置付け、生かすのである。「これまで慣行として行われてきたことでも、必要性・妥当性が認められないものは見直していくこと」とあるのは、こうしたものを真に活用されるものへと変えていくということなのである。形骸化・形式化してしまっている評価活動はないだろうか。一度、丁寧に見直したい。

3　どのような授業づくりを目指すのか

（1）ゴールをイメージする

①　１時間の授業を構想する

「カリキュラム・マネジメントの一環としての指導と評価」を考えるのも、１時間の授業の評価について考えるのも、ゴールをイメージするという点について言えば、一致している。それでは、ゴールをイメージするとは、どういうことなのか。

本時指導案の展開部分には、「中心発問」が示されていることが多いが、「問い」を示すのであれば、その問いに呼応した子どもの姿を具体的に描くことによって、授業者がど

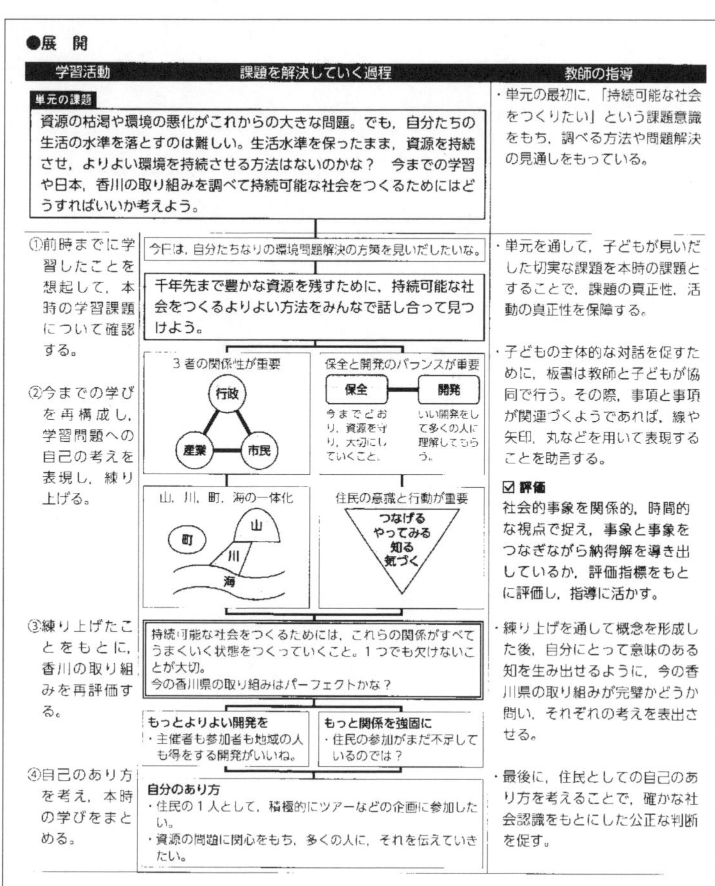

●展　開

学習活動	課題を解決していく過程	教師の指導
	単元の課題 資源の枯渇や環境の悪化がこれからの大きな問題。でも，自分たちの生活の水準を落とすのは難しい。生活水準を保ったまま，資源を持続させ，よりよい環境を持続させる方法はないのかな？　今までの学習や日本，香川の取り組みを調べて持続可能な社会をつくるためにはどうすればいいか考えよう。	・単元の最初に，「持続可能な社会をつくりたい」という課題意識をもち，調べる方法や問題解決の見通しをもっている。
①前時までに学習したことを想起して，本時の学習課題について確認する。	今日は，自分たちなりの環境問題解決の方策を見いだしたいな。 千年先まで豊かな資源を残すために，持続可能な社会をつくるよりよい方法をみんなで話し合って見つけよう。	・単元を通して，子どもが見いだした切実な課題を本時の課題とすることで，課題の真正性，活動の真正性を保障する。
②今までの学びを再構成し，学習問題への自己の考えを表現し，練り上げる。	３者の関係性が重要 行政　産業　市民 保全と開発のバランスが重要 保全　開発 今までどおり，資源を守り，大切にしていくこと。 いい開発をして多くの人に理解してもらう。 山，川，町，海の一体化 町　山　川　海 住民の意識と行動が重要 つなげる　やってみる　知る　気づく	・子どもの主体的な対話を促すために，板書は教師と子どもが協同で行う。その際，事項と事項が関連づくようであれば，線や矢印，丸などを用いて表現することを助言する。 ☑ 評価 社会的事象を関係的，時間的な視点で捉え，事象と事象をつなぎながら納得解を導き出しているか，評価指標をもとに評価し，指導に活かす。
③練り上げたことをもとに，香川の取り組みを再評価する。	持続可能な社会をつくるためには，これらの関係がすべてうまくいく状態をつくっていくこと。１つでも欠けないことが大切。 今の香川県の取り組みはパーフェクトかな？ もっとよりよい開発を ・主催者も参加者も地域の人も得をする開発がいいね。 もっと関係を強固に ・住民の参加がまだ不足しているのでは？	・練り上げを通して概念を形成した後，自分にとって意味のある知を生み出せるように，今の香川県の取り組みが完璧かどうか問い，それぞれの考えを表出させる。
④自己のあり方を考え，本時の学びをまとめる。	自分のあり方 ・住民の１人として，積極的にツアーなどの企画に参加したい。 ・資源の問題に関心をもち，多くの人に，それを伝えていきたい。	・最後に，住民としての自己のあり方を考えることで，確かな社会認識をもとにした公正な判断を促す。

資料１　本時の学習　展開

のような子どもを本時で育てたいのかということが明確になる。石井はそれを「出口の子どもの姿」という言葉で表し、次のように示している。「『目標と評価の一体化』とは、毎時間のメインターゲット（中心目標）を一つに絞り込んだ上で、それについて授業後に生じさせたい出口の子どもの姿（新たに何ができるようになったら、もともとの見方・考え方がどう変わったら、行動や態度がどう変わったらその授業は成功と言えるのか）を、実践に先立って考え、具体的な学習者の姿で目標を明確化することを意味している」[5]。それは、授業者が描く子どもの姿としての本時におけるゴールの子どもの姿のイメージであり、こうした子どもの姿を具現したいという教師の願いである（資料１[6]／二重枠部分）。

そのゴールイメージは、直接的に観点別学習状況の評価につながるわけではない。石井が「メインターゲット」と表しているように、本時で教師がどんな子どもを育てようとしているのかが大切なのである。その姿が具現されているかどうかを捉えることが本時の評価であり、そこで捉えた子どもの姿が次時の展開への足掛かりとなる。

②　１単元の展開を構想する

１単元の流れも基本的には、１時間の授業の流れと同様である。最初に入口となる子どもの姿（実態）があり、学習を通して単元の出口として描かれる子どもの姿に到達するという単元の流れが構想される。小単元で言えば、まず、例えば、小単元Ａという小単元の入口となる最初の子どもの姿があり、小単元Ａの学習を経て、小単元Ａの出口となる子どもの姿がある。そして、その小単元Ａの出口の子どもの姿を受け、次の小単元Ｂの入口となる子どもの姿があり（資料１で言えば、「今の香川県の取り組みはパーフェクトかな？」という新しい問い）、それは、その小単元Ｂの出口の子どもの姿（「主催者も参加者も地域の人も得をする開発がいいね」）へとつながる。それが、また、次の問い（「住民の参加がまだ不足しているのでは？」）へつながる。このようにして学習を展開していくことで、評価が生かされ子どもの学びは連続し、資料１で言えば、社会科としての「自分のあり方」という本単元のゴールへと続く。評価は、こうした学習展開をつなぐ、重要な機能を果たす。

③　観点別学習状況の評価の位置付け

資料２は、国語科「３年生のまとめに、『モチモチの木』で音読の発表をしよう」の「単元の構想」である[7]。黒地の枠内に書かれた言葉〈入口〉と点線の下線が引かれている言葉〈出口〉が、子どもの意識、活動としてつながって展開している。

観点別学習状況の評価については、「単元や題材などのまとまりの中で、指導内容に照らして評価の場面を適切に位置付ける」[8]とあるように、「単元や題材などのまとまり」の中への位置付けが求められる。単元の学習計画を構想する場合、構想した後に評価を組み入れるという考え方ではなく、単元全体の、あるいは、次の学習展開へとつながる評価を組み入れつつ単元を構想するという考えが必要である。このことは、決して、評価のための学習・指導を意味するのではない。「指導と評価の一体化」を目指すと、自ずと、前述したような、子どもの姿を捉えつつ小単元の入口と出口をつなぐ展開が考えられるのである。

④　評価が指導に生かされる学習展開

資料２を例に、観点別学習状況の評価の単元への位置付けについて考えてみる。この単元では、「知識・技能」を主として評価するのは、『豆太の気持ちを考えて、読み方を考えよう』という二つ目の小単元の前半部分になる。気持ちや情景が相手に伝わる音読というゴールに向かうために、子どもたちに必要となることは、まず、書かれていることの意味の理解と叙述に即して豆太の気持ちを読み取ること、３年生のまとめとしての基本的な音読の手法を身に付けることである。「思考・判断・表現」の評価については、二つ目の小単元の後半部分と三つ目の小単元の『気持ちを込めて音読をしよう』の場面に位置付けることができる。読み取った豆太の気持ちや場面の様子を表す音読の方法を考えることや読み取ったことを相手に伝えることのできる音読を実際にできることが、子どもの姿として求められる。

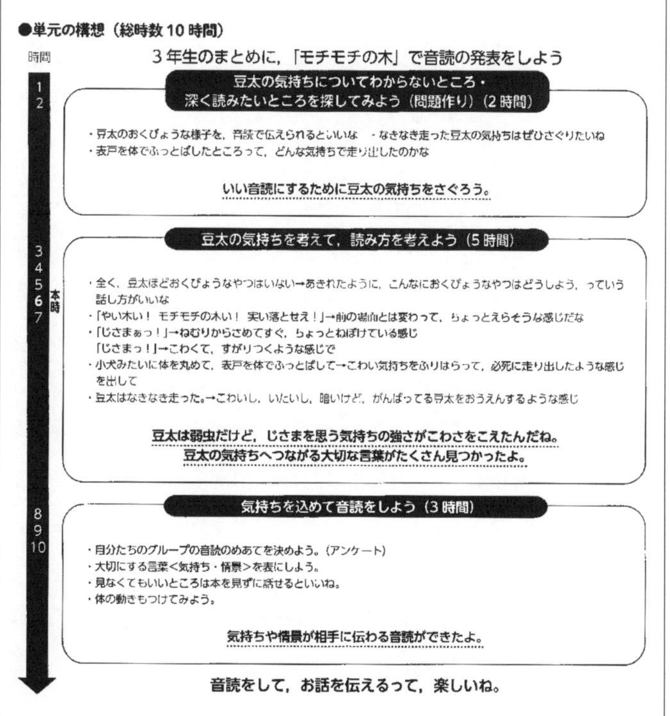

●単元の構想（総時数10時間）

時間

3年生のまとめに，「モチモチの木」で音読の発表をしよう

1
2

豆太の気持ちについてわからないところ・深く読みたいところを探してみよう（問題作り）（2時間）

・豆太のおくびょうな様子を，音読で伝えられるといいな　・なきなき走った豆太の気持ちはぜひさぐりたいね
・表戸を体でふっとばしたところって，どんな気持ちで走り出したのかな

いい音読にするために豆太の気持ちをさぐろう。

3
4
5
6 本時
7

豆太の気持ちを考えて，読み方を考えよう（5時間）

・全く，豆太ほどおくびょうなやつはいない→あきれたように，こんなにおくびょうなやつはどうしよう，っていう話し方がいいな
・「やい木い！　モチモチの木い！　実い落とせえ！」→前の場面とは変わって，ちょっとえらそうな感じだな
・「じさまぁっ！」→ねむりからさめてすぐ，ちょっとねぼけている感じ
「じさまっ！」→こわくて，すがりつくような感じで
・小犬みたいに体を丸めて，表戸を体でふっとばして→こわい気持ちをふりはらって，必死に走り出したような感じを出して
・豆太はなきなき走った。→こわいし，いたいし，暗いけど，がんばってる豆太をおうえんするような感じ

豆太は弱虫だけど，じさまを思う気持ちの強さがこわさをこえたんだね。
豆太の気持ちへつながる大切な言葉がたくさん見つかったよ。

8
9
10

気持ちを込めて音読をしよう（3時間）

・自分たちのグループの音読のめあてを決めよう。（アンケート）
・大切にする言葉<気持ち・情景>を表にしよう。
・見なくてもいいところは本を見ずに話せるといいね。
・体の動きもつけてみよう。

気持ちや情景が相手に伝わる音読ができたよ。

音読をして，お話を伝えるって，楽しいね。

資料２　単元の構想

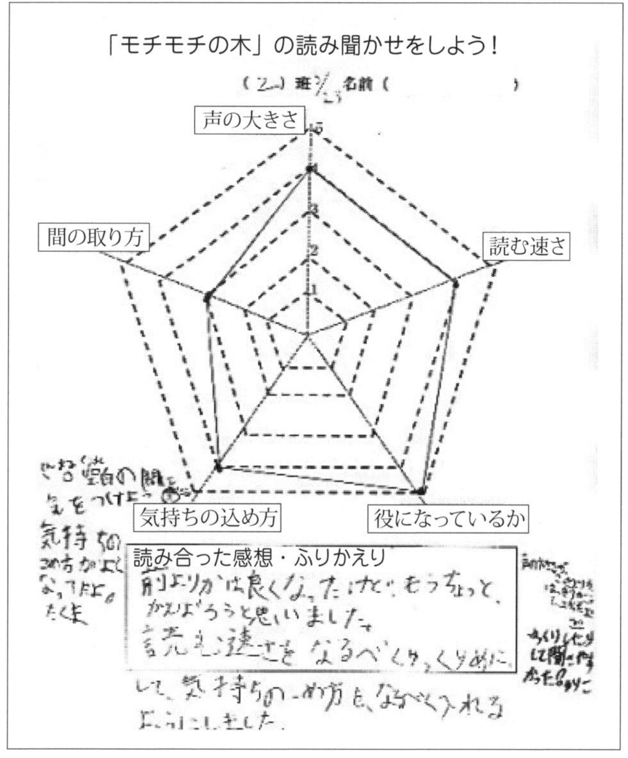

資料３　振り返り

「主体的に学びに取り組む態度」については、自分の音読の仕方を見直したり何度も練習をしたりすること、よりよい音読を目指して学び方を考えること等が、子どもの姿として求められる。この観点の評価については、どの場面でというよりも、例えば、音読ノートを作成し、そこに音読発表を目指した学びの履歴、そして、次にどんなことに取り組めばよいのか等の計画を記しそれを中心に評価を行うこと等、学習の流れ全体に組み入れるという評価の方法が考えられる。本実践においては、教師と子どもたちとで五つの評価基準（声の大きさ・間の取り方・気持ちのこめ方・役になっているか・読む速さ）を決め、それを振り返りや学習の達成状況の目安として生かしながら音読づくりに取り組んできた（資料3）。

上記のような具体例を示したとき、その評価は別の観点になるのではないか、その評価の場面は異なった場面でもできるのではないかといった考えもあるだろう。それは、当然のことで、なぜなら、評価には限界があり厳密に分けられない部分もあるからである。小学生の子どもたちの学びは、様々な経験や見方・考え方の総体として営まれるのだから、それを観点別に明確に分けることはできないだろう。観点についての議論は子どもの捉え方につながる大切なものではあるが、その一方で、子どもを評価することについての限界を認識しておくことも必要なことであろう。

（2）低学年の子どもの姿をどのように捉えるか

①　その子がどのように対象（人・もの・こと）と関わっているのか

文字を書いたり気持ちを綴ったりすることがまだ十分にできない、また、自分のことや物事を客観的に捉えることが苦手な低学年の子どもたちの評価には難しさが伴う。こうした発達段階にある低学年の子どもを捉えるためには、表出されたものの背景にある子どもの思いや願いを見取る教師の豊かな、あるいは、経験に裏付けられた眼差しが必要となる。

嶋野は、その著『学びの美学』[9]第2章「生活科への取組」の中で、次のような事例を挙げ、子どもの綴ったものからその子の成長を捉えている。

えみちゃん（幼児）に　あそびをおしえたよ。はなしを　よくきいてくれて　うれしかったよ。またあそびたいとおもったよ。

幼児との交流を機に、子どもに相手意識が生まれ、この子どもなりに、幼児に分かるような遊び方の説明を工夫したのだろう。子どもは、説明をしながら、よく聞いてくれている幼児の様子を観察し、工夫した効果を感じて喜んでいる。ここには、相手意識による自分意識が働いている。－中略－　さらに、「話をよく聞いてくれて嬉しかった」と感じるのは、自分が受け入れられたことへの喜びである。そうした上質な喜びは「もっと伝えたい。もっと交流したい」という意欲を高める。[10]

示された事例では、振り返りを綴った児童は、幼児との交流の中で、経験やこれまで学んできたことに基づいた知識や技能を生かし、相手にわかるように伝えるために様々に思考したり、判断したり、表現の仕方を工夫したりして幼児と接した。そして、また遊びたいという新たな学習につながる主体的に学習に取り組もうとする態度を持つことができた。

その子が対象とどのように関わり、そこから何を学び取っているのかは、その子の綴った文字、発した言葉や絵、しぐさや表情、身体表現等、様々な形でアウトプットされる。それを捉えることが評価であり、それをまた子どもへとフィードバックしていくことが指導（学習）である。もちろん、それらをすべて受けとめることはできないのだが、教科の特性に応じた「知識・技能」「思考・判断・表現」「主体的に学習に向かう態度」の３観点を意識することで、日常の授業の中で、ポイントを絞った評価活動をしていくことができる。

②　豊かな表出が見られる学習の場を設定する

低学年の子どもたちは、ペーパーテストにはあまりなじまないが、豊かな経験の場においては、自分の思いや願い、気付き、感じ方、考え方等を様々な方法で存分に表出できるという特性を持っている。それらを、重要な評価の場として捉えたとき、そもそも、そうした子ども一人一人の思いの表出が教科の特性に応じて存分に為される学習の場の設定が必要となる。

資料４は、生活科実践における『あさがおにっき』である。日記には、「あさがおにかけることば」「あさがおから返ってきたことば」「あさがおの絵」「気付いたこと」をかく欄がある。『あさがおにっき』を繰り返していくと、そこで交わされる子どもとあさがおとの対話が様々に変化を遂げていく。あさがおの高さが自分の身長を追い越してしまったとき、子どもは「あさがおなんかきらい」と日記に綴り、誕生日に花を咲かせたときは、「花をたくさんさかせてくれてありがとう」と綴る。９月になって、だんだん枯れ始めたときには「まだ、がんばれる！」と綴る。種ができたタイミングで、担任はこれまでのあさがおの生長を振り返る授業を実践し、命のバトンが種によって次の年に受け継がれていくことを子どもに捉えさせ、来年の１年生に種のプレゼントを用意する。

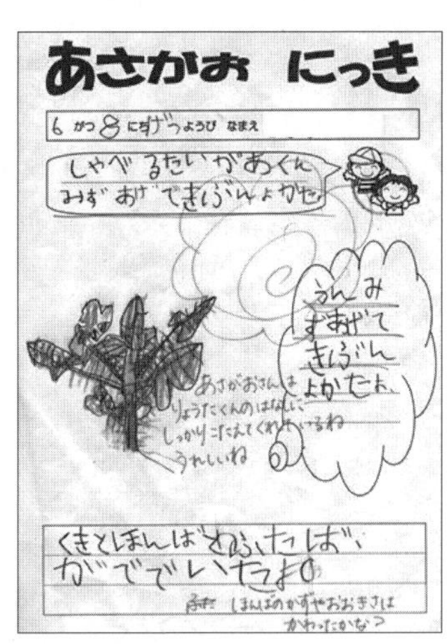

資料４　あさがおにっき

学びの記録を子ども自身で蓄積していくことは、主に「主体的に学習に取り組む態度」の評価を進める上で有効な役割を果たすが、この実践では、評価活動そのものが、学習展開のための重要な要素として組み入れられ、あさがおの生長過程の様々な場面で活用されている。

4 これからの評価の在り方へとつながるいくつかの事例

（1）学習履歴を残し、それを活用する

学習履歴を残しそれを活用することは、形成的評価を学習展開に位置付けているということでもあり、有効な活用が期待できる。発展的に捉えれば、これは、学習に生かすことのできるノートを作りにもつながる。学習履歴の蓄積やノート、ポートフォリオ等は、「報告」の「④『主体的に学習に取り組む態度』の評価について」に示されている「子供たちが自ら学習の目標を持ち、進め方を見直しながら学習を進め、その過程を評価して新たな学習につなげる」[11]といった、学習に関する自己調整を行うための手法として活用することが期待できる。

資料５は、総合的な学習の時間に作成した『あおいBOOK』である（この学校では、総合的な学習の時間は「あおい学習」と名付けられている）。１年間の学びを本にするのだが、整理にあたっては、「はじめに」「もくじ」「あとがき」などをつけるとともに、学習してきたことを項目ごとに整理したり、できあがった本について友達や保護者からメッセージをもらったりする。年度の初めには、最終的に学習履歴を本にすること、「あおい学習」でどんな力を身に付けていきたいのかということを、子どもたちに説明する（資料６）。

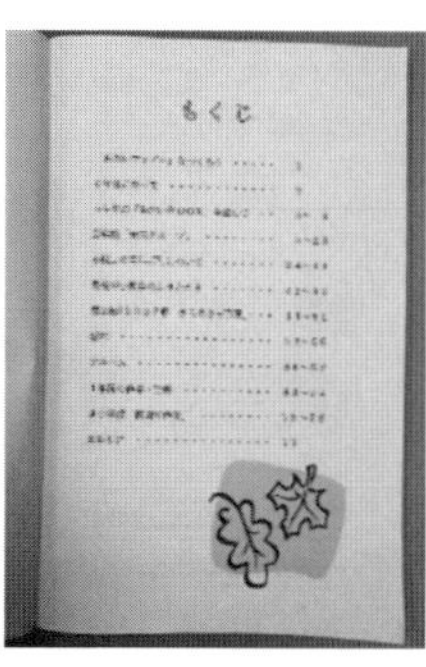

資料５　あおいBOOK

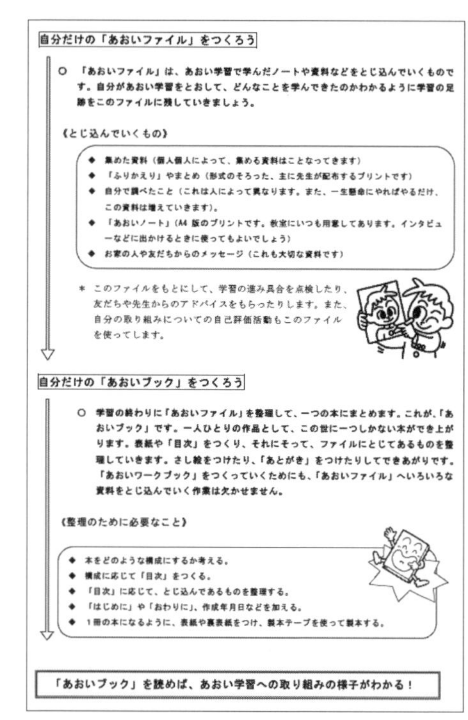

自分だけの「あおいファイル」をつくろう

○　「あおいファイル」は、あおい学習で学んだノートや資料などをとじ込んでいくものです。自分があおい学習をとおして、どんなことを学んできたのかわかるように学習の足跡をこのファイルに残していきましょう。

《とじ込んでいくもの》

- ◆ 集めた資料（個人個人によって、集める資料はことなってきます）
- ◆ 「ふりかえり」やまとめ（形式のそろった、主に先生が配布するプリントです）
- ◆ 自分で調べたこと（これは人によって異なります。また、一生懸命にやればやるだけ、この資料は増えていきます）。
- ◆ 「あおいノート」（A4 版のプリントです。教室にいつも用意してあります。インタビューなどに出かけるときに使ってもよいでしょう）
- ◆ お家の人や友だちからのメッセージ（これも大切な資料です）

＊ このファイルをもとにして、学習の進み具合を点検したり、友だちや先生からのアドバイスをもらったりします。また、自分の取り組みについての自己評価活動もこのファイルを使ってします。

自分だけの「あおいブック」をつくろう

○　学習の終わりに「あおいファイル」を整理して、一つの本にまとめます。これが、「あおいブック」です。一人ひとりの作品として、この世に一つしかない本ができ上がります。表紙や「目次」をつくり、それにそって、ファイルにとじてあるものを整理していきます。さし絵をつけたり、「あとがき」をつけたりしてできあがりです。「あおいワークブック」をつくっていくためにも、「あおいファイル」へいろいろな資料をとじ込んでいく作業は欠かせません。

《整理のために必要なこと》

- ◆ 本をどのような構成にするか考える。
- ◆ 構成に応じて「目次」をつくる。
- ◆ 「目次」に応じて、とじ込んであるものを整理する。
- ◆ 「はじめに」や「おわりに」、作成年月日などを加える。
- ◆ １冊の本になるように、表紙や裏表紙をつけ、製本テープを使って製本する。

「あおいブック」を読めば、あおい学習への取り組みの様子がわかる！

資料６　あおいBOOKをつくろう

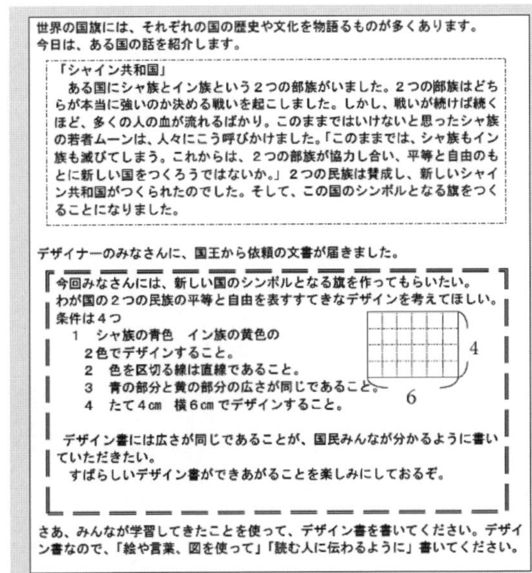
世界の国旗には、それぞれの国の歴史や文化を物語るものが多くあります。
今日は、ある国の話を紹介します。

「シャイン共和国」
　ある国にシャ族とイン族という２つの部族がいました。２つの部族はどちらが本当に強いのか決める戦いを起こしました。しかし、戦いが続けば続くほど、多くの人の血が流れるばかり。このままではいけないと思ったシャ族の若者ムーンは、人々にこう呼びかけました。「このままでは、シャ族もイン族も滅びてしまう。これからは、２つの部族が協力し合い、平等と自由のもとに新しい国をつくろうではないか。」２つの民族は賛成し、新しいシャイン共和国がつくられたのでした。そして、この国のシンボルとなる旗をつくることになりました。

デザイナーのみなさんに、国王から依頼の文書が届きました。

今回みなさんには、新しい国のシンボルとなる旗を作ってもらいたい。
わが国の２つの民族の平等と自由を表すすてきなデザインを考えてほしい。
条件は４つ
　1　シャ族の青色　イン族の黄色の
　　２色でデザインすること。
　2　色を区切る線は直線であること。
　3　青の部分と黄の部分の広さが同じであること。
　4　たて４cm　横６cmでデザインすること。

　デザイン書には広さが同じであることが、国民みんなが分かるように書いていただきたい。
　すばらしいデザイン書ができあがることを楽しみにしておるぞ。

さあ、みんなが学習してきたことを使って、デザイン書を書いてください。デザイン書なので、「絵や言葉、図を使って」「読む人に伝わるように」書いてください。

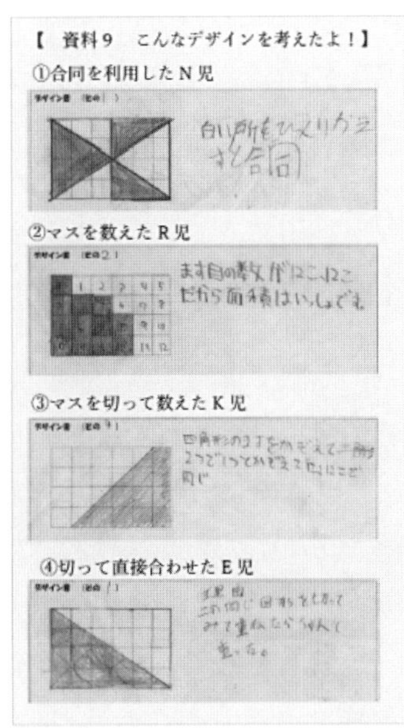

資料７　面積単元のパフォーマンス課題

(2) パフォーマンス課題

　子どもにどのようなアウトプットを求めるのかが示されるパフォーマンス課題は、「指導と評価の一体化」という観点から、様々な場面での活用が期待できる。資料７の左側は、５年生の「面積」で、単元を貫く形で設定されたパフォーマンス課題である。この学級は月組、学級目標は「シャイン！」である。課題にある「シャ族」と「イン族」はここからきている。

　最初に設定された課題について、提案された国旗のデザインに使われている２色の面積が本当に等しいのかを探究することで、三角形、四角形、平行四辺形、台形、ひし形の面積公式を子どもたちの力で導いていった。資料７の右側は、課題に対して子どもたちが様々に考えた二つの色の面積が等しい国旗のデザインである。

　この実践では、学びの履歴は基本的にノートに残された。ノートに自分の考えを根拠をもって綴ることに重点を置き、ノートを通してお互いのアイデアを交流したり（みんな学び）、探究のプロセスで新たに生まれた課題を個人で考えたり（ひとり学び）しながら、「２色の面積が等しい学級旗をつくる」という課題に向かって学びを深めていった。そして、単元の終わりには、課題にあった青色と黄色の面積が等しい「学級旗」を学級全員のアイデアを生かして作成することができた。

　このような単元全体の中で、「知識・技能」「思考・判断・表現」「主体的に学習に取り組む態度」の観点別学習状況の評価を行っていくことは、それほど難しいことではないだろう。なぜなら、この単元の学習が、子どもたちの見方や考え方を生かして展開されているからである。また、一人一人が自分の学びの足跡をきちんとノートに記してもいる。考えが持てなかったり、ノートを上手く活用できなかったりする子どもに対しては、教師が丁寧に対応してきた。それによって、子どもたちは満足のいく学びの足跡としてのノートを作り上げることができた。

（3）「面談」の果たす役割

児童との面談や保護者との個別懇談会、三者面談等は、これまでも様々に行われてきている。その意義は、それを経験してきている者であれば、十分に理解できるだろう。評価を学習に生かすという観点から考えたとき、小学校教育においても、その内容を精査しつつ、面談を１年間の教育活動の中に積極的に取り入れていく必要があるのではないか。児童や保護者と行われる面談の内容と教師が日々行っている評価活動とをリンクさせていくことで、教師による評価が子どもたちの次の学習につながっていくことになる。また、子どもや保護者の話を聞くことで、教師が捉えることができずにいたことに気付かされたり、学校が伝えようとしていることと保護者が受け止めていることのズレなどを発見したりすることができる。幼児教育の場面では、お迎えして子どもを保護者に引き渡すときが、面談の重要な機能を果たしている。企業では、１週間に30分、上司と部下との面談の時間を業務として位置付けているところもあり、それによって、業績が上がったという報告もなされている。

時間を生み出すことは難しいと思われるかもしれない。しかし、面談の重要性をどのように考えるかである。最初に示した基本的な方向性の一つ、「児童の学習改善につながる評価」という観点から見れば、児童との面談、あるいは、保護者との面談の果たす効果は大きいのではないだろうか。カリキュラム・マネジメントとは、こうした発想やアイデアを、どのように学校全体のカリキュラムに位置付けていくかということなのである。これから求められる評価を考えていくとき、小学校教育における「面談」の在り方（面談というネーミングも含めて）の模索は、大変魅力的な問いであり、挑戦に値するジャンルであると考えられる。

（4）「指導に関する記録」のポイント

「報告」には、次のように示されている。「教師の勤務実態などを踏まえ、指導要録のうち指導に関する記録については大幅に簡素化し、学習評価の結果を教師が自らの指導の改善や児童生徒の学習の改善につなげることに重点を置くこととする」[12]。随分、大胆な提案であるとも言える。何のための「大幅な簡素化」なのか、そこが重要である。

その一つの理由は、勤務実態の見直しにあるが、一方、上記の後半に示されているように、「指導に関する記録」を、教師の指導の改善、児童の学習改善へと生かされるものにしていくためである。そうした観点から捉えると、「指導に関する記録」は、適切に児童や保護者にフィードバックされ、生かされるものでなければならない。逆に言えば、フィードバックされ、生かされる場があれば、「指導に関する記録」はできる限り教師の負担にならないように簡素化されればよいことになる。「報告」に例示されているのは、通知表とのリンクや面談、ICT環境の活用である。前項で示した「面談」の活用は、「指導に関する記述」の在り方とも関連が深い。

紙面の関係上、各教科等の記述についてどうするのかということに踏み込んで示すことができないが（詳しくは、本シリーズ第２巻『各教科等の学びと新しい学習評価』等を参照されたい）、何のための評価ということに今一度立ち返り、「教師の指導改善」「児童の学習改善」のための生かすことのできる評価ということを確認した上で、授業実践から指導要録の記述等に至るまで、見直し、改善し、具体的実践を積み重ねていくことによって、これから求められる評価の具体的な姿が明らかになっていくことだろう。

●注

1　中央教育審議会初等中等教育分科会教育課程部会「児童生徒の学習評価の在り方について（報告）」２-⑵主体的・対話的で深い学びの視点からの授業改善と評価、平成31年１月21日、p.4。

2　上掲、２-⑶学習評価について指摘されている課題、p.5。

3　上掲、２-⑶学習評価について指摘されている課題、p.4。

4　小学校学習指導要領（平成29年３月告示）第１章総則第１の４。

5　石井英真編著『アクティブ・ラーニングを超える授業』日本標準、2017年、p.62。

6　上掲書、p.80（香川大学教育学部付属高松小学校５年社会「持続可能な社会づくりを考えよう」黒田拓志教諭の実践より）。

7　上掲書、p.121（愛知県豊川市立一宮南部小学校３年国語「３年生のまとめに、『モチモチの木』で音読の発表をしよう」水野隆二教諭の実践より）。

8　前掲「報告」、３-⑸　評価を行う場面や頻度について、p.14。

9　嶋野道弘『学びの美学「生活」「総合」が教えてくれたこと 伝えたいこと』東洋館出版社、2016年。

10　上掲書、pp.94-95。

11　前掲「報告」、⑵観点別学習状況の評価の改善について　④「主体的に学習に取り組む態度」の評価について、p.9。

12　前掲「報告」、⑺指導要録の改善について　②指導要録の取り扱いについて、p.18。

第8章

中学校における
これからの学習評価

第８章 中学校におけるこれからの学習評価

北原琢也

1 中学校における学習評価の具体について

（１）年間指導計画と年間評価計画の作成とその活用

年間指導計画と年間評価計画は、まず年度当初の教科会議において、小学校、高等学校との接続を踏まえ、学年（１年間）または中学校（３年間）を見据えた長期的な視野で、学年間や単元間の相互の系統性・発展性などを考慮しつつ、全体的・体系的に作成することが必要である。その際、中・長期間で身に付ける「思考・判断・表現」、「主体的に学習に取り組む態度」の評価計画は、複数単元のまとめや学期末・学年末の、どの時期、どの場面でパフォーマンス課題などを実施するかをイメージしておくことが大切である。次に、通年の定例教科会議では、日常の授業から生徒の学びの実態を振り返りつつ、年間指導計画・年間評価計画との間を行き来し、単元目標、教材・教具、学力（学習）評価、指導形態・学習形態などを見直し・練り直すことが必要である。

（２）校内における共通理解を踏まえた評価規準（基準）の作成の在り方・取り組み方

評価規準（基準）の作成は、単元づくり、授業づくりを構想しながら作成することが望ましい。だが、毎回の授業ですべての観点を評価するために指導内容・学習内容を細かく分け、数多くの評価規準（基準）を作成し、評価に追われて本来の授業がおろそかにならないようにすることが大切である。また、評価規準（基準）表をつくることが目的化され、実際に活用できない評価規準（基準）にならないようにすることにも留意すべきである。

（３）評価規準（基準）の作成

「知識・技能」には、図１「知の構造」[1]が示すように、まず最も基礎的な「事実的知識」

（例：元素記号、化学式を知っている）と「個別的なスキル」（例：ガスバーナーが使える、実験結果を記録する）の存在がある。これらは、幅広く知っておく価値のある「知識・技能」ではあるが、必ずしも実社会・実生活で使いこなせる力になるとは限らない。次に、より重要な「知識・技能」として「転移可能な概念」（例：化学変化における原子・分子、酸化・還元、熱などの概念）と「複雑なプロセス」（例：実験の計画・実行・報告・考察などの方略）が存在する。したがって、「知識・技能」の評価規準（基準）は、これらの項目・内容でチェックリストを作成することが望ましい。

さらに、それらの概念やプロセスを総合して使いこなす「見方・考え方」である「原理や一般化」と「方法論」が存在する。「思考・判断・表現」の評価規準（基準）は、これらに基づいて「知識・技能」を活用・総合し、使いこなす生徒の姿（パフォーマンス）を構想し、ルーブリックを作成することが望ましい。なお、ルーブリックとは、パフォーマンス課題の成功の度合いを示す数レベル程度の尺度（例：「54321」または「ABC」等）で示し、それぞれのレベルに対応するパフォーマンス課題の特徴を記述した評価基準表である。

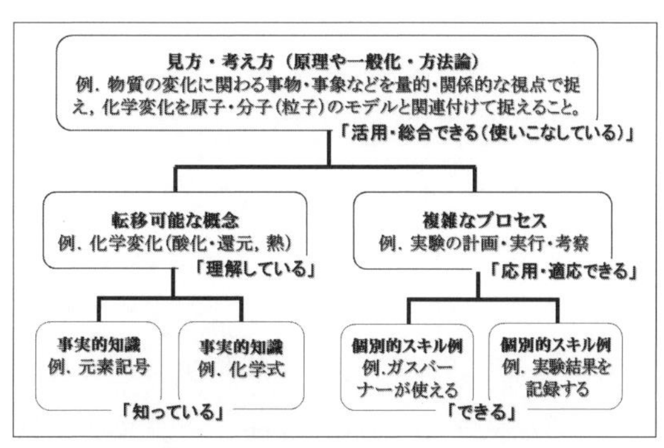

図１　「知の構造」に基づいた単元内容の構造化
（引用文献２を参考に著者作成）

「主体的に学習に取り組む態度」は、「知の構造」では示されていないが、この観点は、「知識・技能」、「思考・判断・表現」と相互に支え合い、関連し合うものであると考えることが望ましい。この観点の評価規準（基準）は、例えば、複数回のパフォーマンス課題に取り組む過程で習得された「知識・技能」を質的に習熟させるために、生徒がどのような「思考力・判断力・表現力等」をめぐらし、生徒の内面で「学び直し」、「わかり直し」などといった自己調整能力、自己評価能力など[2]で作成することが有効である。

（4）カリキュラム・マネジメントとしての評価の活用

カリキュラム・マネジメントの充実における創意工夫を生かした「特色ある教育活動」の展開は、各学校が意図して目指すものではないと考える。なぜなら教育活動の「特色」とは、その学校の教育課題の克服に向けた取組が、その方法や学校の実態の違いから結果としてそのように表れてくるのであって、他の学校の教育活動と何か違いを創ろうと意図して創られるものではないと考える。教師は、学校の課題を「わかる力」と「生きる力」を融合した学力形成、さらには、育成を目指すべき資質・能力の視点からどのように捉え、どのような方法・手段で克服し、または解決していくかを創意工夫することが大切である[3]。

そのため、教師は学校教育目標の実現の主体として、目標と指導と評価の一貫性を自問自答し、担当している教科、学年、その他の校務分掌の枠を越えて、小学校・中学校・高等学校の縦のつながりを踏まえつつ、教科等横断的な生徒の学びをつないでいく俯瞰的視野でカリキュラム構想の力を持ち、協働的・組織的に見直し、練り直し、その改善に取り組むことが必要である。

（5）生徒・保護者への説明

学校は、生徒・保護者に学習評価に関する資料・情報をより積極的に提供し、十分な理解と信頼の向上を図ることが必要である。教師は、評価・評定を行うために収集・蓄積した資料・情報を提供し、生徒・保護者への説明に活用することが大切である。例えば、通知表と定期テストなどの点数（いわゆる素点）だけでなく、通知表づくりと関連のある単元指導計画・単元評価計画などの資料を提供し、観点別学習状況の評価方法、評定への総括方法などについて詳しく説明することが大切である。さらには、学習評価に関係する目的とその結果の活用の仕方を、より懇切丁寧に説明することが望ましい。

2　授業における学習評価の活用について

（1）教科等の特性や評価場面に即した効果的な評価方法の選択や工夫・改善

まず「知識・技能」における最も基礎的な「事実的知識」と「個別的なスキル」の評価方法は、単元終了後のテストや定期テストで評価する筆記テスト（客観テスト式）などが適している。次に、より重要な「転移可能な概念」と「複雑なプロセス」の評価方法は、単元終了後のテストや定期テストで、教科の特性に基づいた自由記述式テストが適している。また、実技を伴う教科の評価方法は、実験器具の操作、運指練習、運動技能の実演などの実技テストが適している。

「思考・判断・表現」における「見方・考え方」である「原理や一般化」と「方法論」の評価方法は、教科の特性に基づいたパフォーマンス課題が適している。パフォーマンス課題は、単元のまとめや学期末・学年末などの要所要所で実施することが望ましい。パフォーマンス課題には、筆記による、エッセイ、小論文、論説文、歴史新聞、観察記録、実験レポート、物語、脚本、詩、曲、絵画などが考えられる。また、実演による、朗読、口頭発表などのプレゼンテーション、グループでの話合い、演劇、ダンス、曲の演奏、彫刻、スポーツの試合などが考えられる。

「主体的に学習に取り組む態度」は、複数単元を指導（学習）した結果、生じた生徒の内面での「学び直し」、「わかり直し」などといった充分にこなされた状態（自己調整能力・自己評価能力）などを評価することが望ましい。評価時期と評価方法は、学期末・学年末にパフォーマンス課題を実施することや、ポートフォリオ評価を用いて生徒の学習活動を長期的に見取る方法が有効である。なお、学習の導入部分である興味・関心などは、授業のはじめに学力状況などを診断する評価（診断的評価）として、授業展開に生かすことに留意するべきである。

（2）評価を生かす単元づくり、授業づくりの具体

単元づくり、授業づくりをする際、単元目標や本時のねらいを設定するのが通常であるが、その目標やねらいが理念的なものにとどまり、具体的に生徒にどのような姿が見られれば到達したと考えられるのかが明瞭でないことが多い。また、評価方法については、指導が終わった後で考えられがちである。それに対して、生徒のどのような姿を評価するかから構想を練ることが重要である（「評価の構想」と「指導の構想」の順序が逆転しているので「逆向き設計」論[4]と言われる)。これにより、単元目標もより明瞭かつ具体的に設定できる。このような考え方から作成した、単元づくり、授業づくりの「単元設計テンプレート」を紹介しておこう。

単元づくり、授業づくりにおいて、「見方・考え方」である「原理や一般化」と「方法論」で、教科や単元の本質を見極めるのは容易ではない。「単元設計テンプレート」は、単元における重点目標（中核）を「本質的な問い」[5]として、「うまく話す／聞くためにはどうすればよいか？」、「相手をうまく説得するためにはどうすればよいか？」に置き換えることが有効である（次ページの第３学年国語の単元テンプレートの例を参照)。これにより授業は、単元の「本質的な問い」である内容を探究する学習が展開される。このような学習活動は、バラバラな知識・概念やスキルが関連付けられ活用・総合されて転移可能になり、大人になっても身に付けておいてほしいような深い理解（「永続的理解」)[6]へと到達できると提案されている。評価規準（基準）は、この時点で作成してもよいし、前もって作成されている評価規準（基準）は、見直し、練り直しすることもできる。

単元づくり、授業づくりは、「単元設計テンプレート」をベースに、以下のようなことに留意することが望ましい。まず、単元の授業はじめに、単元目標、評価課題、評価方法、評価規準（基準)、評価場面、評価時期などを生徒たちに知らせ、教師と生徒が共有し、生徒たちに学習の「めあて」を持たせ、その到達に向けて徐々に学力を身に付けていく授業を工夫改善することが大切である。次に、「思考・判断・表現」における「活用・

単元テンプレート（例）

<table>
<tr><td colspan="4">□□市立○○中学校　　<u>3</u>学年　　教科名：<u>国語</u>　　作成者：<u>筆者</u></td></tr>
<tr><td rowspan="2">1
単元名</td><td colspan="3">単元（題材）名：「社会との関わりを伝えよう-相手や目的に応じたスピーチをする-」（光村図書３年）</td></tr>
<tr><td colspan="3">学習指導要領との関連内容
・「知識・技能」:「言葉の特徴や使い方に関する事項」〔文や文章〕ウ、〔言葉遣い〕エ、「情報の扱い方に関する事項」〔情報と情報との関係〕ア
・「思考・判断・表現」:【話すこと・聞くこと】〔話題の設定、情報の収集、内容の検討〕ア、〔構成の検討、考えの形成（話すこと）〕イ、〔表現、共有（話すこと）〕ウ、〔言語活動〕ア、【書くこと】:〔構成の検討〕イ、〔言語活動〕イ</td></tr>
<tr><td rowspan="5">2
単元目標</td><td colspan="3">単元（題材）目標
・社会生活の中から相手や目的に応じた話題を設定し、自分の経験や知識を整理して考えをまとめ、説得力のある話をするために、話し原稿を書く。</td></tr>
<tr><td colspan="3">観点別評価規準</td></tr>
<tr><td>「主体的に学習に取り組む態度」
・相手を説得できる表現にするために、「学び直し」、「わかり直し」などといった自己調整、自己評価し、文章全体の構成を継続して考えている。</td><td>「思考・判断・表現」
・自分の立場や考えを明確にし、相手を説得できるように論理の展開などを考えて、話の構成を工夫し、文章にまとめている。</td><td>「知識・技能」
・具体と抽象など情報との関係について理解を深め、話や文章の種類とその特徴について理解を深めている。</td></tr>
<tr><td colspan="2">【重点目標】（「見方・考え方」）
「本質的な問い」
・「うまく話す／聞くためにはどうすればよいか？」
・「相手をうまく説得するためにはどうすればよいか？」</td><td rowspan="2">【知識・技能】
・意見、説明の特徴について理解を深める。
・敬語など相手や場に応じた言葉遣い</td></tr>
<tr><td colspan="2">「永続的理解」
・相手をうまく説得するためには、自分の考えに対する根拠の適切さを考えることに加えて、自分の考えについて、聞き手（相手）が納得できるように、論理の展開を考えつつ、話の組立てを工夫する。また、自分の立場や考えを踏まえ、話の全体を俯瞰して、より聞き手（相手）が納得できる展開を考え、聞き手（相手）に応じた説明を加えたり、具体的な事例を根拠として示したり、語句や文の効果的な使い方を考えたりする。</td></tr>
<tr><td>3
評価方法</td><td colspan="2">【パフォーマンス課題】
・あなたは「（国連）子ども会議」に出席することになりました。国内（世界）に存在する様々な課題（例. プラスチックごみ問題）に対しての情報を理解し、その上で自分の意見を伝えることになりました。そこで、あなたは自分の立場や考えを踏まえ、話の全体を俯瞰して、より聞き手が納得できる展開を考え、聞き手に応じた説明を加えたり、具体的な事例を根拠として示したり、語句や文の効果的な使い方をその会議に出席した他校（国）の中学生を説得するための話し原稿を作成することになりました。</td><td>【その他の評価方法】
・客観テスト式のペーパーテスト
・一枚ポートフォリオ評価法</td></tr>
<tr><td rowspan="4">4
ルーブリック</td><td>A</td><td colspan="2">・自分の考えに対する根拠の適切さを考え、聞き手（相手）が納得できるように論理の展開を考えながら、話の組立てを工夫・創造している。
・自分の立場や考えを踏まえ、話の全体を俯瞰し、聞き手（相手）がより納得できる展開を考え、聞き手（相手）に応じた説明を加えたり、具体的な事例などを根拠として示したりして、語句や文の効果的な使い方を考え、話し原稿を作成している。</td></tr>
<tr><td>B</td><td colspan="2">・自分の考えに対する根拠の適切さを用いた論理の展開を考えながら、話の組立てを工夫している。
・自分の立場や考えを踏まえつつ、聞き手（相手）が納得できる展開を考え、聞き手（相手）に応じた説明を、事例を示したりして、話し原稿を作成している。</td></tr>
<tr><td>C</td><td colspan="2">・自分の考えに対する根拠を用いた論理の展開を考えないで、話し原稿を書いている。
・具体的な事例を示したりして、聞き手（相手）が納得できる展開、聞き手（相手）に応じた説明などの工夫がほとんどない。</td></tr>
<tr><td colspan="3">【要指導】　書かれていない。または著しく未完成である。</td></tr>
</table>

※このテンプレートは、京都大学大学院教育学研究科E.FORUMにて開発されたものである。

総合できる（使いこなす）」レベルの学力は、実社会・実生活の問題、またはそれを模した問題を通して育まれることに留意する。さらに、教科会議において、パフォーマンス課題で生み出された生徒の作品・実演（「アンカー作品」）などと照合し、教師の協働性・組織性をもって、より妥当性・信頼性を高めたルーブリックへと練り上げていくことが必要である。そして、授業で指導する単元（複数単元）において、生徒に身に付ける学力・学習の階層レベルに応じた、指導方法・指導形態を創意工夫することが大切である。

（3）「指導と評価の一体化」の視点から授業の中における評価活動の取り組み方

学年や授業のはじめに学力状況を診断する評価（診断的評価）、単元終了時や学期末・学年末に行う評価（総括的評価）と、授業がねらいどおり展開しているかどうかを確かめる、指導に生かす評価（形成的評価）の混同がないようにすることが大切である。

具体的には、授業を行う中で、生徒の表情や身ぶりなどの様子や発問に対する挙手や受け答えの状況の確認などから、学習の理解度や興味・関心などを要所要所で見取り、授業を行う前には明らかにされていなかった学習の「つまずき」、「まちがい」の特性に基づいて、すぐさま授業展開の軌道修正を行うことが大切である。その後、教師と個々の生徒の間で、「どこで」、「なぜ」つまずいたのか、まちがったのかの原因や理由を明確化・共有化する。それにより、今後の授業改善に生かされるだけでなく、生徒の「思考・判断・表現」などの高まりや深まりを促し、それらが相互に支え合い、関連し合う「主体的に学習に取り組む態度」における「学び直し」、「わかり直し」の大きな機会となる。このように、生徒自身が自分の学びをモニタリング（自己修正、自己調整）し、「学習としての評価」の資質・能力が育まれていく機会を設定することが必要である。

「指導に関する記録」に関するポイント

（1）教科における観点別学習状況の評価と評定のポイント

①　質的に異なる評価情報・資料の総括

「知識・理解」は、評価規準（基準）に基づいて作成された妥当性・信頼性のある問題で構成された筆記テスト・実技テストなどを中心に実施し、生徒の得点を合計し、平均値を分割点と照らし合わせて評価できる。しかし、「思考・判断・表現」は、加算して平均を出して評価することは適切ではない。そこで、生徒の知的な認識活動の質的な転換点を規準として、段階的に設定されたルーブリックで評価することが有効である。そして、「主体的に学習に取り組む態度」は、生徒の内面で「学び直し」、「わかり直し」などといった充分にこなされた状態（自己調整能力・自己評価能力）などを長期的に評価することが有効である。

以上のように、観点別学習状況の評価の情報・資料は、数値（量）的、記述（質）的などといったように当然異なってくる。これらの評価情報・資料をどのように総括するかは、教師個人の手持ちの補助簿の工夫改善が必要になってくる。例えば、表１のような、観点別学習状況の評価の総括を行うために、質的に異なる評価情報・資料の記録の仕方、総括の仕方を示した教師個人の手持ちの補助簿（試案）が考えられる。

表１　教師個人の手持ち補助簿（試案）

観　点	評価方法	単元1	単元2	単元3	単元n	観点別学習状況の評価（ABC）
知識・技能	筆記テスト 実技テスト	◎	◎	◎	◎	量的な到達点
思考・判断・表現	パフォーマンス評価	○	○	○	◎	質的な到達状況
主体的に学習に取り組む態度	パフォーマンス評価、ポートフォリオ評価	○	○	○	◎	学び直し・わかり直しの状況

○は指導（学習）、◎は観点別評価の総括　（筆者作成）

表２　観点別学習状況の評価と評定の分割点の整合表（試案）

観点別学習状況の評価		評　定	
十分満足できる	A	特に高い程度のもの	5
		90％	
		十分満足できる	4
80％		80％	
おおむね満足できる	B	おおむね満足できる	3
50％		50％	
努力を要する	C	努力を要する	2
		20％	
		一層努力を要する	1

（筆者作成）

②　観点別学習状況の評価及び評定の分割点の設定と整合性

観点別学習状況の評価（ABC）と評定（54321）の到達状況には、それぞれ幅がある。中学校の場合、両者の分割点の設定は、相互に関連付けて設定しなければならない。仮に、観点別学習状況の評価の分割点を、A（80～100％）、B（50～79％）、C（０～49％）に設定し、評定の分割点を５（90～100％）、４（80～89％）、３（50～79％）、２（20～49％）、１（０～19％）と設定したとする。この場合、表２のように両者の分割点の整合性が大切なので、校内研修、教科会議等で十分に協議・検討することが大切である。

③　観点別学習状況の評価（ABC）の配列パターン

観点別学習状況の評価（ABC）の配列パターンは、27通りが考えられる。しかし、中央教育審議会初等中等教育分科会教育課程部会「児童生徒の学習評価の在り方について（報告）」（2019年１月21日）[7]（以下、「報告」）でも述べられているように、「知識・技能」、「思考・判断・表現」の到達状況が低いのに、「主体的に学習に取り組む態度」だけが良好という結果「CCA」の配列パターンにはならない。また、「知識・技能」、「思考・判断・表現」が良好なのに、「主体的に学習に取り組む態度」の到達状況が低いという結果「AAC」

の配列パターンにはならない。つまり、教科における「主体的に学習に取り組む態度」の観点は、「知識・技能」、「思考・判断・表現」の観点と相互に支え合い、関連し合うものである。

以上のような考え方からすると、27通りのうち、AAC、ABA、ABC、ACA、ACB、BAA、BAC、BBA、BCA、BCB、CAA、CAB、CAC、CBA、CBB、CBC、CCA、CCBなどは、矛盾する配列パターンであると考えられる。しかし、芸術系教科・体育系教科などの評価結果や教科の特性に基づいた指導計画・評価計画の偏りなどから、例えば、ACC、BAB、BCCなどの配列パターンが評価結果として出現した場合は、そのばらつきの原因について、教科会議などで十分に検討し、生徒の学習や教師の指導の改善を図る必要がある。

表３　観点別学習状況の評価から評定への総括表（試案）

評定の範囲 ＼ 観点別学習状況の評価の到達範囲		評定１	評定２	評定３	評定４	評定５
		19%〜0％	20%〜49%	50%〜79%	80%〜89%	90%〜100%
評定５の配列	AAA（80％〜100％）				←	→
	AAB（70％〜93％）			←	↔	→
評定４の配列	ABB（60％〜86％）			←	→	
	［BAB］（60％〜86％）			←	→	
評定３の配列	BBB（50％〜79％）			↔		
評定２の配列	BBC（33％〜69％）		←	→		
	［ACC］（27％〜66％）		←	→		
	［BCC］（17％〜59％）	←	↔	→		
評定１の配列	CCC（０％〜49％）	↔				

［　］の配列パターン、他の配列パターンが出現した場合は検討が必要（筆者作成）

④　観点別学習状況の評価と評定の関係

観点別学習状況の評価（分析評定）[8]と評定（総合評定）の関係については、「主体的に学習に取り組む態度」をどのように考えるかに関わってくる問題である。つまり、評定は、観点別学習状況の評価の総和と考えるのか、それとも、評定固有の質的な評価基準が別個あるとするのかの問題である。「報告」では、「主体的に学習に取り組む態度」の評価の在り方についての記述は多くあるが、評定固有の質的な評価基準（ルーブリック）があるとする内容は見受けられない。もし、あるとすれば、それは学力のどのような様態なのかを、吟味・検討する必要が生じてくる。

そこで本稿では、「主体的に学習に取り組む態度」は、「知識・技能」の習得・定着を学力の基本（性）とし、どのような「思考力・判断力・表現力等」をめぐらせた結果、学力の基本（性）がどのように習熟（性）し、発展（性）に至ったかと捉え、評定は、観点別学習状況の評価の総和と考え、観点別学習状況の評価の平均値で評定を総括する試案を紹介する[9]。

表３は、まず、縦軸には、「知識・技能」、「思考・判断・表現」、「主体的に学習に取り組む態度」が矛盾しない配列パターンを抽出した。次に、抽出した配列パターンの到達状況の平均値幅を四捨五入した数値（%）で示し、評定（54321）の配列欄に記載した。横軸には、評定の範囲幅（%）を示し、縦軸で抽出した観点別学習状況の評価の配列パターンの平均値幅（%）と照合して、矢印（↔）で評定幅を表示した表である（例：AAA（80〜100%）ならば、評定は５（90〜100%）または評定４（80〜89%）である）。しかし、観点別学習状況の評価と評定の分割点が変われば矢印（↔）の表示範囲は変わってくることに留意する。

なお、「主体的に学習に取り組む態度」を他の観点と同じレベルで扱っているので、各観点の軽重（いわゆる重み付け）については、主観的・恣意的にならないように、教科会議、職員研修等で協議・検討が必要である。

⑤　観点別学習状況の評価を評定に総括するルールづくりの必要性

中学校では、評定結果が高等学校の選抜に際しての調査書（いわゆる内申書）の作成に使用され、生徒の将来に大きく影響する場合があるので、評定に総括する手続きは客観性、信頼性が強く求められる。そのため、観点別学習状況の評価と評定への総括方法の統一手続きを積極的に議論する必要がある。この取組によって、教師の評価についての専門的力量の向上だけでなく、指導の工夫改善といった、「指導と評価の一体化」の具現化がより一層期待できると考える。今後、都道府県市区町村といった一定の地域の学校間で、それぞれの学校が設定した評価規準（基準）や評価方法などを持ち寄り、評価活動の実践交流や討議を重ねつつ、修正を加え、観点別学習状況の評価、評定の分割点の設定、評定変換の統一の手続きを早急に工夫改善していくことが必要である。

（２）「特別の教科　道徳」「総合的な学習の時間」「特別活動」「行動の記録」「総合所見」についてのそれぞれの評価の基本的な枠組みと評価の視点

「特別の教科　道徳」の評価は、教師と生徒との教育的人間関係の構築による生徒理解を前提に、生徒の成長を積極的に受け止めて認め、励ます個人内評価として記述式で行うことが大切である。評価の視点としては、「道徳的価値」、「道徳的な判断力」、「道徳性」などが考えられるが、個々の内容や項目ごとで評価するのではなく、生徒自身の作文、プレゼンテーションなど具体的な学習の過程を通じて、道徳性に関わる成長の様子を総合的なまとまりを踏まえて評価することが望ましい。

「総合的な学習の時間」の評価の観点は、学習指導要領に示されたこの時間の目標を踏まえ、各学校の目標や内容に基づいて定めた観点（例：「課題設定力」、「論理的思考力」、「協働する力」、「自己評価力」、「教科の基礎的な知識・スキル・理解（相互環流）」など）を基本とすることが望ましい。評価方法は、学習活動の過程や成果などの記録や作品を計画的に集積したポートフォリオを活用した評価、評価カードや学習記録などによる生徒の自己評価や相互評価、教師や地域の人々等による他者評価[10]などが有効である。

「特別活動の記録」は、学級活動・生徒会活動・学校行事ごとに、各学校が自ら定めた特別活動全体に係る評価の観点を記入した上で、評価の観点に照らして「十分満足できる」活動の状況にあると判断される場合に、○印を記入する[11]。

「行動の記録」は、教育委員会が定めた、各教科、「特別の教科　道徳」、総合的な学習の時間、特別活動やその他学校生活全体にわたって認められる生徒の行動についての項目、及び学校自らの教育目標に沿って項目を追加することが望ましい。評価は、各項目において、十分満足できる状況にあると判断される場合に、○印を記入する[12]。

「総合所見及び指導上参考となる諸事項」については、生徒の成長の状況を総合的に捉えるため、生徒の優れている点、進歩の状況、また、生徒の努力を要する点などについても、その後の指導において特に配慮を要する事項などがあれば、個人内評価として文章または箇条書きにより端的に記述する[13]。

4 今後の課題

今後の学力・学習評価の課題について、紙幅上、三つの視点から述べたいと思う。

一つ目は、観点別学習状況の評価を評定に総括する事項である。観点別学習状況の評価は、「知識・技能」、「思考・判断・表現」、「主体的に学習に取り組む態度」が相互に支え合い、関連し合いつつも、異なる観点から生徒の学力を分析的に評価・評定するものである。したがって本来は、足し算的に集計して平均すれば、評定になるという性質のものではないと考える。一方、学力の総合視点として評定が必要ならば、固有の評価基準（ルーブリック）の設定が必要となってくる。しかし、教育的意義と教師の労力を考えれば、観点別学習状況の評価だけを明示することが、個々の生徒の学力実態が明確になり、生徒や保護者にとってもよりよい学習活動のフィードバックになると考える。

二つ目は、「主体的に学習に取り組む態度」の位置付けに関する事項である。「主体的に学習に取り組む態度」の評価は、形成的評価として行えば、教育（評価）活動にとって大きな意味・意義がある。しかし、評定に総括する対象として成績を付与する意味・意義はほとんど見出せない。しからば、他の観点とは別途に、記述する評価なども検討する必要があると考える。だが、現状の指導要録では何らかの方法で観点別学習状況の評価を評定に総括しなくてはならない。その理由は、高等学校の選抜に際しての調査書（いわゆる内申書）の作成、その利用・活用が便利だからであろうと推察できる。しかし、今後、中学校と高等学校の接続として、教育の営みが映し出される調査書となるためには、入試制度の改革と真摯に連動させなくてはならないと考える。

三つ目は、コンピュータ・ソフトの利用・活用に関する事項である。観点別学習状況の評価や評定への総括ルールづくりは、生徒や保護者等への説明責任を果たすためには必要不可欠である。しかし、これらのルールが、コンピュータ・ソフトによる単なる点数化、数値化の事務的処理に移ってしまい、教師と生徒の教育的人間関係に基づいて営まれるはずの「指導と評価の一体化」という教育（評価）活動から乖離しているケースが散見される。今後、世の中のあらゆる営みがコンピュータによって制御や処理されたとしても、教育（評価）活動は、人間が行わなければならない営みであることを踏まえ、コンピュータ・ソフトをどのように利用・活用していくかが喫緊の検討課題であると考えている。

●注

1　石井英真『今求められる学力と学びとは—コンピテンシー・ベースのカリキュラムの光と影—』図５「『知の構造』を用いた教科内容の構造化」日本標準、2019年３月、p.33を引用。

2　片上宗二「新指導要録の観点別評価を検討する」『社会科教育』1991年８月号。田中耕治『指導要録の改訂と学力問題』三学出版、2002年９月、pp.40-41、田中耕治『学力評価論の新たな地平』三学出版、1999年７月、pp.105-110を参照。

3　辻村哲夫『内外教育』（ひとこと欄）時事通信社、2005年７月を参照。

4　西岡加名恵・石井英真編著『教科の「深い学び」を実現するパフォーマンス評価「見方・考え方」をどう育てるか』日本標準、2019年３月、pp.14-15を参照。

5　同上、pp.15-17を参照。

6　同上、pp.15-17を参照。

7　中央教育審議会初等中等教育分科会教育課程部会「児童生徒の学習評価の在り方について（報告）」2019年１月21日、pp.12-13を参照。

8　同上、p.19、脚注25を参照。

9　田中耕治『指導要録の改訂と学力問題』三学出版、2002年９月、pp.45-46を参照。

10　『中学校学習指導要領（平成29年告示）解説 総合的な学習の時間編』pp.122-123を参照。

11　文部科学省「小学校、中学校、高等学校及び特別支援学校等における児童生徒の学習評価及び指導要録の改善等について（通知）」平成31年３月29日を参照。

12　同上を参照。

13　同上を参照。

第9章

特別支援教育における
これからの学習評価

第９章 特別支援教育におけるこれからの学習評価

羽 山 裕 子

1 新学習指導要領のもとでの特別支援教育

（１）新学習指導要領で求められる教育目標、教育内容

2017（平成29）年に改訂された新たな学習指導要領では、「知識・技能の習得」「思考力・判断力・表現力等の育成」「学びに向かう力・人間性等の涵養」の３観点から育成を目指す資質・能力が語られ、そこに向かう学習の在り方として「主体的・対話的で深い学び」が提起された。これは特別支援学校学習指導要領でも同様に示されていることである。これまで特別支援教育では、一人一人の子どもの興味・関心やつまずきを丁寧に捉え、その思いや願いを受けとめながら教育目標や教育方法が設定されてきた。このような子どもたちの姿を中心に据えた授業づくりは、主体的に学びに向かえるような授業につながり得る。また、基本的に指導は少人数で行われており、そこでの学びは自然と対話的なものとなっている。このように、特別支援教育において行われてきた授業は、新学習指導要領下で求められる授業像と少なからず親和性を有している。

一方で、新学習指導要領で言うところの「主体的・対話的で深い学び」を少し詳しく見てみたい（涌井、2018)。例えば、小学校学習指導要領解説（総則編）では「自己のキャリア形成の方向性と関連付けながら、見通しをもって粘り強く取り組み、自己の学習活動を振り返って次につなげる」という視点が示されている。ここからは、一つの単元や教材に興味を持って積極的に学習するにとどまらず、何のために学ぶのか、学んだことがどう生かせるのかといったような、学ぶこと自体のよさや意味を実感できることが求められていると読み取れる。また、対話的な学びについても「子供同士の協働、教職員や地域の人との対話、先哲の考え方を手掛かりに考えること等を通じ、自己の考えを広げ深める」ことが求められている。ここからは、学習場面における子どもたちの発言機会を増やす、会話を増やすといった単純なことではなく、問題解決のための協力・協働につながるようなやり取りや、直接的・間接的に他者の考えに触れて理解し、自己の考えと照らし合わせて吟味するような活動が「対話」には含まれると考えられる。以上は小学校学習指導要領解説に示された視点ではあるが、特別支援学級で学ぶ子どもたちや通級による指導を利用する子どもたちなど、通常の学級での学習機会を持つ子どもたちには直接的に関わってくることであり、また特別支援学校の子どもたちの学びを考える上でも重要な点であるだろう。

続いて、特別支援学校学習指導要領固有の変化に注目してみたい。今回の改訂によって、知的障害児向け教科で教育目標や教育方法の記載形式に変化が生じている。以前は教科ごとに箇条書きで示されていた教育目標、教育内容が、通常の学習指導要領の各教科内における領域区分に準じる形に整理し直されている。記述も以前と比べて分量が増加し、より詳細なものになっている。ただし、記載されている内容は以前のものと共通する点も少なくない。なぜなら、新学習指導要領における変化は以前の学習指導要領を否定するものではなく、学校階梯間の連続性や通常の学習指導要領と特別支援学校学習指導要領との連続性を意識した再整理であるためである。

例えば、小学部の国語科の例を見てみよう。改訂前は「日常生活に必要な国語を理解し、伝え合う力を養うとともに、それらを表現する能力と態度を育てる」という目標のもとに、1～3段階のそれぞれに4項目の教育内容が列記されていた。これに対して新学習指導要領では、全体目標は「言葉による見方・考え方を働かせ、言語活動を通して、国語で理解し表現する資質・能力を次の通り育成することを目指す」と定められた。そして、知識及び技能として「日常生活に必要な国語について、その特質を理解し使うことができるようにする」、思考力、判断力、表現力等として「日常生活における人との関わりの中で伝え合う力を身に付け、思考力や想像力を養う」、学びに向かう力、人間性等として「言葉で伝え合うよさを感じるとともに、言語感覚を養い、国語を大切にしてその能力の向上を図る態度を養う」というように、3観点に即した目標も示された。さらに教育内容に注目すると、やはり3観点に即して整理して示されている。ただし具体的な項目のレベルでは、追加もある一方で、改訂前の学習指導要領に記載されていたことは新学習指導要領にほぼ吸収されており、ここからも従来のものの否定や方針の転換というよりは、整理・拡充であることが見て取れる。

（2）特別支援教育の果たすべき役割

新たな学習指導要領では、通常の学級で通常の小・中・高の教育課程を履修する子どもたちの中にも、障害等の困難を抱える子どもたちがいることを想定した記述が随所に見られる。例えば、小学校学習指導要領総則には「特別な配慮を必要とする児童への指導」という節が設けられ、ここに「障害のある児童などへの指導」「海外から帰国した児童や外国人の児童の指導」「不登校児童への配慮」が含まれている。また各教科の学習指導要領解説には「指導計画の作成と内容の取扱い」内の「指導計画作成上の配慮事項」において、「障害のある児童への配慮についての事項」が示されている。例えば、小学校国語科では、「文章を目で追いながら音読することが困難な場合には、自分がどこを読むのかが分かるように教科書の文を指等で押さえながら読むよう促すこと、行間を空けるために拡大コピーをしたものを用意すること、語のまとまりや区切りが分かるように分かち書きされたものを用意すること、読む部分だけが見える自助具（スリット等）を活用することなどの配慮をする」といったように教科の教育内容に即した支援例が提案されている。

障害等の困難を抱える子どもたちが通常の学級で学ぶという状況は以前より常に存在してはいたが、教育課程の基準を示す文書である学習指導要領やその解説においてあらためて詳細な提案が行われた点は重要であろう。これらの子どもたちへの支援や配慮は場当たり的なイレギュラーなものではなく、教育課程に織り込まれたものとしてあらかじめ意識しておくべきものであり、また教育評価においても要支援児童生徒が十分に参加できるような手立てが求められると考えられる。

（３）指導要録の改訂

次に、子どもたちの学びを記録する指導要録の新たな特徴を見ていきたい。そもそも特別支援学校の指導要録と通常の指導要録とは、どのような点が異なるのだろうか。まず知的障害以外の障害を対象とした様式については、自立活動（詳細は２（１））の記録欄と、入学時の障害の状態を記載する欄があるという点が、通常の様式とは異なる。一方で知的障害を対象とした様式では、各教科の観点別評価や評定の欄がなく、教科ごとに自由記述で評価を記す点に特徴がある。これに対して、特別支援学校の指導要録改訂に先立って出された「児童生徒の学習評価の在り方について（報告）」では、新たな方向性として、知的障害児の評価における目標準拠の視点の導入と、個別の指導計画と指導要録との重複整理による記録の簡素化という二つのことが指摘されている。前者については、知的障害のある子どもたちの教科教育を軽視しないための手立てと期待することもできるが、一方で次節以降の内容に示すとおり、目標への到達の途上にいる子どもたち個々の姿を表現する術を確保するためにも、「文章による記述という考え方を維持しつつ」という部分が形骸化しないよう注意する必要がある。

一方の後者について、ここでは、個別の指導計画とは何かを簡単に説明しておきたい。個別の指導計画はこれまで特別支援学校の教育において作成が求められ、小学校・中学校でも必要に応じて作成することが望ましいとされてきた。これに対して新学習指導要領では、特別支援学級や通級による指導においても個別の指導計画を作成し活用することが積極的に求められている。個別の指導計画には、一般的に、子どもの障害や検査の記録、保護者の願い、本人の興味・関心や課題、そして生活、運動、社会性、言語、数量などの実態、目標、手立て、評価などが含まれる。目標は長期、中期、短期と異なるスパンで設定され、その達成度を評価しながら指導が見直されていく。このような仕組みは、まさに目標・評価を生かした指導を助けるツールであると言えるだろう。

このように個別の指導計画は子どもの実態に応じた教育を行うための有効な手立てであるが、実践上でいくつか留意すべき点もある。例えば、検査結果、生育歴、本人や保護者の思いなど、子どもに関する複数の情報を読み解いて適切な目標を設定するためには、非常に高い力量が必要とされる。作成に関わる教師はもちろん、当該児童生徒の教育に携わる教師たちが個別の指導計画の内容を十分に理解して生かしていくためには、校内研修等で学ぶ機会を保障していく必要があるだろう。また、目標とその達成度を判断することに客観性が強く求められてしまう場合があることにも注意すべきである。これらの結果として、本質から外れた「目に見えやすい」「達成しやすい」ことのみが目標とされてしまわないよう気を付けなければならない。

2　特別支援学校における学習評価

特別支援学校は視覚障害、聴覚障害、知的障害、肢体不自由、病虚弱の子どもたちを対象とした学校である。障害種ごとの設置が多いが、知肢並置校のような複数障害種を対象とした学校もある。

(1) 特別支援学校の教育の特徴と教育評価

特別支援学校では教育目標・教育内容が通常の小学校、中学校、高等学校とは異なる。具体的には、自立活動領域が存在する点や、特に知的障害児教育において教科の種別が異なったり教科・領域を合わせた指導が行われたりする点に違いが見られる。ここで言う自立活動とは、特別支援学校の教育課程独自の領域であり、「障害による学習上又は生活上の困難を克服し自立を図るために必要な知識技能を授けること」を目的とした領域である。「健康の保持」「心理的な安定」「人間関係の形成」「環境の把握」「身体の動き」「コミュニケーション」の六つから成る。ただし、一つの活動に一つの領域が対応するというわけではなく、複数の領域が組み合わされて一つの活動の教育目標や教育内容が構成されている。活動の具体例としては、例えば視覚障害児であれば白杖を用いた歩行の練習を行う、肢体不自由児であれば自分の体の動きや車いすの機能について理解を深めるといったものが考えられる。

また、知的障害児を対象とした教科教育では、同年齢の知的障害のない子どもたちを想定した教育目標、教育内容とは異なる教育目標、教育内容が設定されている。これは、障害のない子ども向けのものを単に遅らせたり減じたりしたものではなく、年齢相応の生活経験をふまえ、また卒業後に必要とされる力を想定しながら導かれたものである。さらに、教科・領域を合わせた指導とは、小学部であれば生活単元学習、中学部や高等部であれば作業単元学習といった形態で実践されるような学習や遊びの指導などである。

これらの自立活動、教科学習、教科・領域を合わせた指導の評価を考えていく際に注意すべきなのは、目標を一人一人に応じて設定するという点である。同じ障害種の子どもであっても、障害によって生じている困難は個々に異なり、認知発達にも個人差がある。そこで、障害によって生じる困難を克服するために必要な学習も、教科等の各時間の授業を通して習得できる内容も個々に異なってくる。このような特徴からは、クラスや学年単位での統一されたテスト課題によって評価を行うのは難しいことが予想される。

（２）特別支援学校で学ぶ子どもたちの特徴と教育評価

特別支援学校に通う子どもたちは、その障害ゆえに十全なパフォーマンスの行える場面が限られてしまう傾向にある。文字情報や音声情報の処理、動作など特定の分野に恒常的な困難を抱える場合もあれば、体調の変動や状況理解の困難さなどによって、特定の時や場面で力を発揮できなくなってしまう場合もある。このような特徴をふまえると、一斉に筆記試験を実施する、一人ずつ順番に実技を披露していくといったような時や場所を限定した評価方法ですべてを見取ろうとするのではなく、その子が最もよく力を発揮できた場面を的確に捉えて評価につなげていく必要があると考えられる。

さらに、子どもたちが力を発揮できるようにするための手立てや手助けが周囲から与えられたとき、その結果として生み出されたパフォーマンスをどのように評価すべきかも検討する必要があるだろう。書く力が十分に育っていない子どもであっても、解答の際に筆記ではなく機器の使用を許可する、教師との口頭でのやり取りによって課題に取り組むといった手立てを用いることで、教育内容を適切に理解していることを示すことができる場合がある。また、周囲の友達の様子を参照したり、教師から一声かけてもらうことで、それらを支えとして前向きに課題に取り組める場合がある。必要に応じて手助けを要請できることそれ自体が重要な力でもあるだろう。このように考えると、たとえ特別な手立てを用いたり、他者からの手助けを得ていたとしても、その結果として十分なパフォーマンスを行い得たのであれば、それを適切に評価することが求められる。

（３）特別支援学校における評価の視点と評価方法の工夫

障害のある子どもたちは、同年齢の障害の無い子どもたちと比べると、ゆっくり行きつ戻りつしながら成長しているという面がある。一度できたとしても、それが安定的に獲得された力なのかには注意が必要であるし、反対に「いつまでたってもできない」と見える姿の中にも実は着実な成長が隠れており、あるいは、できることの萌芽が見られるかもしれない。つまり、目標を達成できたかどうかを評価するだけではなく、でき方や、できないときの様子などにも注目していくという視点が必要になってくる。

また、先述したように、特別支援学校の子どもたちは設定された評価場面において常に最高のパフォーマンスを行えるわけではない。このことを考え合わせると、特別支援学校の子どもたちの評価においては、日常の観察が重要な意味を持つと考えられる。ある課題に取り組むときに、確信を持って迷いなく向かっていったのか、周囲の様子を見て参考にしながら少しずつ取り組んでいたのか、嫌々だったのかというような課題に向かうまでの姿や、課題を終えたときの表情や行動などは、その子どもの実態や次の学習課題を捉える上での貴重な資料となる。ただし、このような観察は、主観によって評価をゆがめるとの見方もあるかもしれない。これに対しては、複数の教員の観察を突き合わせて確かなものとしていくということが有効な対策となるだろう。

さらに、自己評価を可能とするような手立ての工夫も重要である。イラストを選ぶなど、書くことの苦手な子どもにも応えやすい工夫を取り入れることで、障害のある子どもも学習のふりかえりを行うことできる。ふりかえりの蓄積は、子ども自身の成長の実感にもつながるだろう。また、子どもたちがその時間の学びをどう捉えていたのかということは、教師の授業改善の手がかりにもなる。

以上のような評価を行う際には、写真や動画などの映像記録の活用が有効であろう。映像資料は、教師による観察メモの不足情報を補うことが可能となり、また、その場にいなかった関係教師間で情報を共有する際にも役に立つ。また、子どもたちと一緒に見返しながら次の学びを考えていくことは自己評価にもつながる。自分を客観的に見ることに苦手な知的障害や発達障害の子どもたちにとっては、手ごたえを感じたり、さらなる学びの必要性を実感する機会ともなるだろう。

3　特別支援学級における学習評価

特別支援学級とは通常の学校内に位置付けられた障害種別の学級であり、弱視、難聴、知的障害、肢体不自由、病弱・身体虚弱、自閉症・情緒障害、言語障害の子どもたちを対象としている。特に知的障害学級と自閉症・情緒障害学級が割合としては高い。特別支援学級を設置している学校の割合は全国的に増加傾向にあるが、都道府県別に見るとその格差は大きく、特に自閉症・情緒障害学級に特に大きな差が見られるという（窪田、2019、越野、2019）。また、規定上は特別支援学校に通う子どもたちよりも障害の程度が「軽い」子どもたちの在籍が想定されていることがうかがえるが、実際には自宅と学校の距離、近隣の友人たちとの関係、本人や保護者の思いといった様々な要因が絡み合って就学先の選択が行われるため、在籍する子どもたちの障害の実態には幅がある。つまり、特別支援学級在籍者として想定すべき子どもたちの実態は、地域ごとに異なり、さらには同じ学校内でも幅があると考えられる。

（１）特別支援学級の教育の特徴と教育評価

特別支援学級の第一の特徴としては、複数の場で学ぶ子どもたちがいるという点が挙げられる。特別支援学級は固定式の学級ではあるが、通常の学級との交流が推奨されている。その結果、特別支援学級に在籍する子どもたちの中には、特定の教科や給食、掃除の時間を通常の学級で過ごすという子どもが少なくない。このような特別支援学級外での生活の中で身に付いた力や、それを発揮した場面についても評価の際には勘案することが必要である。そのためにも、通常の学級の担任と情報を共有することが求められる。

第二の特徴としては、教育内容の幅広さが挙げられる。先述のように特別支援学級の子どもたちは通常の学級との交流も行いながら日々の学びを進めていく。その際、通常の学級で過ごす時間は、基本的に通常の学習指導要領に即した学びを行うこととなる。一方で特別支援学級の教育課程を作成するにあたっては、特別支援学校学習指導要領を参考にすることが望ましいとされており、特別支援学級で過ごす時間は特別支援学校学習指導要領に即した学びが行われる可能性が高い。つまり、一人の子どもが複数のカリキュラムを経験しながら学びを進めていくのである。そのため、子どもたちの教育目標・教育内容を総合的に捉え、その習得を評価していくにあたっては、教師は通常の学習指導要領と特別支援学校学習指導要領の双方を十分に理解しておくことが求められる。

（２）特別支援学級で学ぶ子どもたちの特徴と教育評価

特別支援学級は障害種ごとに設置されるが、一つの障害種内で対象児の学年ごとに学級が独立して設けられているとは限らない。また先述のように、特別支援学級に在籍する子どもたちの障害の程度には幅がある、結果として、同じクラスの中で、年齢や発達のバラバラな子どもたちが共に学ぶことになる。そのため、授業は個別の学びと共同の学びを組み合わせながら進められていく。このうち共同の学びの場面においては、同じ題材のもとで異なる目標に向かって学ぶという方法がよく見られる。例えば、国語の授業で「書くこと」を扱う際に、「遠足の思い出」や「運動会でがんばったこと」といった作文のテーマは共有しながら、ある児童は原稿用紙に一から書き始め、別の児童は教師が文章の骨組みをあらかじめ記入しておいたワークシートに穴埋めを行う形式で書き進め、さらに別の児童は教師と一対一での口頭のやり取りを行って書き取ってもらい、また別の児童は絵と簡単な単語で思いを表現するといった具合にである。このような個別性の高い学習や同一教材異目標の授業を行う特別支援学級においては、特別支援学校の場合と同様に、複数の子どもたちの異なる学びの姿を見取るための工夫が必要となってくる。

（3）特別支援学級における評価の視点と評価方法の工夫

特別支援学級の子どもたちの評価の記録は、通常の指導要録の様式に限らず特別支援学校指導要録の様式を用いることも可能である。

評価の視点や方法としては、特別支援学校の子どもたちの場合とほぼ同様のことが特別支援学級の子どもたちにも当てはまる。特に前章で述べたような、ふりかえりを通した自己評価や自己理解は、特別支援学級においても大切であろう。特別支援学級に在籍し一定時間のみ通常の学級において「交流」を行っている子どもたちは、通常の学級での活動を通して、自身の「できなさ」にたびたび直面させられることとなる。通常の学級へと行くことをしぶる子どもの姿を目にしたことのある教員も少なくないだろう。このような子どもたちにとって、他との比較ではなく、自分にとって必要なことや目指すべき姿を受けとめ、その達成度によって学習の成果を実感することは大事なことであると考えられる。その際、カリキュラムの個別性の高い特別支援学級の特徴を生かして、目標自体を決めることに子どもたち自身が参加するのも意味があるだろう。

なお、特別支援学級の子どもたちにとっては、進路の問題も見逃すことができない。特に知的障害のない子どもたちの場合、義務教育修了後に通常の高校を選ぶのか、特別支援学校の高等部を選ぶのかといった点によって、本人や保護者の願いを反映した教育目標の在り方が変わったり、指導要録の様式や記載内容の選択に影響が出てくる可能性もある。

4　通級による指導における学習評価

通級による指導とは、通常の学級に在籍する子どもが年間35～280時間の範囲（学習障害児及び注意欠陥多動性障害児に関しては10～280時間の範囲）で通級指導教室に通い、必要な支援を受けることのできる仕組みである。対象となる障害種は弱視、難聴、肢体不自由、病弱・身体虚弱、情緒障害、言語障害、自閉症、注意欠陥多動性障害、学習障害と多岐にわたる。

通級による指導の実践には、いくつかの異なる方式が見られる。子どもの在籍校内に通級による指導の場が設けられている方式（いわゆる自校通級）、自身の在籍校とは異なる学校に設けられた場で通級による指導を受ける方式（いわゆる他校通級）などである。また、外部の教員が特定の曜日や時限のみ指導に訪れる巡回方式も見られる。それぞれに、子どもにとっての負担、指導者の専門性、校内連携のとりやすさなど一長一短ではある。なお、通級による指導は在学中に継続的に利用し続けるとは限らない。自治体ごとの規程により、一定の年数で「卒業」を求められるケースや、本人の意向で頻度を減らすようなケースもある。

（1）通級による指導の特徴と教育評価

通級による指導を利用する子どもたちは、通常の学級に在籍して通常の教育課程を履修する子どもたちであり、基本的には知的障害を伴わないことが想定されている。つまり、通常の小・中・高の教育目標、教育内容を学習できると考えられている子どもたちである。そのような中で、通級による指導においては自立活動の指導が主として期待されている。この自立活動は、先述のように一人一人異なる障害による困難に応じて指導内容が決まるという特徴がある。また、通級による指導では教科の補充的な指導も行い得るが、こちらも補充の必要な教科や分野が個々に異なることが予想される。総じて、通級による指導における指導や評価は、かなり個に応じたものとならざるを得ない。

また通級による指導では、子どもたちは二つの場を行き来して過ごすという特徴を持つ。その中には他校通級や、指導者のほうが複数校を掛け持ちして巡回しているなど、子どもの在籍校内で関係者が一堂に会するのが難しい場合もある。これは、通常の学級の担任が、通級による指導を利用する子どもたちのことを総合的に把握することを難しくしてしまう事態をもたらしかねない。通級による指導での学びや成長がその子どもを評価する際の対象から欠落してしまわないように、通常の学級の担任、通級による指導の担当教師、保護者やその他関係者の連絡と情報共有の仕組みを作っておく（例：連絡ノートや定期的な会議等）ことが必要である。このような仕組みは、評価を適切に行うためだけでなく、子どもへのより良い支援提供のためにも資するものとなるだろう。

（2）通級による指導を利用する子どもたちの特徴と教育評価

通級による指導の対象となる子どもたちの中には、発達障害の子どもたちのように、学習や生活の特定分野に著しい困難を抱える子どもたちも含まれる。彼らが期待されるような成果を挙げられないとき、本当に教育目標を達成できていないのか、それとも理解をパフォーマンスできるような方法や環境を与えられていなかっただけなのかに注意する必要があるだろう。例えば、読み書きの苦手な学習障害児であれば、筆記式のテストを他児と同じ時間内にこなすのは難しいだろう。注意欠陥多動性障害児であれば、評価を行う際の周囲の物音や人の動きなどによって、集中力を欠いてしまうことが考えられる。自閉症児であれば、問題文や出題者の指示を取り違えてしまう、苦手やこだわりを感じる人、者、事が視野に入る範囲に存在したために、落ち着いて取り組めなくなってしまうということもあり得る。

(3) 評価の視点と評価方法の工夫

具体的なテスト方法の工夫については、特別支援学校や特別支援学級に関する節で述べたことと共通する。そこに加えて、通級による指導の対象児特有の注意点を挙げるなら、通級の頻度や対象教科・領域が子どもの実態に応じて年度内に変動し得る点があるだろう。年間を通して見たときに、同一教科の学習を通常の学級と通級指導教室の双方で行っていることもある。そのような場合に、通常の学級における共通カリキュラム上でのできる／できないだけではなく、通級指導教室での成果も評価に加味する必要があるのではないだろうか。現状では、通級による指導での学習については「総合所見及び指導上参考となる諸事項」欄に自由記述で記載することになっている。しかしながら、通級による指導での学びと通常の学級での学びは相互に影響を与え合うと考えられ、この一欄に要約的に記入することだけで、通級による指導の意味を捉えきれていると言えるのかには疑問も残る。

5　特別支援教育における教育評価の展望

本章では特別支援教育における教育評価について、その背景となる新学習指導要領や新指導要録の概要をおさえた上で、支援を受ける場の種類ごとに論じてきた。最後に、特別支援教育におけるこれからの評価を考える参考として、アメリカ合衆国で行われている障害のある子どもたちへの評価の具体的方法を紹介したい。

アメリカ合衆国においては、カリキュラムや学力評価における配慮や支援の程度を複数の段階に分けて捉えている。特に評価に即して言えば、中身には改変を加えず、問題の提示方法や解答方法に配慮を行うアコモデーション（accommodation）や、通常版の評価課題を土台としながらも解答の手がかりを増やしたり問いの角度を変えたりしているようなモディフィケーション（modification）、そして、教科や分野の枠組みは揃えながらも評価課題は通常版と全く異なるものを用いる代替的な評価（alternate assessment）の３段階に大別できる。この中で、特に三つ目の代替的な評価では、障害のある子どもたちの実態に応じた評価方法の工夫が様々に見られる。例えば、州学力テストにおいて、通常版の評価が筆記テスト形式で行われているときに、代替的な評価では、映像資料や子どもが学習途中で作成したメモなどを含むポートフォリオによって、評価を行うといった例などである。また、問いと答えから成るテストの形態を採用する場合であっても、試験官と一対一での口頭もしくはカードのやり取りによって評価を行うなど、パフォーマンスの方法が筆記に限定されていない。

以上が、アメリカ合衆国において障害のある子どもたちへの評価を行う際の配慮の概要である。このように、一口に配慮と言っても内容改変を伴うものまで複数段階にわたり想定するといった仕組み面での工夫や、解答方法の多様性を確保するといった具体的な手法面での工夫からは、一人一人異なる子どもたちに応じた評価方法を開発していく上で、学ぶべき点があるだろう。

●参考文献

窪田知子「学校基本調査・特別支援教育史料にみる特別支援学級の現状と課題」『障害者問題研究』第47巻、第１号、2019年、pp.2-9

越野和之「特別支援学級制度をめぐる問題と制度改革の論点」『障害者問題研究』第47巻、第１号、2019年、pp.10-17

涌井恵「主体的・対話的で深い学びの視点を踏まえた授業改善」『特別支援教育研究』2018年、４月号、pp.12-14

第10章

カリキュラム・マネジメントにおける評価活動の在り方

第10章 カリキュラム・マネジメントにおける評価活動の在り方

赤沢早人

1 学習指導要領における カリキュラム・マネジメントの推進

(1) カリキュラム・マネジメントとは何か？

2017（平成29）・2018（平成30）年に改訂された学習指導要領は、学校現場に挑戦と革新を求める様々な提起を行った。そのうち、よく知られているように、日々の授業づくりに関する提起が、いわゆるアクティブ・ラーニングである。日々の授業を、主体的・対話的で深い学びという視点から捉え直し、不断に授業改善を行っていく必要性が指摘された。他方、日々の授業の前提部分である、各学校の教育課程に関する提起が、一つが社会に開かれた教育課程であり、もう一つがカリキュラム・マネジメントである。アクティブ・ラーニングの諸視点に基づき授業に「イノベーション」を起こすとともに、一つ一つの授業に目的や方向性を付与するようにカリキュラムを「デザイン」することを通して、育成を目指す資質・能力の三つの柱（知識・技能、思考力・判断力・表現力等、学びに向かう力・人間性等）をバランスよく育むというのが、学習指導要領の基本

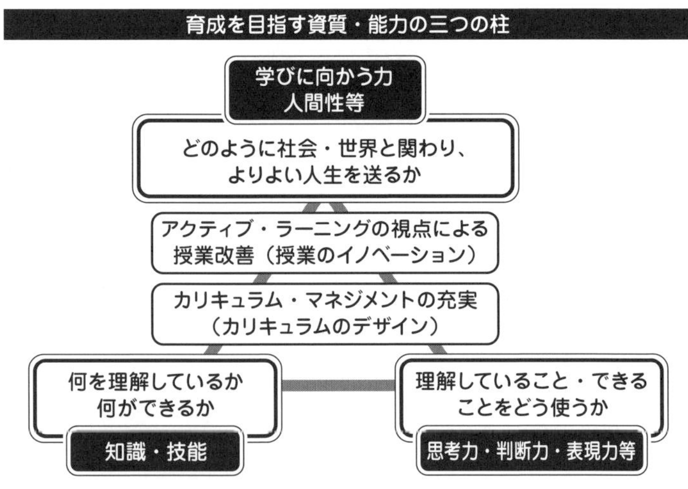

図１　学習指導要領の方向性

出典：田村学「『主体的・対話的で深い学び』の実現に向けて」独立行政法人教職員支援機構「オンライン講座　校内研修シリーズNo.25」
https://www.nits.go.jp/materials/intramural/025.html

構造である。

さて、学習指導要領の中で、新しい教育用語であるカリキュラム・マネジメントはどのように説明されているのか。『小学校学習指導要領（平成29年告示）解説 総則編』は、次のように述べている。

> 教育課程はあらゆる教育活動を支える基盤となるものであり、学校運営についても、教育課程に基づく教育活動をより効果的に実施していく観点から組織運営がなされなければならない。カリキュラム・マネジメントは、学校教育に関わる様々な取組を、教育課程を中心に据えながら組織的かつ計画的に実施し、教育活動の質の向上につなげていくことであり、本項においては、中央教育審議会答申の整理を踏まえ次の三つの側面から整理して示している。具体的には、
>
> ・　児童や学校、地域の実態を適切に把握し、教育の目的や目標の実現に必要な教育の内容等を教科等横断的な視点で組み立てていくこと、
>
> ・　教育課程の実施状況を評価してその改善を図っていくこと、
>
> ・　教育課程の実施に必要な人的又は物的な体制を確保するとともにその改善を図っていくこと
>
> などを通して、教育課程に基づき組織的かつ計画的に各学校の教育活動の質の向上を図っていくことと定義している。

出典：文部科学省『小学校学習指導要領（平成29年告示）解説　総則編』2017年６月、pp.39-40、下線は筆者による。

学校で行っている様々な取組を、「教育課程を中心に据えながら組織的かつ計画的に実施」していく際に、「教科等横断的な視点」を取り入れたり、「教育課程の評価や改善」のサイクルを意識したり、「人的・物的な体制」を構築・改善したりすることが、学習指導要領の提起するカリキュラム・マネジメントであるようだ。

（2）教育課程とカリキュラムとはどう違う？

さて、カリキュラム・マネジメントにおいてマネジメントの対象になるという「教育課程」とは何を意味するか。学習指導要領の別の箇所に、次のような記載がある。

> 学校において編成する教育課程については、学校教育の目的や目標を達成するために、教育の内容を児童の心身の発達に応じ、授業時数との関連において総合的に組織した各学校の教育計画である（以下略）

出典：文部科学省『小学校学習指導要領（平成29年告示）解説　総則編』2017年６月、p.11

すなわち、「目的や目標」「教育の内容」「児童（または幼児、生徒）の心身の発達」「授業時数」を踏まえた「各学校の教育計画」のことを、学習指導要領では教育課程と呼んでいるというわけである。

ここで確認しなければならないことは、次のとおりである。日々の学校実務において、教育課程と言えば、当該年度において「いつ」「だれが」「何を」「どれくらいの時間をか

けて」教育活動を行うかを取りまとめた全体計画のことを指す場合が多いようである。具体的には、教科・科目名と単位数または標準授業時数の一覧表である「教育課程表」や年間の教育行事カレンダーである「年間行事予定表」、あるいは月・週単位の授業実施計画である「時間割表」の作成と運用をもって、「教育課程編成」と見なしていることが一般的ではないだろうか。このような意味で使われている教育課程という言葉は、確かに「各学校の教育計画」ではあるけれども、どちらかと言えば視点が「教育の内容」と「授業時数」とに限られているきらいがある。学習指導要領の言う教育課程は、もう少し幅が広い。

おそらく、実務用語としての教育課程と理念としての教育課程とのいちばん大きな違いは、「目的や目標」へのコミットメントにある。たしかに各学校には、学校教育目標や校訓といった究極の教育目標を頂点に、多種多様な「目標」がある。年単位の「目標」もあれば、この一時間の「目標」もある。そういう実際からすれば、各学校で行われている教育活動は、「目的や目標」に導かれているとも言える。しかし、それは本当の意味でそうだろうか。

例えば、各学校の一大行事とも言える体育大会や運動会を思い浮かべてもらいたい。毎年度の体育大会や運動会の実施にあたっては、その「ねらい」や「目標」が職員会議等で共有されていることだろう。ただ、そこで言う「ねらい」や「目標」は、上位の目標である学校教育目標とどのように「具体的に」関連付いているだろうか。また、体育大会や運動会の「ねらい」や「目標」は、準備、練習、リハーサル、当日における諸々の指導に、「具体的に」どのように浸透しているだろうか。「首尾よく終わらせる」ことが体育大会や運動会のゴールとして先生や子どもたちに意識されているのだとしたら、そこで行われた教育活動は、結果としていかに一体感を喚起し、感動を沸き起こしたとしても、教育課程の一環として、つまり、「目的や目標」に導かれて行われたものであると見なすことはできない。

結局、「指導計画」「行事予定」「時間割」といった狭義の教育課程を、「目的や目標」に沿って創り上げたり創り変えたりしていくこと、すなわち、広義の教育課程のことを学習指導要領では「カリキュラム」と呼んでいると解釈すべきだろう。すなわちカリキュラム・マネジメントとは、単に上述の「三つの側面」を機械的に踏まえるということではなくて、「目的や目標」に準じて教育課程を創造していく教育的営みのことを指すと捉えるほうがよい。

本章の課題は、カリキュラム・マネジメントにおける評価活動の在り方を整理することである。評価と聞くと、他の多くの教育的営みと同じように、どうしても、「基準」と「方法」に目が向きがちである。しかしながら、かかる評価方法の次元の、とりわけ技術的な問題に取りかかるために、私たちはまず、「目標あっての評価」という「当たり前」

の次元に立ち帰らなければならない。カリキュラム・マネジメントという創造的な営みにおいて、適切に目標を示すことができなければ、いくら評価の方法だけを先鋭化させても、教育的な意味はほとんどない。遠回りなようであるが、私たちは今、学校の現場において自明視されているかもしれない「目的や目標」の問題を、丁寧に掘り下げていく必要がある。

カリキュラム・マネジメントにおいて、「目的や目標」とは「具体的に」何を指すものであるか。次に、「ダブル・ループ」と「ブレイクダウン」という二つのキーワードを補助線として示しながら、その問題について整理していくことにしよう。

2 カリキュラム・マネジメントにおける目的・目標の理解

(1) 教育課程改善のための「ダブル・ループ」とは？

カリキュラム・マネジメントの考え方に沿って、実際に各学校の教育課程の改善を進めていくための手続きや順序としてよく紹介されるのが、いわゆるPDCAサイクルである。学習指導要領の言うカリキュラム・マネジメントの「三つの側面」において、教育課程の評価・改善のサイクルと呼んでいるのも、要はPDCAサイクルを念頭に置いていると考えてもよい。学習指導要領ではよく、「教育課程の編成・実施・評価・改善」と説明されている。

PDCAサイクルにおいて、「目的や目標」を設定するフェーズは、Pすなわち「計画(Plan)」である。PDCAサイクルの解説書では、「計画」とは「目標を達成するための行動計画（アクションプラン)」のように説明されていることが多い。

さて、教育課程のPDCAサイクルにおける「計画」とは具体的に何を指しているだろうか。学校経営におけるPDCAサイクルを推奨する学校組織マネジメントの考え方では、教育活動のあらゆる次元においてPDCAサイクルを意識的に回す必要性が指摘される。この考え方に基づけば、学校の年間指導計画も「計画」であり、日々の一単位時間の授業計画も「計画」であるから、いずれの教育活動においても、目標に基づいて具体的な行動計画を立て、実際にやってみて（D)、実現状況を見きわめ（C)、次の行動計画を修正する（A）ことがすなわち、PDCAが回っている状況であるということになる。

しかし、ここで留意せねばならないことがある。ふつう、ある学校が一年間に実施する教育活動のフレームワークである年間指導計画を導く「目標」と、今日のこの一時間の授業計画を導く「目標」とでは、指示内容が大きく異なる。年間指導計画の「目標」は、年単位で、子どもたちの何をどのように育むのかを指定するものである一方、一時間の授業計画の「目標」は、特定の教材を用いた特定の指導方法で、各教科等の何をどこまで習得させるのかを指定するものになるはずである。教育目標の用語で言えば、前者は方向目標であり、後者は到達目標である。教育課程のPDCAを、こうした教育活動の次元に頓着することなく一緒くたに回そうとすれば、このあたりで説明がつかなくなってくる。

このため私たちは、少なくとも方向目標と到達目標の区別を明確にしながら、それぞれの計画・実施・評価・改善のサイクルを整理していかなければならない。PDCAサイクルは、その整理を行うために、必ずしも有効であるとは言えない。

そこで、本章では、カリキュラム・マネジメントに基づく教育活動の改善のサイクルを、二つの「ループ」の組み合わせという考え方で描くようにしたい。カリキュラム・マネジメントにおける「ダブル・ループ」と呼ぶことにしよう。

この「ダブル・ループ」はもともと、米国でショーン（Schön, Donald A.）が提唱し、近年になってセンゲ（Senge, Peter M.）が発展させた、創造的活動における省察モデルから着想を得たものである。一般的に私たちは、物事の課題解決にあたって、行動・観察・省察・決定・再行動という過程を辿る（シングル・ループ）が、その繰り返しでは、既存の枠組みや価値を強化することはあっても、それを問い直し、新たな枠組みや価値を生み出すことにはつながりにくい。そこで、自らのこうしたループを対象化することで、日々の過程をメタ的に再考（reconsidering）・再構成（reframing）することの重要性を指摘したのが、「ダブル・ループ」による省察の考え方である。

ここで、私たちの学校で行われている教育的な営みを、二つの「ループ」という視点から捉えていきたい。

一般的に、スクールリーダーたちが各学校の教育課程の編成や実施に即して策定する年間指導計画や、その質を高めるための教職員の行動計画である研修（研究）計画は、ふつう、図２の右の「改革のループ」に基づいて組まれているだろう。在籍する子どもたちの教育上の「課題」を研修等を通じて整理・分析し、それに基づいて、年単位の教育活動のための「目標」である学校教育目標（教育目標）と研修（研究）主題（事実上の経営目標）が設定される。年間指導計画や行事予定、あるいは研修（研究）計画といった「計画」は、「目標」を実現するために策定されている。まさしく「目標」に導かれた「計

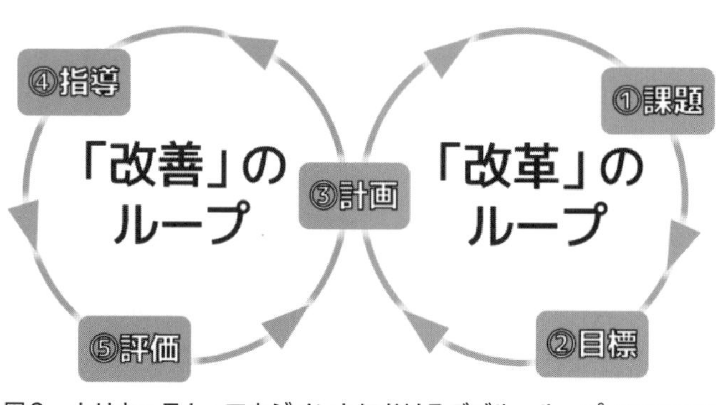

図２　カリキュラム・マネジメントにおけるダブル・ループ（筆者作成）

画」を遂行することで「課題」を解決するという「改革のループ」である。

翻って、日々の教育活動はどうだろうか。校内の各教員は、教科、学年、分掌等で分担された「計画」の一部に対して教育専門職としての直接の責任を負っている。各教科の授業（教科指導)、学級（HR）経営、生徒（生活）指導、進路指導、保健指導、各種行事の指導など、網の目のように校内に張り巡らされた指導機会を、各教員は、意図的・計画的に遂行していく。一時間の授業は、学習指導要領や教科書、指導書などに沿って綿密に「計画」され、「指導」される。「指導」の結果、子どもたちに特定の知識・技能や能力等が習得、育成されたかを不断に「評価」し、その判断に基づいて「計画」は調整される。「計画」「指導」「評価」からなる「改善のループ」は、まさしく日々の指導のサイクルを表したものである。

(2) 二つの「ループ」が「回っている」とは？

以上の整理に基づけば、各学校においては、「改革のループ」と「改善のループ」の双方が回っているということになる。年間指導計画や研修（研究）計画を持たない学校は皆無であろうし、授業計画を立てない教員はどこにもいないだろう。すなわち、各学校はすでに、学習指導要領に改めて指摘されるまでもなく、カリキュラム・マネジメントのサイクルを回しているというふうに言うこともできるわけである。

しかしながら、安心するのは早計である。確かにどの学校も、「改革のループ」と「改善のループ」を持っているだろう。しかしこの二つの「ループ」が、本当に「計画」のレベルで歯車がかみ合っているのか。すなわち、各教員の「改善のループ」を回す努力は、「改革のループ」による「計画」の遂行において、適切になされているか、ということである。

事例に即して考えよう。A小学校では、校内研修を積み重ねる中で、子どもたちの共通の教育「課題」を「少し難しいことに出くわすとすぐにあきらめてしまう」という点に見出し、その課題解決のために、「クラスの仲間と協働して、難しいことも最後までやり遂げること」を「目標」として設定した。その実現のため、各学級の担任教員の「裁量と工夫」にゆだねるのではなく、授業（教科指導）をはじめ、道徳、生活指導、行事などの教育機会において、上記の目標を実現するための「計画」が示されることになった。

本来であれば、学校がかかる「改革のループ」を構想した以上、A小学校の一人一人の教員は、それぞれの教育理念にかかわらず、その「計画」の遂行のために、自らの職能と職権を駆使して、さらに具体的な教育計画を立て、指導し、評価を行うことで、所期の「計画」の遂行、すなわち、「クラスの仲間と協働して、難しいことも最後までやり遂げること」に関する機会を最大化していく必要がある。

だが、実際に各教員の指導のベクトルがそこに向いているかと言えば、必ずしもそうではない。各教科の授業には、授業の全体計画があり、指導の手立てがある。各行事には各行事の実施計画がある。道徳には道徳の全体計画があって、生活指導には生活指導のリレーションがある……という具合に、計画は教育活動の単位でクラスター化され、目標は拡散する。結果的に、今日の授業で習得させるべき知識は習得させられたかもしれないし、今回の行事で子どもたちの一体感や連帯感は生まれたかもしれないけれども、それはＡ小学校が「改革のループ」で構想した「計画」の遂行になっていたかどうかは、誰にもわからない。

各学校が子どもたちの課題解決のために構想した「改革のループ」に対して、各教員の専門性と努力によって回し続けられている「改善のループ」が、「計画」というフェーズによって歯車がかみ合っているならば、当該の学校は課題解決に向けて大きく歩を進めることになるだろう。そのことに対する期待がカリキュラム・マネジメントの政策的意図であると言える。そして、ここで言う「計画」こそがまさしく「カリキュラム」である。

（3）教育目標のブレイクダウン

以上のように、カリキュラム・マネジメントによる教育課程改善のサイクルを二つの「ループ」として見たとき、それぞれの「ループ」で意図されている「目的や目標」の次元は、明らかに異なっていることは自明であるだろう。「改革のループ」は、年単位で子どもの教育課題を解決していくための教育的な営みの次元である。「改善のループ」は、日単位、週単位、あるいは月単位で、「計画」を遂行するための個別の教育活動の質を上げていくという次元である。大きく見れば、「改革のループ」は、大きな成長の方向性を示唆する「方向目標」をもって構想されるし、「改善のループ」は、内容、活動、教材、時間を限定し、特定の知識・技能や各種の能力の習得や育成を具体的に構想する「到達目標」によって設計される。

ただ、学校における様々な次元の教育課程を導く目標を「方向目標」か「到達目標」かの二者択一で捉えることには注意が必要である。それでは、実際に学校に張り巡らされている目標の理解を図るにあたって、網目が粗すぎるきらいがある。

そこで本章では、各学校が編成する教育課程を導いている目標を、より一般的で理念的なものから、より個別的で実体的なものまで、10の層に分けて整理することにしたい。この整理は、一般経営学の組織経営論において、「目標のブレイクダウン」と言われている類の営みである。

表１は、我が国の学校教育の根本法である教育基本法を頂点とし、毎日の授業等での具体的な指導機会を裾野として、その間に積み重ねられている諸目標を層化したものである。大きく10の層に分けて学校における目標の重層性を理解しようという試みである。

第４層である学校教育目標が、文字どおりに捉えればカリキュラム・マネジメントで実

表１　各学校における教育目標の層

第１層	教育基本法…第一条「教育の目的」、第二条「教育の目標」
第２層	学校教育法
第３層	学習指導要領（知識・技能／思考力・判断力・表現力等／学びに向かう力・人間性等）
第４層	学校教育目標（校是、校訓、SI、学校ビジョンなど、例：こころ豊かで　たくましく　進んで学ぶ児童の育成）
第５層	目指す子ども像（例：目標を持ち向上心をつねに持ち続ける子ども）
第６層	重点目標（「教育目標」例：「自分がこうありたい」という姿をつねに意識しながら自分で考え行動できる、「経営目標」例：子どもたちが「ありたい姿」を意識できる授業展開の工夫）
第７層	教科等・学年・分掌ごとの年度目標（教科等ごとのシラバス、学級目標など）
第８層	学期・月ごとの目標
第９層	単元（活動）ごとの目標（授業等の目標）
第10層	本時・本日の目標（授業等の目標）

（筆者作成）

現すべき対象ということになる。しかし実際のところ、学校教育目標は、純粋な教育的意図以外にも様々なファクターによって設定されるものであり、かつ、多くの場合は、要するに「心技体の充実」に収斂される全人格的な方向目標であるので、カリキュラム・マネジメントの言う「実現」の対象になりづらい。

そこで、各学校では、学校教育目標を規準にしながら、指導可能な教育的価値にまで具体化することで、教育目標を日々の実践に結び付けるためのブレイクダウンを行う。学校教育目標の意味内容を分析・解釈し、教育的価値を抽出しながら、学校における子どもたちの様相のレベルに具体化したのが、第５層の「目指す子ども像」であり、さらにそれを単年度の中で「どこまで育てるか」を観点に掘り下げたのが第６層の「重点目標」である。単年度の教育計画の中での話であるので、「重点目標」は、限られた期間の中で子どもたちに実現したい「姿」を描いた「教育目標」と、その「姿」を実現するために教員が「何をどうするか」の構想を描いた「経営目標」という、２種類の目標から設定されることになる。

以上のような教育目標のブレイクダイン（第４層〜第６層）をふまえると、実際的にカリキュラム・マネジメントにおいて実現を目指す「目的・目標」とは、第６層の意味での「重点目標」ということになるだろう。教科や分掌等の単位で計画される年間の指導計画の「向かうべき先」（第７層）も、学期や月ごとの目標（第８層）も、活動や単元ごとの目標（第９層）も、そして、究極的には、最も日常的である「今日の目標」や「本時の目標」（第10層）も、すべてかかる「重点目標」に収束されることになる。ここで大事なのは、それぞれの層での目標設定が妥当かどうかということではなく、クラスター化されることによって見えづらくなる層ごとの目標の連続性や発展性を、教育目標設定に対して専門家としての責任を負う各教員が、どれくらい見通せているか、である。

筆者は、かかる見通しのことを、教員の「カリキュラム・マネジメント・マインド」と呼んでいる。不透明な社会を子どもとともに生きるこれからの教員は、とりわけこうした「カリキュラム・マネジメント・マインド」の醸成に努めるべきではないだろうか。

3 カリキュラム・マネジメントにおける評価活動の在り方

（1）評価活動の二つの位相

すでに述べたとおり、本来、評価という営みが教育的意味を持つためには、教育的価値から導かれた教育目標と密接に関連付いていなければならない。カリキュラム・マネジメントにおける評価活動もしかりである。そこで本章では、前節までにおいて目標の問題を丁寧に掘り下げてきた。

カリキュラム・マネジメントにおける評価の問題は、大きく二つの位相に分けて考えることができる。

一つは、各学校が編成した教育課程の教育的効果の検証及び教育課程の再計画化というレベルでの評価活動である。我が国の学校経営の文脈で言えば、学校評価のプロセスがほぼそれに対応する。アカデミックな用語では、カリキュラム評価と呼ぶことが多い。

もう一つは、教育課程の実施段階において実施されている、各教員による個別の教育計画というレベルでの評価活動である。ある行事や単元の実施を通じて、子どもがどのように成長したか（しなかった）か、あるいは、本時の取組や授業を通じて、どのような知識や技能を習得したか（しなかった）かを、ある基準と方法をもって見取る営みである。要は、授業評価のことである。

カリキュラム評価と授業評価のそれぞれについては、カリキュラム・マネジメントの提唱よりずっと以前から、理論的にも実践的にも知見が積み上げられてきている。ただ、カリキュラム・マネジメントの観点からこれらの分野に提案性を見出すとすれば、どちらかと言えば別々の文脈で議論される傾向のあったこの二つの位相の評価活動を、「学校教育目標」を頂点とする各学校単位の目標の実現という軸で一本化を図るということであろう。

（2）学校の教育活動においてカリキュラム評価と授業評価を一本化するとは？

二つの評価活動の一本化について、事例をもとにいま少し説明したい。

B高校では、多様な教育的ニーズを持つ生徒に可能な限り対応すべく、各教員が献身的な努力を続けてきた。基礎学力の定着に課題を抱える生徒には、放課後の補充指導や特別な宿題を課して、学力の向上を目指した。学校に通うことそのものに不安を抱える生徒には、個別面談を重ねてその不安を取り除いてきた。クラスでの人間関係づくりに悩む生徒には、クラス行事やホームルームなどの機会を活用して、クラスに「馴染む」ことができる環境整備や生徒支援を行ってきた。B高校の教育活動は、かかる「個別対応」によって、何とか維持されてきたのであった。

しかし、生徒の課題が複雑化するとともに、教員の世代交代で若手の教員が増えてくることによって、薄氷を踏むようなB高校での教育活動の実施には、年を追うごとに困難が表面化するようになってきた。そこでB高校では、学校長のスーパーバイズのもと、ミドルリーダーを中心に、カリキュラム・マネジメントの考えに基づいた学校改善に取り組むことになったのである。

最初に試みられたのが、ありがちな「各人がやれる範囲でやれることをやってみましょう」ではなくて、教育目標の根本を見直すことであった。学校教育目標を改めて見直すことでB高校の「ミッション」を見つめ直し、それを規準にして「目指す生徒像」を主体性・協調性・社会性・学力という四つの観点から焦点化することにした。

さらに、「目指す生徒像」を視点にして生徒や保護者に意識調査を実施し、その結果をもとに単年度において優先的に何を目指すべきかが協議された。生徒や保護者が学校の教育活動に対する願いは、実は教員たちの思いとは少し異なり、主体性の涵養に関する事柄に集中した。学力を付けることも、社会性を身に付けることももちろん大事だけれども、プライオリティは主体性の涵養にある。実はこのことは、B高校に通う生徒たちのある特別な条件が強く関係しているのだが、まさしくこうした条件が生徒や保護者の願いをストレートに反映させた形になった。その結果を受けて、B高校では、主体性の涵養を重点目標として見定め、各教科、総合的な探究の時間、各行事、HR経営などのすべての教育機会を設計していくことになったのである。

かかる重点目標設定に対して、カリキュラム評価のレベルでの評価活動は、経時的に同様の意識調査を重ねてその変容を見取り、生徒の成長を確認するとともに、教育課程の再計画化を行っていくことになるだろう。意識調査は、例えば主体性に関する項目で言えば、「自分のことを自分でやる力」を、「今の段階でどうか」「卒業までにどうしたいか」という２点で尋ねる形式になっている。「今の段階」の回答傾向が高まるとともに、「卒業までに」の回答が維持するならば、生徒たちはその項目について「身に付いてきているし、これからも身に付けていくべきと考えている」と解釈できるだろう。

一方で、授業評価のレベルで言うなら、Ｂ高校で今後実施されるすべての教育活動は、主体性の涵養という目標を規準に計画され、その計画に沿って指導されることになるし、さらには生徒の成長の度合いも、その目標に沿って評価されることになる。各教科の専門性の高さやアカデミック的な価値追求という観点から、一般的に高校の授業改善において、教科の枠組みを超えた、一般的で汎用的な教育価値の実現が主眼にされることは多くない。しかしＢ高校においては、「羅生門」の授業でも、「バレーボール」の授業でも、あるいはスポーツ大会や修学旅行の活動でも、主体性の涵養如何という共通項において、各取組の努力が見取られることになる。

具体的には日々の授業づくりにはどのように影響するのだろうか。例えば、日々の授業計画は、教科書の範囲をいつまでに終わらせるかという視点ではなくて、主体性の涵養に向けて、授業の内容や展開をどうアレンジするかという視点で見直しが図られることになるだろう。互見授業のための作成される学習指導案の形式も、かかる方向性に沿って一部見直されることになる。授業後の協議も、単なる意見交換ではなくて、主体性の涵養という観点から見たときに本時にどのような成果と課題があったのかが語り合われることになる。その際の判断基準は、先の意識調査の項目の変容である。さらに、授業づくりに関する個別の手立ても、「それが主体性の涵養にどのように位置付くか」という観点から判断されることになるのである。

結局、Ｂ高校を舞台に描いてきた評価活動の在り方は、見方を変えれば、前節で整理した「改革のループ」と「改善のループ」の歯車のかみ合わせと同義のことである。目標設定の教育的な適切さと切り離して、評価の基準と方法に関する実践的な問題のみにフォーカスすると、カリキュラム・マネジメントにおける評価活動はたちまちのうちに形骸化する。「目の前の子どもに最大の成長を」という、教育関係者にとって自明とも言える教育的信念に常に立ち戻りながら、評価活動の具体的な取組を進めるようにしたい。

●参考文献

細尾萌子・田中耕治編著『教育課程・教育評価』〈新しい教職教育講座　教職教育編６〉ミネルヴァ書房、2018年
田中耕治編著『よくわかる教育課程（第２版）』ミネルヴァ書房、2018年
田村学編著『カリキュラム・マネジメント入門』東洋館出版社、2017年
田村知子・村川雅弘・吉冨芳正・西岡加名恵編著『カリキュラムマネジメント・ハンドブック』ぎょうせい、2016年
村川雅弘・野口徹・田村知子・西留安雄編著『「カリマネ」で学校はここまで変わる!』ぎょうせい、2013年
センゲ著・枝廣淳子他訳『学習する組織』英治出版、2011年

●参考資料

児童生徒の学習評価の在り方について（報告）

平成31年１月21日
中央教育審議会初等中等教育分科会教育課程部会

１．はじめに

○　中央教育審議会においては、平成28年12月に「幼稚園、小学校、中学校及び特別支援学校の学習指導要領等の改善及び必要な方策等について」の答申（以下「答申」という。）をとりまとめた。

○　答申では、「よりよい学校教育がよりよい社会をつくる」という理念を共有し、学校と社会との連携・協働を求める「社会に開かれた教育課程」の実現に向けて、変化の激しいこれからの社会を生きる子供たちに必要な資質・能力（何ができるようになるか）を整理した上で、その育成に向けた教育内容（何を学ぶか）、学習・指導の改善（どのように学ぶか）、児童生徒の発達を踏まえた指導（子供一人一人の発達をどのように支援するか）、学習評価（何が身に付いたか）の在り方など、学習指導要領等の改善に向けた基本的な考え方を示している。
　また、新しい学習指導要領等の下での各学校における教育課程の編成、実施、評価、改善の一連の取組が、授業改善を含めた学校の教育活動の質の向上につながるものとして組織的、計画的に展開されるよう、各学校におけるカリキュラム・マネジメントの確立を求めている。

○　文部科学省では、本答申に示された基本的な考え方を踏まえ、平成29年３月に幼稚園教育要領、小学校学習指導要領、中学校学習指導要領並びに特別支援学校の幼稚部及び小学部・中学部に係る学習指導要領等を、平成30年３月に高等学校学習指導要領を公示したところである。

○　学習評価については、答申では、学習評価の重要性や観点別学習状況の評価の在り方、評価に当たっての留意点などの基本的な考え方を整理した上で、「指導要録の改善・充実や多様な評価の充実・普及など、今後の専門的な検討については、本答申の考え方を前提として、それを実現するためのものとして行われること」を求めている。

○　このような経緯の下、本部会では、答申を踏まえ、2020年度以降に順次実施される小学校、中学校、高等学校及び特別支援学校の新学習指導要領の下での学習評価の在り方について、校長会等の関係団体のヒアリングに加え、教育研究者並びに民間の教育関係者はもとより、現役の高校生や大学生、新社会人等からも幅広く意見聴取をしながら、議論を進めてきた。以下は、これまでの議論を整理し、その基本的な考え方や具体的な改善の方向性についてまとめたものである。

２．学習評価についての基本的な考え方

　答申では、「子供たちの学習の成果を的確に捉え、教員が指導の改善を図るとともに、子供たち自身が自らの学びを振り返って次の学びに向かうことができるようにするためには、学習評価の在り方が極めて重要」として、その意義に言及している。
　また、「学習評価については、子供の学びの評価にとどまらず、『カリキュラム・マネジメント』の中で、教育課程や学習・指導方法の評価と結び付け、子供たちの学びに関わる学習評価の改善を、更に教育課程や学習・指導の改善に発展・展開させ、授業改善及び組織運営の改善に向けた学校教育全体のサイクルに位置付けていくことが必要」とし学習評価に関わる取組をカリキュラム・マネジメントに位置付けることの必要性に言及している。

（1）カリキュラム・マネジメントの一環としての指導と評価

○　各学校における教育活動は、学習指導要領等に従い、児童生徒や地域の実態を踏まえて編成した教育課程の下で作成された各種指導計画に基づく授業（「学習指導」）として展開される。各学校は、日々の授業の下で児童生徒の学習状況を評価し、その結果を児童生徒の学習や教師による指導の改善や学校全体としての教育課程の改善、校務分掌を含めた組織運営等の改善に

生かす中で、学校全体として組織的かつ計画的に教育活動の質の向上を図っている。このように、「学習指導」と「学習評価」は学校の教育活動の根幹であり、教育課程に基づいて組織的かつ計画的に教育活動の質の向上を図る「カリキュラム・マネジメント」の中核的な役割を担っている。

（2）主体的・対話的で深い学びの視点からの授業改善と評価

○　特に指導と評価の一体化を図るためには、児童生徒一人一人の学習の成立を促すための評価という視点を一層重視することによって、教師が自らの指導のねらいに応じて授業の中での児童生徒の学びを振り返り学習や指導の改善に生かしていくというサイクルが大切である。すなわち、新学習指導要領で重視している「主体的・対話的で深い学び」の視点からの授業改善を通して各教科等における資質・能力を確実に育成する上で、学習評価は重要な役割を担っている。

（3）学習評価について指摘されている課題

○　現状としては、前述したような教育課程の改善や授業改善の一連の過程に学習評価を適切に位置付けた学校運営の取組がなされる一方で、例えば、学校や教師の状況によっては、

- 学期末や学年末などの事後での評価に終始してしまうことが多く、評価の結果が児童生徒の具体的な学習改善につながっていない、
- 現行の「関心・意欲・態度」の観点について、挙手の回数や毎時間ノートを取っているかなど、性格や行動面の傾向が一時的に表出された場面を捉える評価であるような誤解が払拭し切れていない、
- 教師によって評価の方針が異なり、学習改善につなげにくい、
- 教師が評価のための「記録」に労力を割かれて、指導に注力できない、
- 相当な労力をかけて記述した指導要録が、次学年や次学校段階において十分に活用されていない、

といった課題も指摘されている。

（4）学習評価の改善の基本的な方向性

○　本ワーキンググループでは、こうした課題に応えるとともに、中央教育審議会初等中等教育分科会学校における働き方改革特別部会において、教師の働き方改革が喫緊の課題となっていることも踏まえ、学習評価を真に意味のあるものとする観点から、前述のとおり、校長会等の関係団体のヒアリングに加え、教育研究者並びに民間の教育関係者、高校生や大学生、新社会人等からも幅広く意見聴取しながら検討を行ってきた。

○　その上で、学習評価の在り方については、

①　児童生徒の学習改善につながるものにしていくこと、

②　教師の指導改善につながるものにしていくこと、

③　これまで慣行として行われてきたことでも、必要性・妥当性が認められないものは見直していくこと、

を基本として、特に答申における指摘等を踏まえ、改善を要する点について以下に示すとおり、専門的な検討を行ってきたところである。

3．学習評価の基本的な枠組みと改善の方向性

（1）学習評価の基本的な枠組み

○　学習評価は、学校における教育活動に関し、児童生徒の学習状況を評価するものである。

現在、各教科の評価については、学習状況を分析的に捉える「観点別学習状況の評価」と、これらを総括的に捉える「評定」の両方について、学習導要領に定める目標に準拠した評価として実施するものとされており、観点別学習状況の評価や評定には示しきれない児童生徒一人一人のよい点や可能性、進歩の状況については、「個人内評価」として実施するものとされている（図１参照）。

また、外国語活動や総合的な学習の時間、特別の教科である道徳、特別活動についても、それぞれの特質に応じ適切に評価することとされている。

（2）観点別学習状況の評価の改善について

答申では、「観点別評価については、目標に準拠した評価の実質化や、教科・校種を超えた共通理解に基づく組織的な取組を促す観点から、小・中・高等学校の各教科を通じて、『知識・技能』『思考・判断・表現』『主

〔図１〕

各教科における評価の基本構造

・各教科における評価は、**学習指導要領に示す各教科の目標や内容に照らして学習状況を評価するもの（目標準拠評価）**
・したがって、目標準拠評価は、**集団内での相対的な位置付けを評価するいわゆる相対評価とは異なる。**

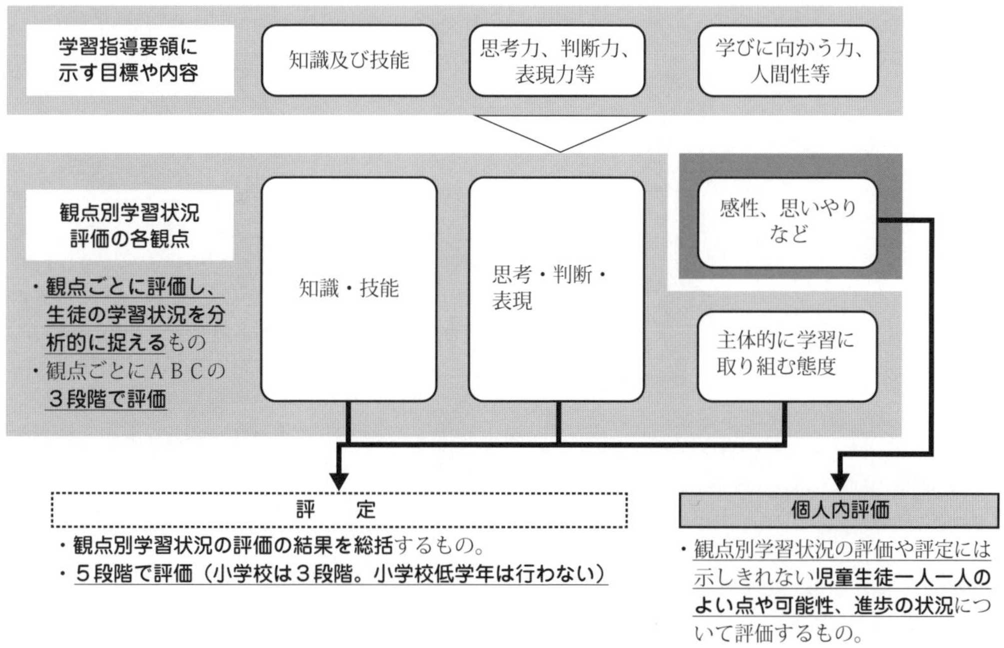

＊この図は、現行の取扱いに「答申」の指摘や新しい学習指導要領の趣旨を踏まえて作成したものである。

体的に学習に取り組む態度』の３観点に整理することとし、指導要録の様式を改善することが必要」とされている。

　また、「資質・能力のバランスのとれた学習評価を行っていくためには、指導と評価の一体化を図る中で、論述やレポートの作成、発表、グループでの話合い、作品の制作等といった多様な活動に取り組ませるパフォーマンス評価などを取り入れ、ペーパーテストの結果にとどまらない、多面的・多角的な評価を行っていくことが必要である」とされている。

①観点別学習状況の評価について

○　今回の学習指導要領改訂では、各教科等の目標や内容を「知識及び技能」、「思考力、判断力、表現力等」、「学びに向かう力、人間性等」の資質・能力の三つの柱で再整理している。

　これらの資質・能力に関わる「知識・技能」、「思考・判断・表現」、「主体的に学習に取り組む態度」の観点別学習状況の評価の実施に際しては、このような学習指導要領の規定に沿って評価規準を作成し、各教科等の特質を踏まえて適切に評価方法等を工夫することにより、学習評価の結果が児童生徒の学習や教師による指導の改善に生きるものとすることが重要である。

○　また、これまで各学校において取り組まれてきた観点別学習状況の評価やそれに基づく学習や指導の改善の更なる定着につなげる観点からも、評価の段階及び表示の方法については、現行と同様に３段階（ＡＢＣ）とすることが適当である。

②「知識・技能」の評価について

○　「知識・技能」の評価は、各教科等における学習の過程を通した知識及び技能の習得状況について評価を行うとともに、それらを既有の知識及び技能と関連付けたり活用したりする中で、他の学習や生活の場面でも活用できる程度に概念等を理解したり、技能を習得したりしているかについて評価するものである。

○　このような考え方は、現行の評価の観点である「知識・理解」（各教科等において習得すべき知識や重要な概念等を理解しているかを評価）、「技能」（各教科等において習得すべき技能を児童生徒が身に付けているかを評価）においても重視してきたところであるが、新しい学習指導要領に示された知識及び技能に関わる目標や内容の規定を踏まえ、各教科等の特質に応じた評価方法の工夫改善を進めることが重要である。

具体的な評価方法としては、ペーパーテストにおいて、事実的な知識の習得を問う問題と、知識の概念的な理解を問う問題とのバランスに配慮するなどの工夫改善を図るとともに、例えば、児童生徒が文章による説明をしたり、各教科等の内容の特質に応じて、観察・実験をしたり、式やグラフで表現したりするなど実際に知識や技能を用いる場面を設けるなど、多様な方法を適切に取り入れていくことが考えられる。

③「思考・判断・表現」の評価について

○「思考・判断・表現」の評価は、各教科等の知識及び技能を活用して課題を解決する等のために必要な思考力、判断力、表現力等を身に付けているかどうかを評価するものである。

○　このような考え方は、現行の「思考・判断・表現」の観点においても重視してきたところであるが、新学習指導要領に示された、各教科等における思考力、判断力、表現力等に関わる目標や内容の規定を踏まえ、各教科等の特質に応じた評価方法の工夫改善を進めることが重要である。

具体的な評価方法としては、ペーパーテストのみならず、論述やレポートの作成、発表、グループでの話合い、作品の制作や表現等の多様な活動を取り入れたり、それらを集めたポートフォリオを活用したりするなど評価方法を工夫することが考えられる。

④「主体的に学習に取り組む態度」の評価について

答申では、「『主体的に学習に取り組む態度』と、資質・能力の柱である『学びに向かう力・人間性』の関係については、『学びに向かう力・人間性』には①『主体的に学習に取り組む態度』として観点別評価（学習状況を分析的に捉える）を通じて見取ることができる部分と、②観点別評価や評定にはなじまず、こうした評価では示しきれないことから個人内評価（個人のよい点や可能性、進歩の状況について評価する）を通じて見取る部分があることに留意する必要がある」とされている。

また、「主体的に学習に取り組む態度」については、挙手の回数やノートの取り方などの形式的な活動ではなく、児童生徒が「子供たちが自ら学習の目標を持ち、進め方を見直しながら学習を進め、その過程を評価して新たな学習につなげるといった、学習に関する自己調整を行いながら、粘り強く知識・技能を獲得したり思考・判断・表現しようとしたりしているかどうかという、意思的な側面を捉えて評価することが求められる」とされている。

また、答申において、「このことは現行の『関心・意欲・態度』の観点についても同じ趣旨であるが」、上述のような「誤解が払拭し切れていないのではないか、という問題点が長年指摘され現在に至ることから、『関心・意欲・態度』を改め『主体的に学習に取り組む態度』としたものである」と指摘されている。

ア）「学びに向かう力、人間性等」との関係

○　答申では「学びに向かう力、人間性等」には、①「主体的に学習に取り組む態度」として観点別評価を通じて見取ることができる部分と、②観点別評価や評定にはなじまず、こうした評価では示しきれないことから個人内評価を通じて見取る部分があることに留意する必要があるとされており、新学習指導要領に示された、各教科等における学びに向かう力、人間性等に関わる目標や内容の規定を踏まえ、各教科等の特質に応じた評価方法の工夫改善を進めることが重要である。

○　また、答申が指摘するとおり「学びに向かう力、人間性等」は、知識及び技能、思考力、判断力、表現力等をどのような方向性で働かせていくかを決定付ける重要な要素であり、学習評価と学習指導を通じて「学びに向かう力、人間

性等」の涵養を図ることは、生涯にわたり学習する基盤を形成する上でも極めて重要である。

○　したがって、「主体的に学習に取り組む態度」の評価とそれに基づく学習や指導の改善を考える際には、生涯にわたり学習する基盤を培う視点をもつことが重要である。このことに関して、心理学や教育学等の学問的な発展に伴って、自己の感情や行動を統制する能力、自らの思考の過程等を客観的に捉える力（いわゆるメタ認知）など、学習に関する自己調整にかかわるスキルなどが重視されていることにも留意する必要がある。

イ）「主体的に学習に取り組む態度」の評価の基本的な考え方

○　以上を踏まえると、「主体的に学習に取り組む態度」の評価に際しては、単に継続的な行動や積極的な発言等を行うなど、性格や行動面の傾向を評価するということではなく、各教科等の「主体的に学習に取り組む態度」に係る評価の観点の趣旨に照らして、知識及び技能を獲得したり、思考力、判断力、表現力等を身に付けたりするために、自らの学習状況を把握し、学習の進め方について試行錯誤するなど自らの学習を調整しながら、学ぼうとしているかどうかという意思的な側面を評価することが重要である。

現行の「関心・意欲・態度」の観点も、各教科等の学習内容に関心をもつことのみならず、よりよく学ぼうとする意欲をもって学習に取り組む態度を評価するのが、その本来の趣旨である。したがって、こうした考え方は従来から重視されてきたものであり、この点を「主体的に学習に取り組む態度」として改めて強調するものである。

○　本観点に基づく評価としては、「主体的に学習に取り組む態度」に係る各教科等の評価の観点の趣旨に照らし、

①　知識及び技能を獲得したり、思考力、判断力、表現力等を身に付けたりすることに向けた粘り強い取組を行おうとする側面と、

②　①の粘り強い取組を行う中で、自らの学習を調整しようとする側面、

という二つの側面を評価することが求められる。

○　ここで評価の対象とする学習の調整に関する態度は必ずしも、その学習の調整が「適切に行われているか」を判断するものではなく、それが各教科等における知識及び技能の習得や、思考力、判断力、表現力等の育成に結び付いていない場合には、それらの資質・能力の育成に向けて児童生徒が適切に学習を調整することができるよう、その実態に応じて教師が学習の進め方を適切に指導するなどの対応が求められる。その際、前述したような学習に関する自己調整にかかわるスキルなど、心理学や教育学等における学問的知見を活用することも有効である。

なお、学習の調整に向けた取組のプロセスには児童生徒一人一人の特性があることから、特定の型に沿った学習の進め方を一律に指導することのないよう配慮することが必要であり、学

〔図２〕

○　「主体的に学習に取り組む態度」の評価については、①知識及び技能を獲得したり、思考力、判断力、表現力等を身に付けたりすることに向けた粘り強い取組を行おうとする側面と、②①の粘り強い取組を行う中で、自らの学習を調整しようしていする側面、という二つの側面を評価することが求められる。

○　これら①②の姿は実際の教科等の学びの中では別々ではなく相互に関わり合いながら立ち現れるものと考えられる。例えば、自らの学習を全く調整しようとせず粘り強く取り組み続ける姿や、粘り強さが全くない中で自らの学習を調整する姿は一般的ではない。

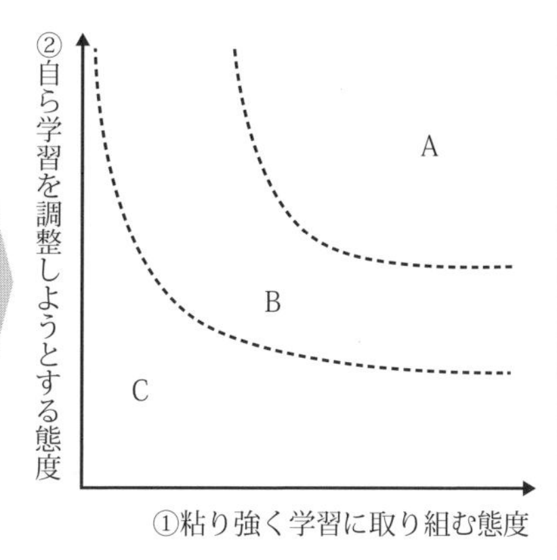

習目標の達成に向けて適切な評価と指導が行われるよう授業改善に努めることが求められる。

○　このような考え方に基づき評価を行った場合には、例えば、①の「粘り強い取組を行おうとする側面」が十分に認められたとしても、②の「自らの学習を調整しようとしている側面」が認められない場合には、「主体的に学習に取り組む態度」の評価としては、基本的に「十分満足できる」（A）とは評価されないことになる。

　これは、「主体的に学習に取り組む態度」の観点については、ただ単に学習に対する粘り強さや積極性といった児童生徒の取組のみを承認・肯定するだけではなく、学習改善に向かって自らの学習を調整しようとしているかどうかを含めて評価することが必要であるとの趣旨を踏まえたものである。仮に、①や②の側面について特筆すべき事項がある場合には、「総合所見及び指導上参考となる諸事項」において評価を記述することも考えられる。

○「主体的に学習に取り組む態度」の評価は、知識及び技能を習得させたり、思考力、判断力、表現力等を育成したりする場面に関わって、行うものであり、その評価の結果を、知識及び技能の習得や思考力、判断力、表現力等の育成に関わる教師の指導や児童生徒の学習の改善にも生かすことによりバランスのとれた資質・能力の育成を図るという視点が重要である。すなわち、この観点のみを取り出して、例えば挙手の回数など、その形式的態度を評価することは適当ではなく、他の観点に関わる児童生徒の学習状況と照らし合わせながら学習や指導の改善を図ることが重要である。

○　この考え方に基づけば、単元の導入の段階では観点別の学習状況にばらつきが生じるとしても、指導と評価の取組を重ねながら授業を展開することにより、単元末や学期末、学年末の結果として算出される３段階の観点別学習状況の評価については、観点ごとに大きな差は生じないものと考えられる。仮に、単元末や学期末、学年末の結果として算出された評価の結果が「知識・技能」、「思考・判断・表現」、「主体的に学習に取り組む態度」の各観点について、「ＣＣＡ」や「ＡＡＣ」といったばらつきのあるものとなった場合には、児童生徒の実態や教師の授業の在り方などそのばらつきの原因を検討し、必要に応じて、児童生徒への支援を行い、児童生徒の学習や教師の指導の改善を図るなど速やかな対応が求められる。

ウ）「主体的に学習に取り組む態度」の評価の方法

○「主体的に学習に取り組む態度」の具体的な評価の方法としては、ノートやレポート等における記述、授業中の発言、教師による行動観察や、児童生徒による自己評価や相互評価等の状況を教師が評価を行う際に考慮する材料の一つとして用いることなどが考えられる。その際、各教科等の特質に応じて、児童生徒の発達の段階や一人一人の個性を十分に考慮しながら、「知識・技能」や「思考・判断・表現」の観点の状況を踏まえた上で、評価を行う必要がある。したがって、例えば、ノートにおける特定の記述などを取り出して、他の観点から切り離して「主体的に学習に取り組む態度」として評価することは適切ではないことに留意する必要がある。

○　また、発達の段階に照らした場合には、児童自ら目標を立てるなど学習を調整する姿が顕著にみられるようになるのは、一般に抽象的な思考力が高まる小学校高学年以降からであるとの指摘もあり、児童自ら学習を調整する姿を見取ることが困難な場合もあり得る。このため、国においては、①各教科等の「主体的に学習に取り組む態度」の評価の観点の趣旨の作成等に当たって、児童の発達の段階や各教科等の特質を踏まえて柔軟な対応が可能となるよう工夫するとともに、②特に小学校低学年・中学年段階では、例えば、学習の目標を教師が「めあて」などの形で適切に提示し、その「めあて」に向かって自分なりに様々な工夫を行おうとしているかを評価することや、他の児童との対話を通して自らの考えを修正したり、立場を明確にして話していたりする点を評価するなど、児童の学習状況を適切に把握するための学習評価の工夫の取組例を示すことが求められる。

○　それぞれの観点別学習状況の評価を行っていく上では、児童生徒の学習状況を適切に評価することができるよう授業デザインを考えていくことは不可欠である。特に、「主体的に学習に取り組む態度」の評価に当たっては、児童生徒が自らの理解の状況を振り返ることができるような発問の工夫をしたり、自らの考えを記述したり話し合ったりする場面、他者との協働を通じて自らの考えを相対化する場面を単元や題材などの内容のまとまりの中で設けたりするなど、「主体的・対話的で深い学び」の視点からの授業改善を図る中で、適切に評価できるようにしていくことが重要である。

（3）評価の方針等の児童生徒との共有について

○　これまで、評価規準や評価方法等の評価の方針等について、必ずしも教師が十分に児童生徒等に伝えていない場合があることが指摘されている。しかしながら、どのような方針によって評価を行うのかを事前に示し、共有しておくことは、評価の妥当性・信頼性を高めるとともに、児童生徒に各教科等において身に付けるべき資質・能力の具体的なイメージをもたせる観点からも不可欠であるとともに児童生徒に自らの学習の見通しをもたせ自己の学習の調整を図るきっかけとなることも期待される。

また、児童生徒に評価の結果をフィードバックする際にも、どのような方針によって評価したのかを改めて共有することも重要である。

○　その際、児童生徒の発達の段階にも留意した上で、児童生徒用に学習の見通しとして学習の計画や評価の方針を事前に示すことが考えられる。特に小学校低学年の児童に対しては、学習の「めあて」などのわかり易い言葉で伝えたりするなどの工夫が求められる。

（4）教科等横断的な視点で育成を目指すこととされた資質・能力の評価について

○　言語能力、情報活用能力や問題発見・解決能力など教科等横断的な視点で育成を目指すこととされた資質・能力は、各教科等における「知識・技能」「思考・判断・表現」「主体的に学習に取り組む態度」の評価に反映することとし、各教科等の学習の文脈の中で、これらの資質・能力が横断的に育成・発揮されることを目指すことが適当である。

（5）評価を行う場面や頻度について

○　平成28年の中央教育審議会答申では、毎回の授業で全ての観点を評価するのではなく、単元や題材などのまとまりの中で、指導内容に照らして評価の場面を適切に位置付けることを求めている。しかしながら、実際には、毎回の授業において複数の観点を評価する運用が行われていることも多く、教師にとっては評価の「記録」が常に求められるとともに、児童生徒にとっても、教師からの評価を必要以上に意識してしまうため、新しい解法に積極的に取り組んだり、斬新な発想を示したりすることなどが難しくなっているとの指摘もある。

したがって、日々の授業の中では児童生徒の学習状況を把握して指導に生かすことに重点を置きつつ、「知識・技能」及び「思考・判断・表現」の評価の記録については、原則として単元や題材等のまとまりごとに、それぞれの実現状況が把握できる段階で評価を行うこととする。また、学習指導要領に定められた各教科等の目標や内容の特質に照らして、単元や題材ごとに全ての観点別学習状況の評価の場面を設けるのではなく、複数の単元や題材にわたって長期的な視点で評価することを可能とすることも考えられるが、その場合には、児童生徒に対して評価方法について誤解がないように伝えておくことが必要である。

○　なお、評価については、記録を集めることに終始して、学期末や学年末になるまで必要な指導や支援を行わないまま一方的に評価をするようなことがないようにしなければならない。

（6）障害のある児童生徒など特別な配慮を必要とする児童生徒に係る学習評価について

答申では、障害のある児童生徒や日本語の習得に困難のある児童生徒、不登校の児童生徒など、特別な配慮を必要とする児童生徒の発達を支えることの重要性を指摘している。

障害のある児童生徒については、通常の学級、通級による指導、特別支援学級、特別支援学校において子供たちの十分な学びを確保し、一人一人の子供の障害の状態や発達の段階に応じた指導を一層充実させていく必要があるとされている。

また、知的障害者である児童生徒に対する教育課程については、児童生徒の一人一人の学習状況を多角的に評価するため、各教科の目標に準拠した評価による学習評価を導入し、学習評価を基に授業評価や指導評価を行い、教育課程編成の改善・充実に生かすことのできるPDCAサイクルを確立することが必要であるとされている。

○　児童生徒一人一人の学習状況を適切に把握することは、新学習指導要領で目指す資質・能力を育成する観点からも重要であり、障害のある児童生徒、日本語指導を必要とする児童生徒や不登校の児童生徒、特別な配慮を必要とする児童生徒に対する指導についても、個々の児童生徒の状況に応じた評価方法の工夫改善を通じて、各教科等の目標や内容に応じた学習状況を適切に把握し、指導や学習の改善に生かしていくことを基本に、それぞれの実態に応じた対応が求められる。

○　このうち、障害のある児童生徒に係る学習評価については、一人一人の児童生徒の障害の状態等に応じた指導と配慮及び評価を適切に行うことを前提としつつ、特に以下のような観点から改善することが必要である。

- 知的障害者である児童生徒に対する教育を行う特別支援学校の各教科においても、文章による記述という考え方を維持しつつ、観点別の学習状況を踏まえた評価を取り入れることとする。
- 障害のある児童生徒について、個別の指導計画に基づく評価等が行われる場合があることを踏まえ、こうした評価等と指導要録との関係を整理することにより、指導に関する記録を大幅に簡素化し、学習評価の結果を学習や指導の改善につなげることに重点を置くこととする。

（7）指導要録の改善について

答申では、「観点別評価については、目標に準拠した評価の実質化や、教科・校種を超えた共通理解に基づく組織的な取組を促す観点から、小・中・高等学校の各教科を通じて、『知識・技能』『思考・判断・表現』『主体的に学習に取り組む態度』の３観点に整理することとし、指導要録の様式を改善することが必要」とされている。

①　高等学校における観点別学習状況の評価の扱いについて

○　高等学校においては、従前より観点別学習状況の評価が行われてきたところであるが、地域や学校によっては、その取組に差があり、形骸化している場合があるとの指摘もある。文部科学省が平成29年度に実施した委託調査では、高等学校が指導要録に観点別学習状況の評価を記録している割合は13.3％にとどまる。そのため、高等学校における観点別学習状況の評価を更に充実し、その質を高める観点から、今後国が発出する学習評価及び指導要録の改善等に係る通知（以下、「指導要録等の改善通知」という）の「高等学校及び特別支援学校高等部の指導要録に記載する事項等」において、観点別学習状況の評価に係る説明を充実するとともに、指導要録の参考様式に記載欄を設けることとする。

②　指導要録の取扱いについて

○　教師の勤務実態などを踏まえ、指導要録のうち指導に関する記録については大幅に簡素化し、学習評価の結果を教師が自らの指導の改善や児童生徒の学習の改善につなげることに重点を置くこととする。

具体的には、国において、以下の点について今後発出する指導要録等の改善通知などにおいて示すことが考えられる。

- 「総合所見及び指導上参考となる諸事項」など文章記述により記載される事項は、児童生徒本人や保護者に適切に伝えられることで初めて児童生徒の学習の改善に生かされるものであり、日常の指導の場面で、評価についてのフィードバックを行う機会を充実させるとともに、通知表や面談などの機会を通して、保護者との間でも評価に関する情報共有を充実させることが重要である。これに伴い、指導要録における文章記述欄については、例えば、「総合所見及び指導上参考となる諸事項」については要点を箇条書きとするなど、必要最小限のものにとどめる。
- 小学校外国語活動の記録については、現在第５学年・第６学年においては、観点別にそれぞれの学習状況を個別に文章で記述する欄を設けているが、新しい学習指導要領の下での第３学年・第４学年における外国語活動については、記述欄を簡素化した上で、評価の観点に即して、児童の学習状況に顕著な事項がある場合などにその特徴を記入することとする。

○　各学校の設置者が様式を定めることとされている指導要録と、各学校が独自に作成するいわゆる通知表のそれぞれの性格を踏まえた上で、域内の各学校において、指導要録の「指導に関する記録」に記載する事項を全て満たす通知表を作成するような場合には、指導要録と通知表の様式を共通のものとすることが可能であることを明示する。

○　教師の勤務実態なども踏まえ、指導要録や通知表、調査書等の電子化に向けた取組を推進することは不可欠であり、設置者である各教育委員会において学習評価や成績処理に係る事務作業の負担軽減に向けて、統合型校務支援システム等のICT環境を整備し、校務の情報化を推進する必要がある。

とりわけ、現在CBT化が検討されている全国学力・学習状況調査をはじめ、様々な学習に関するデータが記録・蓄積されるようになると、こうしたデータについて、進学や転校等に際してデータ・ポータビリティの検討が求められる。各学校設置者においては、こうした点も視野に入れながら、ICT環境整備を行うとともに、電子的に記録された様々な学習情報の保護と活用についても検討していくことが求められる。

③　観点別学習状況の評価と評定の取扱いについて

○　現在、各教科の評価については、学習状況を分析的に捉える観点別学習状況の評価と、これらを総括的に捉える評定の両方について、学習指導要領に定める目標に準拠した評価として実施するものとされており、観点別学習状況の評価や評定には示しきれない児童生徒一人一人のよい点や可能性、進歩の状況については、個人内評価として実施するものとされている。

このうち、評定については、平成13年の指導要録等の改善通知において、それまで集団に準拠した評価を中心に行うこととされていた取扱いが、学習指導要領に定める目標に準拠した評価に改められており、すなわち評定には、各教科等における児童生徒一人一人の進歩の状況や教科の目標の実現状況を的確に把握し、学習指導の改善に生かすことが期待されている。

○　このように「観点別学習状況の評価」と「評定」については指導と評価の一体化の観点から見た場合には、それぞれ次のような役割が期待されている。

・　各教科の学習状況を分析的に捉える「観点別学習状況の評価」は、児童生徒がそれぞれの教科での学習において、どの観点で望ましい学習状況が認められ、どの観点に課題が認められるかを明らかにすることにより、具体的な学習や指導の改善に生かすことを可能とするものである。
・　各教科の観点別学習状況の評価を総括的に捉える「評定」は、児童生徒がどの教科の学習に望ましい学習状況が認められ、どの教科の学習に課題が認められるのかを明らかにすることにより、教育課程全体を見渡した学習状況の把握と指導や学習の改善に生かすことを可能とするものである。

○　また評定は、各教科の観点別学習状況の評価を総括した数値を示すものであり、児童生徒や保護者にとっては、学習状況を全般的に把握できる指標として捉えられてきており、また、高等学校の入学者選抜やAO・推薦入試を中心とした大学の入学者選抜、奨学金の審査でも用いられている等、広く利用されている。

○　一方で現状の課題としては、いまだに評定が学習指導要領に定める目標に照らして、その実現状況を総括的に評価するものであるという趣旨が十分浸透しておらず、児童生徒や保護者の関心が評定や学校における相対的な位置付けに集中し、評定を分析的に捉えることにより、学習の改善を要する点がどこにあるかをきめ細かに示す観点別学習状況の評価に本来的に期待される役割が十分発揮されていないと指摘されている。

また、評定が入学者選抜や奨学金の審査等に利用される際に、観点別学習状況の評価を評定として総括する際の観点ごとの重み付けが学校によって異なるため、児童生徒一人一人をきめ細かく評価するためには、「観点別学習状況の評価」を活用することが重要との指摘もある。

○　こうした指摘等を踏まえると、国においては、評定を引き続き指導要録上に位置付けることとした上で、指摘されている課題に留意しながら、観点別学習状況の評価と評定の双方の本来の役割が発揮されるようにすることが重要である。具体的には、今後発出する指導要録の通知において、様式等の工夫を含めた改善を行い、その趣旨を関係者にしっかりと周知していく必要がある。

また、指導要録の改善に伴い、高等学校入学者選抜や大学入学者選抜等において用いられる調査書を見直す際には、観点別学習状況の評価について記載することで、一人一人に着目した、よりきめの細かい入学者選抜のために活用していくことが考えられる。

○　観点別学習状況の評価をどのように評定に総括するかについては、従来より、評定の決定方法は、各学校で定めることとされてきたところであり、今後もその方針を継承することとした上で、国立教育政策研究所が作成する学習評価の参考資料において、その取扱いの考え方を示すことが適当である。

なお、評定をどのように用いるのかについては、通知表における扱いについては各学校において、また、入学者選抜における扱いについては選抜を行う大学や高等学校等において、評定の役割や指摘されている課題等を十分に踏まえた上で、観点別学習状況の評価を活用することも考慮しながら、適切な在り方を検討することが求められる。

(8) 学習評価の高等学校入学者選抜・大学入学者選抜での利用について

> 答申では、「評価にあたっての留意点等」として「次期学習指導要領等の趣旨を踏まえ、高等学校入学者選抜、大学入学者選抜の質的改善が図られるようにする必要がある」としている。

○　学校教育法施行規則第90条第１項においては「高等学校の入学は、第78条の規定により送付された調査書その他必要な書類、選抜のための学力検査（以下この条において「学力検査」という。）の成績等を資料として行う入学者の選抜に基づいて、校長が許可する。」と規定されており、同規定に基づき、高等学校入学者選抜においては、中学校において指導要録の記載に基づいて作成される調査書及び学力検査の成績等の資料が利用されている。

○　平成30年度公立高等学校入学者選抜の改善等に関する状況調査によると、調査書の利用の比重は選抜方法によって異なるが、推薦入試における学力把握の重要な資料となっているほか、一般入試においても学力検査と同程度の比重で位置付けられるなど、入学者選抜に大きな影響を与えている。

○　高等学校入学者選抜において調査書に基づき中学校の学習評価を利用することについては、主に以下のメリットがあると考えられる。

- 学力検査を実施しない教科等の学力を把握することができること。
- 学力検査当日の一時点での成績だけでなく、中学校の一定期間における学習評価を踏まえることで、当該生徒の学力をより正確・公平に把握することができること。
- 学力検査では把握することが難しい観点も含め、「知識・技能」、「思考・判断・表現」、「主体的に学習に取り組む態度」の各観点をバランスよく把握することができること。

○　一方、地域によっては、以下のような課題も指摘されている。

- 中学校の通常の授業で行われる日常的な評価が、厳格な公平性が求められる入学者選抜に利用されるため、教師が評価材料の収集や記録、保護者への説明責任を果たすことに労力を費やす一方で、学習評価を児童生徒の学習改善や教師の指導の改善につなげていくという点がおろそかになっている場合もある。
- 例えば、中学校の途中まで成績が不振であった生徒が学習改善に取り組んだ場合でも、それまでの成績が入学者選抜において考慮される場合、成績不振だった期間が調査書に影響し、高等学校入学者選抜時の学力が十分評価されることが難しい仕組みとなっている場合もある。
- 中学生が、入学時から常に「内申点をいかに上げるか」を意識した学校生活を送らざるを得なくなっている状況もあり、例えば、授業中の話合いや生徒会で意見を述べるときに教師の意向を踏まえたり、本意でないまま授業中に挙手したり、生徒会の役員に立候補したりするなど、自由な議論や行動の抑制につながっている場合もある。

○　中学校における学習評価は、学習や指導の改善を目的として行われているものであり、高等学校入学者選抜に用いることを一義的な目的として行われるものではない。しかしながら、高等学校入学者選抜において調査書が大きな比重を占めていることから、これが中学校における学習評価やひいては学習活動に大きな影響を与えていると考えられる。

○　高等学校及びその設置者においては、このような現状も踏まえ、以下の観点から入学者選抜について改善を図っていく必要がある。

- 高等学校入学者選抜については、答申において「中学校における学びの成果を高等学校につなぐものであるとの認識に立ち、知識の理解の質を重視し、資質・能力を育んでいく新しい学習指導要領の趣旨を踏まえた改善を図ること」が求められている。新しい学習指導要領の趣旨を踏まえた各高等学校の教育目標の実現に向け、入学者選抜の質的改善を図るため、改めて入学者選抜の方針や選抜方法の組合せ、調査書の利用方法、学力検査の内容等について見直しを図ることが必要である。
- 調査書の利用に当たっては、そのねらいを明らかにし、学力検査の成績との比重や、学年ごとの学習評価の重み付け等について検討することが必要である。例えば、都道府県教育委員会等において、所管の高等学校に一律の比重で調査書の利用を義務付けているような場合には、各高等学校の入学者選抜の方針に基づいた適切な調査書の利用となるよう改善を図っていくことが必要である。
- 入学者選抜の改善に当たっては、新しい学習指導要領の趣旨等も踏まえつつ、働き方改革の観点からは、調査書の作成のために中学校の教職員に過重な負担がかかったり、生徒の主体的な学習活動に悪影響を及ぼしたりすることのないよう、高等学校入学者選抜のために必要な情報の整理や市町村教育委員会及び中学校等との情報共有・連携を図ることが重要である。

○　また、大学の入学者選抜においても、今後の議論を通じて、各大学のアドミッション・ポリシーに基づいて、多面的・多角的な評価が行われるよう、調査書を適切に活用することが必要である。その際、指導要録の簡素化の議論を踏まえ、指導要録を基に作成される調査書についても、観点別学習状況の評価の活用を含めて、大学入学者選抜で必要となる情報を整理した上で、検討していくことが求められる。

（9）外部試験や検定等の学習評価への利用について

○　学習評価を進めていく上では、通常の授業で教師が自ら行う評価だけでなく、全国学力・学習状況調査や高校生のための学びの基礎診断の認定を受けた試験等、その他外部試験等の結果についても、児童生徒の学習状況を把握するために用いることで、教師が自らの評価を補完したり、必要に応じて修正したりしていくことは重要である。例えば、平素の学習評価を指導の改善につなげることはもとより、児童生徒が受検した検定試験の結果等から、児童生徒の課題等を把握し、自らの指導や評価の改善につなげることも考えられる。

その際、学習評価は学習指導要領に規定する目標及び内容に照らして、「知識・技能」、「思考・判断・表現」、「主体的に学習に取り組む態度」の各観点から行われるものであることに十分留意する。すなわち、各種の試験や検定等については、学習指導要領とは必ずしも目標や評価の視点が同じではなかったり、学習指導要領に示す各教科の内容を網羅的に問うものではなかったりすることもあることから、それらを考慮する際には、両者の相違を十分に踏まえることが必要であり、外部試験等の結果は、教師が学習評価を行う際の補完材料であることに十分留意すべきである。

○　なお、例えば、地域のスポーツクラブにおける活動や各種の習い事、趣味に関する活動等、児童生徒が学校外で行う多様な活動については、必ずしも教師が把握することが求められるものではなく、在籍する学校における評価の対象になるものではない。そのため、こうした事項については、同じ資格等であっても、学校によって指導要録や調査書への記載の有無が異なる等の指摘もある。生徒が在籍する学校から提出される調査書は、あくまでも学校における活動の記録であることに留意した上で、入学者選抜を行う高等学校や大学等は、これに過度に依存することなく、生徒一人一人の多面的・多角的な姿を考慮するよう、本人からの提出書類、申告等を通じて確認するなどの工夫が求められる。

4．学習評価の円滑な改善に向けた条件整備

答申では、「学習指導要領改訂を受けて作成される、学習評価の工夫改善に関する参考資料についても、詳細な基準ではなく、資質・能力を基に再整理された学習指導要領を手掛かりに、教員が評価規準を作成し見取っていくために必要な手順を示すものとなることが望ましい。」としている。また「教員が学習評価の質を高めることができる環境づくり」の観点からの研修の充実等、学習指導要領等の実施に必要な諸条件の整備として、教員の養成や研修を通じた教員の資質・能力の向上、指導体制の整備・充実等を求めている。

（1）国立教育政策研究所に求められる取組について

○　国立教育政策研究所が作成する「評価規準の作成、評価方法等の工夫改善のための参考資料（以下「参考資料」という。）について、以下のような視点で改善を図る。

- 今回の学習指導要領改訂では、各教科等の目標及び内容が資質・能力の三つの柱に再整理されたことを踏まえ、評価規準の作成に関わっては、現行の参考資料のように評価規準の設定例を詳細に示すのではなく、各教科等の特質に応じて、学習指導要領の規定から評価規準を作成する際の手順を示すことを基本とする。
- 参考資料に示す評価方法については、例えば観点別学習状況の評価を判断した参考例を適切に示すなど各学校における学習評価の信頼性及び妥当性の向上を促すことが重要である。その際、参考資料に示す事例を参考にしつつも各学校において創意工夫ある学習指導や学習評価が行われるよう、その柔軟性に配慮した取扱いや周知を考えることも併せて重要である。
- 現行の参考資料では、学習評価の事例が単元や題材ごとに整理されているが、各教科等の指導内容の特質に照らした場合、単元や題材を超えた長期的な視点で学習評価を考える必要がある場合も生じ得ることから、学期や年間など単元や題材を越えた長期的な視点に立った評価事例を掲載することも検討する。
- 学習評価については、学校全体で組織として学習評価やその結果を受けた学習指導の工夫改善の取組を促すとともに、教育課程や校内体制の改善などを促すカリキュラム・マネジメントも併せて重要であり、このような点に配慮した参考資料の示し方も検討する。

（2）教育委員会、学校、教員養成課程等に求められる取組について

○　各教育委員会等においては、本報告や今後、国が示す学習評価及び指導要録の改善の通知等を踏まえつつ、教員研修や各種参考資料の作成に努めることが求められる。

○　各学校においては、学習評価の妥当性や信頼性が高められるよう、例えば、評価規準や評価方法等を事前に教師同士で検討し明確化することや評価に関する実践事例を蓄積し共有していくこと、評価結果についての検討を通じて評価に関する教師の力量の向上を図ることや、教務主任や研究主任を中心に学年会や教科等部会等の校内組織を活用するなどして、組織的かつ計画的な取組に努めることが求められる。

○　また、学校の実態に応じ、効果的・効率的に評価を行っていく観点から、デジタル教科書やタブレット、コンピュータ、録音・録画機器等のEdtechを適切に活用することで、例えば、グループに分かれたディスカッションでの発言や共同作業におけるグループへの貢献、単元を通じた理解状況の推移など、教師一人で十分に見取ることが困難な児童生徒の様々な活動や状況を記録したり、共有したりしていくことも重要である。その際、教師にとって使い勝手の良いデジタル機器やソフトウェア等の導入を進めることは、評価の質を高める観点から有効である。各地方公共団体や教育委員会等において

は、現場のニーズを十分に反映できるような発注の仕方を考えていくとともに、それらの前提となるICT環境の整備を進めていくことが求められる。また、民間事業者においても、学校や教師のニーズを十分に踏まえた技術の開発が期待される。

○　また、教員養成課程においては、新しい学習指導要領下での学習評価が円滑に実施されるよう、学習評価を位置付けたカリキュラムや各教科指導における学習評価に関する指導の充実などが必要である。

(3) 教職員や保護者等の学校関係者、社会一般への周知について

答申では、「社会に開かれた教育課程」を目指す学習指導要領の理念の共有に向け、あらゆる媒体を通じて、新学習指導要領等の内容を社会全体に広く周知することを求めている。

○「社会に開かれた教育課程」の実現を目指す観点からは、国において、今回の学習評価の意義やその改善の趣旨について、パンフレットの作成などを通じて学校の教職員や保護者はもとより広く一般に周知をしていくことも重要である。

○　冒頭に述べたとおり、学習評価の改善は、教育課程の改善並びにそれに基づく授業改善の一連のサイクルに適切に位置付くことが重要であり、周知に当たっては、そうした点に十分配慮することが求められる。

小学校、中学校、高等学校及び特別支援学校等における児童生徒の学習評価及び指導要録の改善等について（通知）

30文科初第1845号
平成31年3月29日

この度、中央教育審議会初等中等教育分科会教育課程部会において、「児童生徒の学習評価の在り方について（報告）」（平成31年1月21日）（以下「報告」という。）がとりまとめられました。

報告においては、新学習指導要領の下での学習評価の重要性を踏まえた上で、その基本的な考え方や具体的な改善の方向性についてまとめられています。

文部科学省においては、報告を受け、新学習指導要領の下での学習評価が適切に行われるとともに、各設置者による指導要録の様式の決定や各学校における指導要録の作成の参考となるよう、学習評価を行うに当たっての配慮事項、指導要録に記載する事項及び各学校における指導要録作成に当たっての配慮事項等を別紙1～5及び参考様式のとおりとりまとめました。

ついては、下記に示す学習評価を行うに当たっての配慮事項及び指導要録に記載する事項の見直しの要点並びに別紙について十分に御了知の上、各都道府県教育委員会におかれては、所管の学校及び域内の市区町村教育委員会に対し、各指定都市教育委員会におかれては、所管の学校に対し、各都道府県知事及び小中高等学校を設置する学校設置会社を所轄する構造改革特別区域法第12条第1項の認定を受けた各地方公共団体の長におかれては、所轄の学校及び学校法人等に対し、附属学校を置く各国公立大学長におかれては、その管下の学校に対し、新学習指導要領の下で、報告の趣旨を踏まえた学習指導及び学習評価並びに指導要録の様式の設定等が適切に行われるよう、これらの十分な周知及び必要な指導等をお願いします。さらに、幼稚園、特別支援学校幼稚部、保育所及び幼保連携型認定こども園（以下「幼稚園等」という。）と小学校（義務教育学校の前期課程を含む。以下同じ。）及び特別支援学校小学部との緊密な連携を図る観点から、幼稚園等においてもこの通知の趣旨の理解が図られるようお願いします。

なお、平成22年5月11日付け22文科初第1号「小学校、中学校、高等学校及び特別支援学校等における児童生徒の学習評価及び指導要録の改善等について」のうち、小学校及び特別支援学校小学部に関する部分は2020年3月31日をもって、中学校（義務教育学校の後期課程及び中等教育学校の前期課程を含む。以下同じ。）及び特別支援学校中学部に関する部分は2021年3月31日をもって廃止することとし、また高等学校（中等教育学校の後期課程を含む。以下同じ。）及び特別支援学校高等部に関する部分は2022年4月1日以降に高等学校及び特別支援学校高等部に入学する生徒（編入学による場合を除く。）について順次廃止することとします。

なお、本通知に記載するところのほか、小学校、中学校及び特別支援学校小学部・中学部における特別の教科である道徳（以下「道徳科」という。）の学習評価等については、引き続き平成28年7月29日付け28文科初第604号「学習指導要領の一部改正に伴う小学校、中学校及び特別支援学校小学部・中学部における児童生徒の学習評価及び指導要録の改善等について」によるところとし、特別支援学校（知的障害）高等部における道徳科の学習評価等については、同通知に準ずるものとします。

記

1．学習評価についての基本的な考え方

（1）カリキュラム・マネジメントの一環としての指導と評価

「学習指導」と「学習評価」は学校の教育活動の根幹であり、教育課程に基づいて組織的かつ計画的に教育活動の質の向上を図る「カリキュラム・マネジメント」の中核的な役割を担っていること。

（2）主体的・対話的で深い学びの視点からの授業改善と評価

指導と評価の一体化の観点から、新学習指導要領で重視している「主体的・対話的で深い学び」の視点からの授業改善を通して各教科等における資質・能力を確実に育成する上で、学習評価は重要な役割を担っていること。

（3）学習評価について指摘されている課題

学習評価の現状としては、（1）及び（2）で述べたような教育課程の改善や授業改善の一連の過程に学習評価を適切に位置付けた学校運営の取組がなされる一方で、例えば、学校や教師の状況によっては、

・　学期末や学年末などの事後での評価に終始してしまうことが多く、評価の結果が児童生徒の具体的な学習改善につながっていない、
・　現行の「関心・意欲・態度」の観点について、挙手の回数や毎時間ノートをとっているかなど、性格や行動面の傾向が一時的に表出された場面を捉える評価であるような誤解が払拭しきれていない、
・　教師によって評価の方針が異なり、学習改善につなげにくい、
・　教師が評価のための「記録」に労力を割かれて、指導に注力できない、
・　相当な労力をかけて記述した指導要録が、次の学年や学校段階において十分に活用されていない、

といった課題が指摘されていること。

（4）学習評価の改善の基本的な方向性

（3）で述べた課題に応えるとともに、学校における働き方改革が喫緊の課題となっていることも踏まえ、次の基本的な考え方に立って、学習評価を真に意味のあるものとすることが重要であること。

【1】　児童生徒の学習改善につながるものにしていくこと
【2】　教師の指導改善につながるものにしていくこと
【3】　これまで慣行として行われてきたことでも、必要性・妥当性が認められないものは見直していくこと

これに基づく主な改善点は次項以降に示すところによること。

2．学習評価の主な改善点について

⑴　各教科等の目標及び内容を「知識及び技能」、「思考力、判断力、表現力等」、「学びに向かう力、人間性等」の資質・能力の三つの柱で再整理した新学習指導要領の下での指導と評価の一体化を推進する観点から、観点別学習状況の評価の観点についても、これらの資質・能力に関わる「知識・技能」、「思考・判断・表現」、「主体的に学習に取り組む態度」の３観点に整理して示し、設置者において、これに基づく適切な観点を設定することとしたこと。その際、「学びに向かう力、人間性等」については、「主体的に学習に取り組む態度」として観点別学習状況の評価を通じて見取ることができる部分と観点別学習状況の評価にはなじまず、個人内評価等を通じて見取る部分があることに留意する必要があることを明確にしたこと。

⑵　「主体的に学習に取り組む態度」については、各教科等の観点の趣旨に照らし、知識及び技能を獲得したり、思考力、判断力、表現力等を身に付けたりすることに向けた粘り強い取組の中で、自らの学習を調整しようとしているかどうかを含めて評価することとしたこと（各教科等の観点の趣旨は、本通知の別紙４及び別紙５に示している）。

⑶　学習評価の結果の活用に際しては、各教科等の児童生徒の学習状況を観点別に捉え、各教科等における学習状況を分析的に把握することが可能な観点別学習状況の評価と、各教科等の児童生徒の学習状況を総括的に捉え、教育課程全体における各教科等の学習状況を把握することが可能な評定の双方の特長を踏まえつつ、その後の指導の改善等を図ることが重要であることを明確にしたこと。

⑷　特に高等学校及び特別支援学校（視覚障害、聴覚障害、肢体不自由又は病弱）高等部における各教科・科目の評価について、学習状況を分析的に捉える観点別学習状況の評価と、これらを総括的に捉える評定の両方について、学習指導要領に示す各教科・科目の目標に基づき学校が地域や生徒の実態に即して定めた当該教科・科目の目標や内容に照らし、その実現状況を評価する、目標に準拠した評価として実施することを明確にしたこと。

3．指導要録の主な改善点について

指導要録の改善点は以下に示すほか、別紙１から別紙３まで及び参考様式に示すとおりであること。設置者や各学校においては、それらを参考に指導要録の様式の設定や作成に当たることが求められること。

⑴　小学校及び特別支援学校（視覚障害、聴覚障害、肢体不自由又は病弱）小学部における

「外国語活動の記録」については、従来、観点別に設けていた文章記述欄を一本化した上で、評価の観点に即して、児童の学習状況に顕著な事項がある場合にその特徴を記入することとしたこと。

⑵ 高等学校及び特別支援学校（視覚障害、聴覚障害、肢体不自由又は病弱）高等部における「各教科・科目等の学習の記録」については、観点別学習状況の評価を充実する観点から、各教科・科目の観点別学習状況を記載することとしたこと。

⑶ 高等学校及び特別支援学校（視覚障害、聴覚障害、肢体不自由又は病弱）高等部における「特別活動の記録」については、教師の勤務負担軽減を図り、観点別学習状況の評価を充実する観点から、文章記述を改め、各学校が設定した観点を記入した上で、各活動・学校行事ごとに、評価の観点に照らして十分満足できる活動の状況にあると判断される場合に、○印を記入することとしたこと。

⑷ 特別支援学校（知的障害）各教科については、特別支援学校の新学習指導要領において、小・中・高等学校等との学びの連続性を重視する観点から小・中・高等学校の各教科と同様に育成を目指す資質・能力の三つの柱で目標及び内容が整理されたことを踏まえ、その学習評価においても観点別学習状況を踏まえて文章記述を行うこととしたこと。

⑸ 教師の勤務負担軽減の観点から、【１】「総合所見及び指導上参考となる諸事項」については、要点を箇条書きとするなど、その記載事項を必要最小限にとどめるとともに、【２】通級による指導を受けている児童生徒について、個別の指導計画を作成しており、通級による指導に関して記載すべき事項が当該指導計画に記載されている場合には、その写しを指導要録の様式に添付することをもって指導要録への記入に替えることも可能とするなど、その記述の簡素化を図ることとしたこと。

４．学習評価の円滑な実施に向けた取組について

⑴ 各学校においては、教師の勤務負担軽減を図りながら学習評価の妥当性や信頼性が高められるよう、学校全体としての組織的かつ計画的な取組を行うことが重要であること。具体的には、例えば以下の取組が考えられること。

・ 評価規準や評価方法を事前に教師同士で検討し明確化することや評価に関する実践事例を蓄積し共有すること。
・ 評価結果の検討等を通じて評価に関する教師の力量の向上を図ること。
・ 教務主任や研究主任を中心として学年会や教科等部会等の校内組織を活用すること。

⑵ 学習評価については、日々の授業の中で児童生徒の学習状況を適宜把握して指導の改善に生かすことに重点を置くことが重要であること。したがって観点別学習状況の評価の記録に用いる評価については、毎回の授業ではなく原則として単元や題材など内容や時間のまとまりごとに、それぞれの実現状況を把握できる段階で行うなど、その場面を精選することが重要であること。

⑶ 観点別学習状況の評価になじまず個人内評価の対象となるものについては、児童生徒が学習したことの意義や価値を実感できるよう、日々の教育活動等の中で児童生徒に伝えることが重要であること。特に「学びに向かう力、人間性等」のうち「感性や思いやり」など児童生徒一人一人のよい点や可能性、進歩の状況などを積極的に評価し児童生徒に伝えることが重要であること。

⑷ 言語能力、情報活用能力や問題発見・解決能力など教科等横断的な視点で育成を目指すこととされた資質・能力は、各教科等における「知識・技能」、「思考・判断・表現」、「主体的に学習に取り組む態度」の評価に反映することとし、各教科等の学習の文脈の中で、これらの資質・能力が横断的に育成・発揮されることが重要であること。

⑸ 学習評価の方針を事前に児童生徒と共有する場面を必要に応じて設けることは、学習評価の妥当性や信頼性を高めるとともに、児童生徒自身に学習の見通しをもたせる上で重要であること。その際、児童生徒の発達の段階等を踏まえ、適切な工夫が求められること。

⑹ 全国学力・学習状況調査や高校生のための学びの基礎診断の認定を受けた測定ツールなどの外部試験や検定等の結果は、児童生徒の学習状況を把握するために用いることで、教師が自らの評価を補完したり、必要に応じて

修正したりしていく上で重要であること。

このような外部試験や検定等の結果の利用に際しては、それらが学習指導要領に示す目標に準拠したものでない場合や、学習指導要領に示す各教科の内容を網羅的に扱うものではない場合があることから、これらの結果は教師が行う学習評価の補完材料であることに十分留意が必要であること。

⑺ 法令に基づく文書である指導要録について、書面の作成、保存、送付を情報通信技術を用いて行うことは現行の制度上も可能であり、その活用を通して指導要録等に係る事務の改善を推進することが重要であること。特に、統合型校務支援システムの整備により文章記述欄などの記載事項が共通する指導要録といわゆる通知表のデータの連動を図ることは教師の勤務負担軽減に不可欠であり、設置者等においては統合型校務支援システムの導入を積極的に推進すること。仮に統合型校務支援システムの整備が直ちに困難な場合であっても、校務用端末を利用して指導要録等に係る事務を電磁的に処理することも効率的であること。

これらの方法によらない場合であっても、域内の学校が定めるいわゆる通知表の記載事項が、当該学校の設置者が様式を定める指導要録の「指導に関する記録」に記載する事項を全て満たす場合には、設置者の判断により、指導要録の様式を通知表の様式と共通のものとすることが現行の制度上も可能であること。その際、例えば次のような工夫が考えられるが、様式を共通のものとする際には、指導要録と通知表のそれぞれの役割を踏まえることも重要であること。

・ 通知表に、学期ごとの学習評価の結果の記録に加え、年度末の評価結果を追記することとすること。
・ 通知表の文章記述の評価について、指導要録と同様に、学期ごとにではなく年間を通じた学習状況をまとめて記載することとすること。
・ 指導要録の「指導に関する記録」の様式を、通知表と同様に学年ごとに記録する様式とすること。

⑻ 今後、国においても学習評価の参考となる資料を作成することとしているが、都道府県教育委員会等においても、学習評価に関する研究を進め、学習評価に関する参考となる資料を示すとともに、具体的な事例の収集・提示を行うことが重要であること。特に高等学校については、今般の指導要録の改善において、観点別学習状況の評価が一層重視されたこと等を踏まえ、教員研修の充実など学習評価の改善に向けた取組に一層、重点を置くことが求められること。国が作成する高等学校の参考資料についても、例えば、定期考査や実技など現在の高等学校で取り組んでいる学習評価の場面で活用可能な事例を盛り込むなど、高等学校の実態や教師の勤務負担軽減に配慮しつつ学習評価の充実を図ることを可能とする内容とする予定であること。

５．学習評価の改善を受けた高等学校入学者選抜、大学入学者選抜の改善について

「１．学習評価についての基本的な考え方」に示すとおり、学習評価は、学習や指導の改善を目的として行われているものであり、入学者選抜に用いることを一義的な目的として行われるものではないこと。したがって、学習評価の結果を入学者選抜に用いる際には、このような学習評価の特性を踏まえつつ適切に行うことが重要であること。

（１）高等学校入学者選抜の改善について

報告を踏まえ、高等学校及びその設置者において今般の学習評価の改善を受けた入学者選抜の在り方について検討を行う際には、以下に留意すること。

・ 新学習指導要領の趣旨を踏まえた各高等学校の教育目標の実現に向け、入学者選抜の質的改善を図るため、改めて入学者選抜の方針や選抜方法の組合せ、調査書の利用方法、学力検査の内容等について見直すこと。
・ 調査書の利用に当たっては、そのねらいを明らかにし、学力検査の成績との比重や、学年ごとの学習評価の重み付け等について検討すること。例えば都道府県教育委員会等において、所管の高等学校に一律の比重で調査書の利用を義務付けているような場合には、各高等学校の入学者選抜の方針に基づいた適切な調査書の利用となるよう改善を図ること。
・ 入学者選抜の改善に当たっては、新学習指導要領の趣旨等も踏まえつつ、学校における働き方改革の観点から、調査書の作成のため

に中学校の教職員に過重な負担がかかったり、生徒の主体的な学習活動に悪影響を及ぼしたりすることのないよう、入学者選抜のために必要な情報の整理や市区町村教育委員会及び中学校等との情報共有・連携を図ること。

（2）大学入学者選抜の改善について

国においては新高等学校学習指導要領の下で学んだ生徒に係る「2025年度大学入学者選抜実施要項」の内容について2021年度に予告することとしており、予告に向けた検討に際しては、報告及び本通知の趣旨を踏まえ以下に留意して検討を行う予定であること。

・　各大学において、特に学校外で行う多様な活動については、調査書に過度に依存することなく、それぞれのアドミッション・ポリシーに基づいて、生徒一人一人の多面的・多角的な評価が行われるよう、各学校が作成する調査書や志願者本人の記載する資料、申告等を適切に組み合わせるなどの利用方法を検討すること。

・　学校における働き方改革の観点から、指導要録を基に作成される調査書についても、観点別学習状況の評価の活用を含めて、入学者選抜で必要となる情報を整理した上で検討すること。

〔別紙１〕　小学校及び特別支援学校小学部の指導要録に記載する事項等

〔1〕　学籍に関する記録

学籍に関する記録については、原則として学齢簿の記載に基づき、学年当初及び異動の生じたときに記入する。

1　児童の氏名、性別、生年月日及び現住所

2　保護者の氏名及び現住所

3　入学前の経歴

小学校及び特別支援学校小学部（以下「小学校等」という。）に入学するまでの教育・保育関係の略歴（在籍していた幼稚園、特別支援学校幼稚部、保育所又は幼保連携型認定こども園等の名称及び在籍期間等）を記入する。なお、外国において受けた教育の実情なども記入する。

4　入学・編入学等

（1）入　学

児童が第１学年に入学した年月日を記入する。

（2）編入学等

第１学年の中途又は第２学年以上の学年に、在外教育施設や外国の学校等から編入学した場合、又は就学義務の猶予・免除の事由の消滅により就学義務が発生した場合について、その年月日、学年及び事由等を記入する。

5　転入学

他の小学校等から転入学してきた児童について、転入学年月日、転入学年、前に在学していた学校名、所在地及び転入学の事由等を記入する。

6　転学・退学等

他の小学校等に転学する場合には、転学先の学校が受け入れた日の前日に当たる年月日、転学先の学校名、所在地、転入学年及びその事由等を記入する。また、学校を去った年月日についても併記する。

在外教育施設や外国の学校に入るために退学する場合又は学齢（満15歳に達した日の属する学年の終わり）を超過している児童が退学する場合は、校長が退学を認めた年月日及びその事由等を記入する。

なお、就学義務が猶予・免除される場合又は児童の居所が１年以上不明である場合は、在学しない者として取り扱い、在学しない者と認めた年月日及びその事由等を記入する。

7　卒　業

校長が卒業を認定した年月日を記入する。

8　進学先

進学先の学校名及び所在地を記入する。

9　学校名及び所在地

分校の場合は、本校名及び所在地を記入するとともに、分校名、所在地及び在学した学年を併記する。

10　校長氏名印、学級担任者氏名印

各年度に、校長の氏名、学級担任者の氏名を記入し、それぞれ押印する。（同一年度内に校長又は学級担任者が代わった場合には、その都度後任者の氏名を併記する。）

なお、氏名の記入及び押印については、電子署名（電子署名及び認証業務に関する法律（平成12年法律第102号）第２条第１項に定義する「電子署名」をいう。）を行うことで替えることも可能である。

〔２〕 指導に関する記録

小学校における指導に関する記録については、以下に示す記載することが適当な事項に留意しながら、各教科の学習の記録（観点別学習状況及び評定）、道徳科の記録、外国語活動の記録、総合的な学習の時間の記録、特別活動の記録、行動の記録、総合所見及び指導上参考となる諸事項並びに出欠の記録について学年ごとに作成する。

特別支援学校（視覚障害、聴覚障害、肢体不自由又は病弱）小学部における指導に関する記録については、小学校における指導に関する記録に記載する事項に加えて、自立活動の記録について学年ごとに作成するほか、入学時の障害の状態について作成する。

特別支援学校（知的障害）小学部における指導に関する記録については、各教科の学習の記録、特別活動の記録、自立活動の記録、道徳科の記録、外国語活動の記録、行動の記録、総合所見及び指導上参考となる諸事項並びに出欠の記録について学年ごとに作成するほか、入学時の障害の状態について作成する。

特別支援学校小学部に在籍する児童については、個別の指導計画を作成する必要があることから、指導に関する記録を作成するに当たって、個別の指導計画における指導の目標、指導内容等を踏まえた記述となるよう留意する。また、児童の障害の状態等に即して、学校教育法施行規則第130条の規定に基づき各教科の全部若しくは一部について合わせて授業を行った場合又は各教科、道徳科、外国語活動、特別活動及び自立活動の全部若しくは一部について合わせて授業を行った場合並びに特別支援学校小学部・中学部学習指導要領（平成29年文部科学省告示第73号）第１章第８節の規定（重複障害者等に関する教育課程の取扱い）を適用した場合にあっては、その教育課程や観点別学習状況を考慮し、必要に応じて様式等を工夫して、その状況を適切に端的に記入する。

特別支援学級に在籍する児童の指導に関する記録については、必要がある場合、特別支援学校小学部の指導要録に準じて作成する。

なお、障害のある児童について作成する個別の指導計画に指導要録の指導に関する記録と共通する記載事項がある場合には、当該個別の指導計画の写しを指導要録の様式に添付することをもって指導要録への記入に替えることも可能である。

１　各教科の学習の記録

小学校及び特別支援学校（視覚障害、聴覚障害、肢体不自由又は病弱）小学部における各教科の学習の記録については、観点別学習状況及び評定について記入する。

特別支援学校（知的障害）小学部における各教科の学習の記録については、特別支援学校小学部・中学部学習指導要領（平成29年文部科学省告示第73号）に示す小学部の各教科の目標、内容に照らし、別紙４の各教科の評価の観点及びその趣旨を踏まえ、具体的に定めた指導内容、実現状況等を箇条書き等により文章で端的に記述する。

（１）観点別学習状況

小学校及び特別支援学校（視覚障害、聴覚障害、肢体不自由又は病弱）小学部における観点別学習状況については、小学校学習指導要領（平成29年文部科学省告示第63号）及び特別支援学校小学部・中学部学習指導要領（平成29年文部科学省告示第73号）（以下「小学校学習指導要領等」という。）に示す各教科の目標に照らして、その実現状況を観点ごとに評価し記入する。その際、「十分満足できる」状況と判断されるものをＡ、「おおむね満足できる」状況と判断されるものをＢ、「努力を要する」状況と判断されるものをＣのように区別して評価を記入する。

小学校及び特別支援学校（視覚障害、聴覚障害、肢体不自由又は病弱）小学部における各教科の評価の観点について、設置者は、小学校学習指導要領等を踏まえ、別紙４を参考に設定する。

（２）評　定

小学校及び特別支援学校（視覚障害、聴覚障害、肢体不自由又は病弱）小学部における評定については、第３学年以上の各学年の各教科の学習の状況について、小学校学習指導要領等に示す各教科の目標に照らして、その実現状況を総括的に評価し記入する。

各教科の評定は、小学校学習指導要領等に示す各教科の目標に照らして、その実現状況を「十分満足できる」状況と判断されるものを３、「おおむね満足できる」状況と判断されるものを２、「努力を要する」状況と判断されるものを１のように区別して評価を記入する。

評定に当たっては、評定は各教科の学習の状況を総括的に評価するものであり、「(1)観点別学習状況」において掲げられた観点は、分析的な評価を行うものとして、各教科の評定を行う場合において基本的な要素となるものであることに十分留意する。その際、評定の適切な決定方法等については、各学校において定める。

2 特別の教科 道徳

小学校等における道徳科の評価については、28文科初第604号「学習指導要領の一部改正に伴う小学校、中学校及び特別支援学校小学部・中学部における児童生徒の学習評価及び指導要録の改善等について(通知)」に基づき、学習活動における児童の学習状況や道徳性に係る成長の様子を個人内評価として文章で端的に記述する。

3 外国語活動の記録

小学校及び特別支援学校(視覚障害、聴覚障害、肢体不自由又は病弱)小学部における外国語活動の記録については、評価の観点を記入した上で、それらの観点に照らして、児童の学習状況に顕著な事項がある場合にその特徴を記入する等、児童にどのような力が身に付いたかを文章で端的に記述する。

評価の観点については、設置者は、小学校学習指導要領等に示す外国語活動の目標を踏まえ、別紙4を参考に設定する。

4 総合的な学習の時間の記録

小学校及び特別支援学校(視覚障害、聴覚障害、肢体不自由又は病弱)小学部における総合的な学習の時間の記録については、この時間に行った学習活動及び各学校が自ら定めた評価の観点を記入した上で、それらの観点のうち、児童の学習状況に顕著な事項がある場合などにその特徴を記入する等、児童にどのような力が身に付いたかを文章で端的に記述する。

評価の観点については、小学校学習指導要領等に示す総合的な学習の時間の目標を踏まえ、各学校において具体的に定めた目標、内容に基づいて別紙4を参考に定める。

5 特別活動の記録

小学校及び特別支援学校(視覚障害、聴覚障害、肢体不自由又は病弱)小学部における特別活動の記録については、各学校が自ら定めた特別活動全体に係る評価の観点を記入した上で、各活動・学校行事ごとに、評価の観点に照らして十分満足できる活動の状況にあると判断される場合に、○印を記入する。

評価の観点については、小学校学習指導要領等に示す特別活動の目標を踏まえ、各学校において別紙4を参考に定める。その際、特別活動の特質や学校として重点化した内容を踏まえ、例えば「主体的に生活や人間関係をよりよくしようとする態度」などのように、より具体的に定めることも考えられる。記入に当たっては、特別活動の学習が学校や学級における集団活動や生活を対象に行われるという特質に留意する。

特別支援学校(知的障害)小学部における特別活動の記録については、小学校及び特別支援学校(視覚障害、聴覚障害、肢体不自由又は病弱)小学部における特別活動の記録に関する考え方を参考としながら文章で端的に記述する。

6 自立活動の記録

特別支援学校小学部における自立活動の記録については、個別の指導計画を踏まえ、以下の事項等を端的に記入する。

【1】 指導目標、指導内容、指導の成果の概要に関すること

【2】 障害の状態等に変化が見られた場合、その状況に関すること

【3】 障害の状態を把握するため又は自立活動の成果を評価するために検査を行った場合、その検査結果に関すること

7 行動の記録

小学校及び特別支援学校(視覚障害、聴覚障害、肢体不自由又は病弱)小学部における行動の記録については、各教科、道徳科、外国語活動、総合的な学習の時間、特別活動やその他学校生活全体にわたって認められる児童の行動について、設置者は、小学校学習指導要領等の総則及び道徳科の目標や内容、内容の取扱いで重点化を図ることとしている事項等を踏まえて示している別紙4を参考にして、項目を適切に設定する。また、各学校において、自らの教育目標に沿って項目を追加できるようにする。

各学校における評価に当たっては、各項目の趣旨に照らして十分満足できる状況にあると判断される場合に、○印を記入する。

特別支援学校（知的障害）小学部における行動の記録については、小学校及び特別支援学校（視覚障害、聴覚障害、肢体不自由又は病弱）小学部における行動の記録に関する考え方を参考としながら文章で端的に記述する。

8　総合所見及び指導上参考となる諸事項

小学校等における総合所見及び指導上参考となる諸事項については、児童の成長の状況を総合的にとらえるため、以下の事項等を文章で箇条書き等により端的に記述すること。特に【４】のうち、児童の特徴・特技や学校外の活動等については、今後の学習指導等を進めていく上で必要な情報に精選して記述する。

【１】 各教科や外国語活動、総合的な学習の時間の学習に関する所見

【２】 特別活動に関する事実及び所見

【３】 行動に関する所見

【４】 児童の特徴・特技、学校内外におけるボランティア活動など社会奉仕体験活動、表彰を受けた行為や活動、学力について標準化された検査の結果等指導上参考となる諸事項

【５】 児童の成長の状況にかかわる総合的な所見

記入に際しては、児童の優れている点や長所、進歩の状況などを取り上げることに留意する。ただし、児童の努力を要する点などについても、その後の指導において特に配慮を要するものがあれば端的に記入する。

さらに、障害のある児童や日本語の習得に困難のある児童のうち、通級による指導を受けている児童については、通級による指導を受けた学校名、通級による指導の授業時数、指導期間、指導の内容や結果等を端的に記入する。通級による指導の対象となっていない児童で、教育上特別な支援を必要とする場合については、必要に応じ、効果があったと考えられる指導方法や配慮事項を端的に記入する。なお、これらの児童について個別の指導計画を作成している場合において当該指導計画に上記にかかわる記載がなされている場合には、その写しを指導要録の様式に添付することをもって指導要録への記入に替えることも可能である。

特別支援学校小学部においては、交流及び共同学習を実施している児童について、その相手先の学校名や学級名、実施期間、実施した内容や成果等を端的に記入する。

9　入学時の障害の状態

特別支援学校小学部における入学時の障害の状態について、障害の種類及び程度等を記入する。

10　出欠の記録

以下の事項を記入する。

（1）授業日数

児童の属する学年について授業を実施した年間の総日数を記入する。学校保健安全法第20条の規定に基づき、臨時に、学校の全部又は学年の全部の休業を行うこととした日数は授業日数には含めない。

この授業日数は、原則として、同一学年のすべての児童につき同日数とすることが適当である。ただし、転学又は退学等をした児童については、転学のため学校を去った日又は退学等をした日までの授業日数を記入し、転入学又は編入学等をした児童については、転入学又は編入学等をした日以後の授業日数を記入する。

（2）出席停止・忌引等の日数

以下の日数を合算して記入する。

【１】 学校教育法第35条による出席停止日数、学校保健安全法第19条による出席停止日数並びに感染症の予防及び感染症の患者に対する医療に関する法律第19条、第20条、第26条及び第46条による入院の場合の日数

【２】 学校保健安全法第20条により、臨時に学年の中の一部の休業を行った場合の日数

【３】 忌引日数

【４】 非常変災等児童又は保護者の責任に帰すことのできない事由で欠席した場合などで、校長が出席しなくてもよいと認めた日数

【５】 その他教育上特に必要な場合で、校長が出席しなくてもよいと認めた日数

（3）出席しなければならない日数

授業日数から出席停止・忌引等の日数を差し引いた日数を記入する。

（4）欠席日数

出席しなければならない日数のうち病気又はその他の事故で児童が欠席した日数を記入する。

（5）出席日数

出席しなければならない日数から欠席日数を差し引いた日数を記入する。

なお、学校の教育活動の一環として児童が運動や文化などにかかわる行事等に参加したものと校長が認める場合には、指導要録の出欠の記録においては出席扱いとすることができる。

（6）備　考

出席停止・忌引等の日数に関する特記事項、欠席理由の主なもの、遅刻、早退等の状況その他の出欠に関する特記事項等を記入する。

〔別紙２〕　中学校及び特別支援学校中学部の指導要録に記載する事項等

〔１〕　学籍に関する記録

学籍に関する記録については、原則として学齢簿の記載に基づき、学年当初及び異動の生じたときに記入する。

１　生徒の氏名、性別、生年月日及び現住所

２　保護者の氏名及び現住所

３　入学前の経歴

中学校及び特別支援学校中学部（以下「中学校等」という。）に入学するまでの教育関係の略歴（在籍していた小学校又は特別支援学校小学部の学校名及び卒業時期等）を記入する。なお、外国において受けた教育の実情なども記入する。

４　入学・編入学等

（1）入　学

生徒が第１学年に入学した年月日を記入する。

（2）編入学等

第１学年の中途又は第２学年以上の学年に、在外教育施設や外国の学校等から編入学した場合、又は就学義務の猶予・免除の事由の消滅により就学義務が発生した場合について、その年月日、学年及び事由等を記入する。

５　転入学

他の中学校等から転入学してきた生徒について、転入学年月日、転入学年、前に在学していた学校名、所在地及び転入学の事由等を記入する。

６　転学・退学等

他の中学校等に転学する場合には、転学先の学校が受け入れた日の前日に当たる年月日、転学先の学校名、所在地、転入学年及びその事由等を記入する。また、学校を去った年月日についても併記する。

在外教育施設や外国の学校に入るために退学する場合又は学齢（満15歳に達した日の属する学年の終わり）を超過している生徒が退学する場合は、校長が退学を認めた年月日及びその事由等を記入する。

なお、就学義務が猶予・免除される場合又は生徒の居所が１年以上不明である場合は、在学しない者として取り扱い、在学しない者と認めた年月日及びその事由等を記入する。

７　卒　業

校長が卒業を認定した年月日を記入する。

８　進学先・就職先等

進学先の学校名及び所在地、就職先の事業所名及び所在地等を記入する。

９　学校名及び所在地

分校の場合は、本校名及び所在地を記入するとともに、分校名、所在地及び在学した学年を併記する。

10　校長氏名印、学級担任者氏名印

各年度に、校長の氏名、学級担任者の氏名を記入し、それぞれ押印する。（同一年度内に校長又は学級担任者が代わった場合には、その都度後任者の氏名を併記する。）

なお、氏名の記入及び押印については、電子署名（電子署名及び認証業務に関する法律（平成12年法律第102号）第２条第１項に定義する「電子署名」をいう。）を行うことで替えることも可能である。

〔２〕　指導に関する記録

中学校における指導に関する記録については、以下に示す記載することが適当な事項に留意しながら、各教科の学習の記録（観点別学習状況及び評定）、道徳科の記録、総合的な学習の時間の記録、特別活動の記録、行動の記録、総合所見及び指導上参考となる諸事項並びに出欠の記録について学年ごとに作成する。

特別支援学校（視覚障害、聴覚障害、肢体不自由又は病弱）中学部における指導に関する記録については、中学校における指導に関する記録に記載する事項に加えて、自立活動の記録について学年ごとに作成するほか、入学時の障害の状態について作成する。

特別支援学校（知的障害）中学部における指導に関する記録については、各教科の学習の記録、特別活動の記録、自立活動の記録、道徳科の記録、総合的な学習の時間の記録、行動の記録、総合所見及び指導上参考となる諸事項並びに出欠の記録について学年ごとに作成するほか、入学時の障害の状態について作成する。

特別支援学校中学部に在籍する生徒については、個別の指導計画を作成する必要があることから、指導に関する記録を作成するに当たって、個別の指導計画における指導の目標、指導内容等を踏まえた記述となるよう留意する。また、生徒の障害の状態等に即して、学校教育法施行規則第130条の規定に基づき各教科の全部若しくは一部について合わせて授業を行った場合又は各教科、道徳科、特別活動及び自立活動の全部若しくは一部について合わせて授業を行った場合並びに特別支援学校小学部・中学部学習指導要領（平成29年文部科学省告示第73号）第１章第８節の規定（重複障害者等に関する教育課程の取扱い）を適用した場合にあっては、その教育課程や観点別学習状況を考慮し、必要に応じて様式等を工夫して、その状況を適切に端的に記入する。

特別支援学級に在籍する生徒の指導に関する記録については、必要がある場合、特別支援学校中学部の指導要録に準じて作成する。

なお、障害のある生徒について作成する個別の指導計画に指導要録の指導に関する記録と共通する記載事項がある場合には、当該個別の指導計画の写しを指導要録の様式に添付することをもって指導要録への記入に替えることも可能である。

1　各教科の学習の記録

中学校及び特別支援学校（視覚障害、聴覚障害、肢体不自由又は病弱）中学部における各教科の学習の記録については、観点別学習状況及び評定について記入する。

特別支援学校（知的障害）中学部における各教科の学習の記録については、特別支援学校小学部・中学部学習指導要領（平成29年文部科学省告示第73号）に示す中学部の各教科の目標、内容に照らし、別紙４の各教科の評価の観点及びその趣旨を踏まえ、具体的に定めた指導内容、実現状況等を箇条書き等により文章で端的に記述する。

（1）観点別学習状況

中学校及び特別支援学校（視覚障害、聴覚障害、肢体不自由又は病弱）中学部における観点別学習状況については、中学校学習指導要領（平成29年文部科学省告示第64号）及び特別支援学校小学部・中学部学習指導要領（平成29年文部科学省告示第73号）（以下「中学校学習指導要領等」という。）に示す各教科の目標に照らして、その実現状況を観点ごとに評価し記入する。その際、「十分満足できる」状況と判断されるものをＡ、「おおむね満足できる」状況と判断されるものをＢ、「努力を要する」状況と判断されるものをＣのように区別して評価を記入する。

中学校及び特別支援学校（視覚障害、聴覚障害、肢体不自由又は病弱）中学部における各教科の評価の観点について、設置者は、中学校学習指導要領等を踏まえ、別紙４を参考に設定する。

選択教科を実施する場合は、各学校において観点を定め、記入する。

（2）評　定

中学校及び特別支援学校（視覚障害、聴覚障害、肢体不自由又は病弱）中学部における評定については、各学年における各教科の学習の状況について、中学校学習指導要領等に示す各教科の目標に照らして、その実現状況を総括的に評価し記入する。

必修教科の評定は、中学校学習指導要領等に示す各教科の目標に照らして、その実現状況を「十分満足できるもののうち、特に程度が高い」状況と判断されるものを５、「十分満足できる」状況と判断されるものを４、「おおむね満足できる」状況と判断されるものを３、「努力を要する」状況と判断されるものを２、「一層努力を要する」状況と判断されるものを１のように区別して評価を記入する。

選択教科を実施する場合は、各学校が評定の段階を決定し記入する。

評定に当たっては、評定は各教科の学習の状況を総括的に評価するものであり、「（１）観点別学習状況」において掲げられた観点は、分析的な評価を行うものとして、各教科の評定を行う場合において基本的な要素となるものであることに十分留意する。その際、評定の適切な決定方法等については、各学校において定める。

2　特別の教科　道徳

中学校等における道徳科の評価については、28文科初第604号「学習指導要領の一部改正に伴う小学校、中学校及び特別支援学校小学部・中学部における児童生徒の学習評価及び指導要録の改善等について（通知）」に基づき、学習活動における生徒の学習状況や道徳性に係る成長の様子を個人内評価として文章で端的に記述する。

3　総合的な学習の時間の記録

中学校等における総合的な学習の時間の記録については、この時間に行った学習活動及び各学校が自ら定めた評価の観点を記入した上で、それらの観点のうち、生徒の学習状況に顕著な事項がある場合などにその特徴を記入する等、生徒にどのような力が身に付いたかを文章で端的に記述する。

評価の観点については、中学校学習指導要領等に示す総合的な学習の時間の目標を踏まえ、各学校において具体的に定めた目標、内容に基づいて別紙４を参考に定める。

4　特別活動の記録

中学校及び特別支援学校（視覚障害、聴覚障害、肢体不自由又は病弱）中学部における特別活動の記録については、各学校が自ら定めた特別活動全体に係る評価の観点を記入した上で、各活動・学校行事ごとに、評価の観点に照らして十分満足できる活動の状況にあると判断される場合に、○印を記入する。

評価の観点については、中学校学習指導要領等に示す特別活動の目標を踏まえ、各学校において別紙４を参考に定める。その際、特別活動の特質や学校として重点化した内容を踏まえ、例えば「主体的に生活や人間関係をよりよくしようとする態度」などのように、より具体的に定めることも考えられる。記入に当たっては、特別活動の学習が学校や学級における集団活動や生活を対象に行われるという特質に留意する。

特別支援学校（知的障害）中学部における特別活動の記録については、中学校及び特別支援学校（視覚障害、聴覚障害、肢体不自由又は病弱）中学部における特別活動の記録に関する考え方を参考としながら文章で端的に記述する。

5　自立活動の記録

特別支援学校中学部における自立活動の記録については、個別の指導計画を踏まえ、以下の事項等を端的に記入する。

【１】 指導目標、指導内容、指導の成果の概要に関すること

【２】 障害の状態等に変化が見られた場合、その状況に関すること

【３】 障害の状態を把握するため又は自立活動の成果を評価するために検査を行った場合、その検査結果に関すること

6　行動の記録

中学校及び特別支援学校（視覚障害、聴覚障害、肢体不自由又は病弱）中学部における行動の記録については、各教科、道徳科、総合的な学習の時間、特別活動やその他学校生活全体にわたって認められる生徒の行動について、設置者は、中学校学習指導要領等の総則及び道徳科の目標や内容、内容の取扱いで重点化を図ることとしている事項等を踏まえて示している別紙４を参考にして、項目を適切に設定する。また、各学校において、自らの教育目標に沿って項目を追加できるようにする。

各学校における評価に当たっては、各項目の趣旨に照らして十分満足できる状況にあると判断される場合に、○印を記入する。

特別支援学校（知的障害）中学部における行動の記録については、中学校及び特別支援学校（視覚障害、聴覚障害、肢体不自由又は病弱）中学部における行動の記録に関する考え方を参考にしながら文章で端的に記述する。

7　総合所見及び指導上参考となる諸事項

中学校等における総合所見及び指導上参考となる諸事項については、生徒の成長の状況を総合的にとらえるため、以下の事項等を文章で箇条書き等により端的に記述すること。特に【５】のうち、生徒の特徴・特技や学校外の活動等については、今後の学習指導等を進めていく上で必要な情報に精選して記述する。

【１】 各教科や総合的な学習の時間の学習に関する所見

【２】 特別活動に関する事実及び所見

【３】 行動に関する所見

【４】 進路指導に関する事項

【５】 生徒の特徴・特技、部活動、学校内外におけるボランティア活動など社会奉仕体験活動、表彰を受けた行為や活動、学力について標準化された検査の結果等指導上参考となる諸事項

【６】 生徒の成長の状況にかかわる総合的な所見

記入に際しては、生徒の優れている点や長所、進歩の状況などを取り上げることに留意する。ただし、生徒の努力を要する点などについても、そ

の後の指導において特に配慮を要するものがあれば端的に記入する。

さらに、障害のある生徒や日本語の習得に困難のある生徒のうち、通級による指導を受けている生徒については、通級による指導を受けた学校名、通級による指導の授業時数、指導期間、指導の内容や結果等を端的に記入する。通級による指導の対象となっていない生徒で、教育上特別な支援を必要とする場合については、必要に応じ、効果があったと考えられる指導方法や配慮事項を端的に記入する。なお、これらの生徒について個別の指導計画を作成している場合において当該指導計画に上記にかかわる記載がなされている場合には、その写しを指導要録の様式に添付することをもって指導要録への記入に替えることも可能である。

特別支援学校中学部においては、交流及び共同学習を実施している生徒について、その相手先の学校名や学級名、実施期間、実施した内容や成果等を端的に記入する。

8　入学時の障害の状態

特別支援学校中学部における入学時の障害の状態について、障害の種類及び程度等を記入する。

9　出欠の記録

以下の事項を記入する。

（1）授業日数

生徒の属する学年について授業を実施した年間の総日数を記入する。学校保健安全法第20条の規定に基づき、臨時に、学校の全部又は学年の全部の休業を行うこととした日数は授業日数には含めない。

この授業日数は、原則として、同一学年のすべての生徒につき同日数とすることが適当である。ただし、転学又は退学等をした生徒については、転学のため学校を去った日又は退学等をした日までの授業日数を記入し、転入学又は編入学等をした生徒については、転入学又は編入学等をした日以後の授業日数を記入する。

（2）出席停止・忌引等の日数

以下の日数を合算して記入する。

【1】 学校教育法第35条による出席停止日数、学校保健安全法第19条による出席停止日数並びに感染症の予防及び感染症の患者に対する医療に関する法律第19条、第20条、第26条及び第46条による入院の場合の日数

【2】 学校保健安全法第20条により、臨時に学年の中の一部の休業を行った場合の日数

【3】 忌引日数

【4】 非常変災等生徒又は保護者の責任に帰すことのできない事由で欠席した場合などで、校長が出席しなくてもよいと認めた日数

【5】 選抜のための学力検査の受検その他教育上特に必要な場合で、校長が出席しなくてもよいと認めた日数

（3）出席しなければならない日数

授業日数から出席停止・忌引等の日数を差し引いた日数を記入する。

（4）欠席日数

出席しなければならない日数のうち病気又はその他の事故で生徒が欠席した日数を記入する。

（5）出席日数

出席しなければならない日数から欠席日数を差し引いた日数を記入する。

なお、学校の教育活動の一環として生徒が運動や文化などにかかわる行事等に参加したものと校長が認める場合には、指導要録の出欠の記録においては出席扱いとすることができる。

（6）備　考

出席停止・忌引等の日数に関する特記事項、欠席理由の主なもの、遅刻、早退等の状況その他の出欠に関する特記事項等を記入する。

〔別紙３〕 高等学校及び特別支援学校高等部の指導要録に記載する事項等　（略）

〔別紙4〕 各教科等・各学年等の評価の観点等及びその趣旨
（小学校及び特別支援学校小学部並びに中学校及び特別支援学校中学部）

1－1．小学校及び特別支援学校（視覚障害、聴覚障害、肢体不自由又は病弱）小学部並びに中学校及び特別支援学校（視覚障害、聴覚障害、肢体不自由又は病弱）中学部における各教科の学習の記録

国語

（1）評価の観点及びその趣旨

〈小学校　国語〉

観点	知識・技能	思考・判断・表現	主体的に学習に取り組む態度
趣旨	日常生活に必要な国語について、その特質を理解し適切に使っている。	「話すこと・聞くこと」、「書くこと」、「読むこと」の各領域において、日常生活における人との関わりの中で伝え合う力を高め、自分の思いや考えを広げている。	言葉を通じて積極的に人と関わったり、思いや考えを広げたりしながら、言葉がもつよさを認識しようとしているとともに、言語感覚を養い、言葉をよりよく使おうとしている。

〈中学校　国語〉

観点	知識・技能	思考・判断・表現	主体的に学習に取り組む態度
趣旨	社会生活に必要な国語について、その特質を理解し適切に使っている。	「話すこと・聞くこと」、「書くこと」、「読むこと」の各領域において、社会生活における人との関わりの中で伝え合う力を高め、自分の思いや考えを広げたり深めたりしている。	言葉を通じて積極的に人と関わったり、思いや考えを深めたりしながら、言葉がもつ価値を認識しようとしているとともに、言語感覚を豊かにし、言葉を適切に使おうとしている。

（2）学年別の評価の観点の趣旨

〈小学校　国語〉

学年＼観点	知識・技能	思考・判断・表現	主体的に学習に取り組む態度
第1学年及び第2学年	日常生活に必要な国語の知識や技能を身に付けているとともに、我が国の言語文化に親しんだり理解したりしている。	「話すこと・聞くこと」、「書くこと」、「読むこと」の各領域において、順序立てて考える力や感じたり想像したりする力を養い、日常生活における人との関わりの中で伝え合う力を高め、自分の思いや考えをもっている。	言葉を通じて積極的に人と関わったり、思いや考えをもったりしながら、言葉がもつよさを感じようとしているとともに、楽しんで読書をし、言葉をよりよく使おうとしている。
第3学年及び第4学年	日常生活に必要な国語の知識や技能を身に付けているとともに、我が国の言語文化に親しんだり理解したりしている。	「話すこと・聞くこと」、「書くこと」、「読むこと」の各領域において、筋道立てて考える力や豊かに感じたり想像したりする力を養い、日常生活における人との関わりの中で伝え合う力を高め、自分の思いや考えをまとめている。	言葉を通じて積極的に人と関わったり、思いや考えをまとめたりしながら、言葉がもつよさに気付こうとしているとともに、幅広く読書をし、言葉をよりよく使おうとしている。

第5学年及び第6学年	日常生活に必要な国語の知識や技能を身に付けているとともに、我が国の言語文化に親しんだり理解したりしている。	「話すこと・聞くこと」、「書くこと」、「読むこと」の各領域において、筋道立てて考える力や豊かに感じたり想像したりする力を養い、日常生活における人との関わりの中で伝え合う力を高め、自分の思いや考えを広げている。	言葉を通じて積極的に人と関わったり、思いや考えを広げたりしながら、言葉がもつよさを認識しようとしているとともに、進んで読書をし、言葉をよりよく使おうとしている。

〈中学校　国語〉

観点／学年	知識・技能	思考・判断・表現	主体的に学習に取り組む態度
第1学年	社会生活に必要な国語の知識や技能を身に付けているとともに、我が国の言語文化に親しんだり理解したりしている。	「話すこと・聞くこと」、「書くこと」、「読むこと」の各領域において、筋道立てて考える力や豊かに感じたり想像したりする力を養い、日常生活における人との関わりの中で伝え合う力を高め、自分の思いや考えを確かなものにしている。	言葉を通じて積極的に人と関わったり、思いや考えを確かなものにしたりしながら、言葉がもつ価値に気付こうとしているとともに、進んで読書をし、言葉を適切に使おうとしている。
第2学年	社会生活に必要な国語の知識や技能を身に付けているとともに、我が国の言語文化に親しんだり理解したりしている。	「話すこと・聞くこと」、「書くこと」、「読むこと」の各領域において、論理的に考える力や共感したり想像したりする力を養い、社会生活における人との関わりの中で伝え合う力を高め、自分の思いや考えを広げたり深めたりしている。	言葉を通じて積極的に人と関わったり、思いや考えを広げたり深めたりしながら、言葉がもつ価値を認識しようとしているとともに、読書を生活に役立て、言葉を適切に使おうとしている。
第3学年	社会生活に必要な国語の知識や技能を身に付けているとともに、我が国の言語文化に親しんだり理解したりしている。	「話すこと・聞くこと」、「書くこと」、「読むこと」の各領域において、論理的に考える力や深く共感したり豊かに想像したりする力を養い、社会生活における人との関わりの中で伝え合う力を高め、自分の思いや考えを広げたり深めたりしている。	言葉を通じて積極的に人と関わったり、思いや考えを広げたり深めたりしながら、言葉がもつ価値を認識しようとしているとともに、読書を通して自己を向上させ、言葉を適切に使おうとしている。

社　会

（1）評価の観点及びその趣旨

〈小学校　社会〉

観点	知識・技能	思考・判断・表現	主体的に学習に取り組む態度
趣旨	地域や我が国の国土の地理的環境、現代社会の仕組みや働き、地域や我が国の歴史や伝統と文化を通して社会生活について理解しているとともに、様々な資料や調査活動を通して情報を適切に調べまとめている。	社会的事象の特色や相互の関連、意味を多角的に考えたり、社会に見られる課題を把握して、その解決に向けて社会への関わり方を選択・判断したり、考えたことや選択・判断したことを適切に表現したりしている。	社会的事象について、国家及び社会の担い手として、よりよい社会を考え主体的に問題解決しようとしている。

〈中学校　社会〉

観点	知識・技能	思考・判断・表現	主体的に学習に取り組む態度
趣旨	我が国の国土と歴史、現代の政治、経済、国際関係等に関して理解しているとともに、調査や諸資料から様々な情報を効果的に調べまとめている。	社会的事象の意味や意義、特色や相互の関連を多面的・多角的に考察したり、社会に見られる課題の解決に向けて選択・判断したり、思考・判断したことを説明したり、それらを基に議論したりしている。	社会的事象について、国家及び社会の担い手として、よりよい社会の実現を視野に課題を主体的に解決しようとしている。

（2）学年・分野別の評価の観点の趣旨

〈小学校　社会〉

学年＼観点	知識・技能	思考・判断・表現	主体的に学習に取り組む態度
第3学年	身近な地域や市区町村の地理的環境、地域の安全を守るための諸活動や地域の産業と消費生活の様子、地域の様子の移り変わりについて、人々の生活との関連を踏まえて理解しているとともに、調査活動、地図帳や各種の具体的資料を通して、必要な情報を調べまとめている。	地域における社会的事象の特色や相互の関連、意味を考えたり、社会に見られる課題を把握して、その解決に向けて社会への関わり方を選択・判断したり、考えたことや選択・判断したことを表現したりしている。	地域における社会的事象について、地域社会に対する誇りと愛情をもつ地域社会の将来の担い手として、主体的に問題解決しようとしたり、よりよい社会を考え学習したことを社会生活に生かそうとしたりしている。
第4学年	自分たちの都道府県の地理的環境の特色、地域の人々の健康と生活環境を支える働きや自然災害から地域の安全を守るための諸活動、地域の伝統と文化や地域の発展に尽くした先人の働きなどついて、人々の生活との関連を踏まえて理解しているとともに、調査活動、地図帳や各種の具体的資料を通して、必要な情報を調べまとめている。	地域における社会的事象の特色や相互の関連、意味を考えたり、社会に見られる課題を把握して、その解決に向けて社会への関わり方を選択・判断したり、考えたことや選択・判断したことを表現したりしている。	地域における社会的事象について、地域社会に対する誇りと愛情をもつ地域社会の将来の担い手として、主体的に問題解決しようとしたり、よりよい社会を考え学習したことを社会生活に生かそうとしたりしている。
第5学年	我が国の国土の地理的環境の特色や産業の現状、社会の情報化と産業の関わりについて、国民生活との関連を踏まえて理解しているとともに、地図帳や地球儀、統計などの各種の基礎的資料を通して、情報を適切に調べまとめている。	我が国の国土や産業の様子に関する社会的事象の特色や相互の関連、意味を多角的に考えたり、社会に見られる課題を把握して、その解決に向けて社会への関わり方を選択・判断したり、考えたことや選択・判断したことを説明したり、それらを基に議論したりしている。	我が国の国土や産業の様子に関する社会的事象について、我が国の国土に対する愛情をもち産業の発展を願う国家及び社会の将来の担い手として、主体的に問題解決しようとしたり、よりよい社会を考え学習したことを社会生活に生かそうとしたりしている。

第6学年	我が国の政治の考え方と仕組みや働き、国家及び社会の発展に大きな働きをした先人の業績や優れた文化遺産、我が国と関係の深い国の生活やグローバル化する国際社会における我が国の役割について理解しているとともに、地図帳や地球儀、統計や年表などの各種の基礎的資料を通して、情報を適切に調べまとめている。	我が国の政治と歴史及び国際理解に関する社会的事象の特色や相互の関連、意味を多角的に考えたり、社会に見られる課題を把握して、その解決に向けて社会への関わり方を選択・判断したり、考えたことや選択・判断したことを説明したり、それらを基に議論したりしている。	我が国の政治と歴史及び国際理解に関する社会的事象について、我が国の歴史や伝統を大切にして国を愛する心情をもち平和を願い世界の国々の人々と共に生きることを大切にする国家及び社会の将来の担い手として、主体的に問題解決しようとしたり、よりよい社会を考え学習したことを社会生活に生かそうとしたりしている。

〈中学校　社会〉

観点 学年	知識・技能	思考・判断・表現	主体的に学習に取り組む態度
地理的分野	我が国の国土及び世界の諸地域に関して、地域の諸事象や地域的特色を理解しているとともに、調査や諸資料から地理に関する様々な情報を効果的に調べまとめている。	地理に関わる事象の意味や意義、特色や相互の関連を、位置や分布、場所、人間と自然環境との相互依存関係、空間的相互依存作用、地域などに着目して、多面的・多角的に考察したり、地理的な課題の解決に向けて公正に選択・判断したり、思考・判断したことを説明したり、それらを基に議論したりしている。	日本や世界の地域に関わる諸事象について、国家及び社会の担い手として、よりよい社会の実現を視野にそこで見られる課題を主体的に追究、解決しようとしている。
歴史的分野	我が国の歴史の大きな流れを、世界の歴史を背景に、各時代の特色を踏まえて理解しているとともに、諸資料から歴史に関する様々な情報を効果的に調べまとめている。	歴史に関わる事象の意味や意義、伝統と文化の特色などを、時期や年代、推移、比較、相互の関連や現在とのつながりなどに着目して多面的・多角的に考察したり、歴史に見られる課題を把握し複数の立場や意見を踏まえて公正に選択・判断したり、思考・判断したことを説明したり、それらを基に議論したりしている。	歴史に関わる諸事象について、国家及び社会の担い手として、よりよい社会の実現を視野にそこで見られる課題を主体的に追究、解決しようとしている。
公民的分野	個人の尊厳と人権の尊重の意義、特に自由・権利と責任・義務との関係を広い視野から正しく認識し、民主主義、民主政治の意義、国民の生活の向上と経済活動との関わり、現代の社会生活及び国際関係などについて、個人と社会との関わりを中心に理解を深めているとともに、諸資料から現代の社会的事象に関する情報を効果的に調べまとめている。	社会的事象の意味や意義、特色や相互の関連を現代の社会生活と関連付けて多面的・多角的に考察したり、現代社会に見られる課題について公正に判断したり、思考・判断したことを説明したり、それらを基に議論したりしている。	現代の社会的事象について、国家及び社会の担い手として、現代社会に見られる課題の解決を視野に主体的に社会に関わろうとしている。

算数・数学

（1）評価の観点及びその趣旨

〈小学校　算数〉

観点	知識・技能	思考・判断・表現	主体的に学習に取り組む態度
趣旨	・数量や図形などについての基礎的・基本的な概念や性質などを理解している。 ・日常の事象を数理的に処理する技能を身に付けている。	日常の事象を数理的に捉え、見通しをもち筋道を立てて考察する力、基礎的・基本的な数量や図形の性質などを見いだし統合的・発展的に考察する力、数学的な表現を用いて事象を簡潔・明瞭・的確に表したり目的に応じて柔軟に表したりする力を身に付けている。	数学的活動の楽しさや数学のよさに気付き粘り強く考えたり、学習を振り返ってよりよく問題解決しようとしたり、算数で学んだことを生活や学習に活用しようとしたりしている。

〈中学校　数学〉

観点	知識・技能	思考・判断・表現	主体的に学習に取り組む態度
趣旨	・数量や図形などについての基礎的な概念や原理・法則などを理解している。 ・事象を数学化したり、数学的に解釈したり、数学的に表現・処理したりする技能を身に付けている。	数学を活用して事象を論理的に考察する力、数量や図形などの性質を見いだし統合的・発展的に考察する力、数学的な表現を用いて事象を簡潔・明瞭・的確に表現する力を身に付けている。	数学的活動の楽しさや数学のよさを実感して粘り強く考え、数学を生活や学習に生かそうとしたり、問題解決の過程を振り返って評価・改善しようとしたりしている。

（2）学年別の評価の観点の趣旨

〈小学校　算数〉

学年＼観点	知識・技能	思考・判断・表現	主体的に学習に取り組む態度
第1学年	・数の概念とその表し方及び計算の意味を理解し、量、図形及び数量の関係についての理解の基礎となる経験を積み重ね、数量や図形についての感覚を豊かにしている。 ・加法及び減法の計算をしたり、形を構成したり、身の回りにある量の大きさを比べたり、簡単な絵や図などに表したりすることなどについての技能を身に付けている。	ものの数に着目し、具体物や図などを用いて数の数え方や計算の仕方を考える力、ものの形に着目して特徴を捉えたり、具体的な操作を通して形の構成について考えたりする力、身の回りにあるものの特徴を量に着目して捉え、量の大きさの比べ方を考える力、データの個数に着目して身の回りの事象の特徴を捉える力などを身に付けている。	数量や図形に親しみ、算数で学んだことのよさや楽しさを感じながら学ぼうとしている。

第2学年	・数の概念についての理解を深め、計算の意味と性質、基本的な図形の概念、量の概念、簡単な表とグラフなどについて理解し、数量や図形についての感覚を豊かにしている。 ・加法、減法及び乗法の計算をしたり、図形を構成したり、長さやかさなどを測定したり、表やグラフに表したりすることなどについての技能を身に付けている。	数とその表現や数量の関係に着目し、必要に応じて具体物や図などを用いて数の表し方や計算の仕方などを考察する力、平面図形の特徴を図形を構成する要素に着目して捉えたり、身の回りの事象を図形の性質から考察したりする力、身の回りにあるものの特徴を量に着目して捉え、量の単位を用いて的確に表現する力、身の回りの事象をデータの特徴に着目して捉え、簡潔に表現したり考察したりする力などを身に付けている。	数量や図形に進んで関わり、数学的に表現・処理したことを振り返り、数理的な処理のよさに気付き生活や学習に活用しようとしている。
第3学年	・数の表し方、整数の計算の意味と性質、小数及び分数の意味と表し方、基本的な図形の概念、量の概念、棒グラフなどについて理解し、数量や図形についての感覚を豊かにしている。 ・整数などの計算をしたり、図形を構成したり、長さや重さなどを測定したり、表やグラフに表したりすることなどについての技能を身に付けている。	数とその表現や数量の関係に着目し、必要に応じて具体物や図などを用いて数の表し方や計算の仕方などを考察する力、平面図形の特徴を図形を構成する要素に着目して捉えたり、身の回りの事象を図形の性質から考察したりする力、身の回りにあるものの特徴を量に着目して捉え、量の単位を用いて的確に表現する力、身の回りの事象をデータの特徴に着目して捉え、簡潔に表現したり適切に判断したりする力などを身に付けている。	数量や図形に進んで関わり、数学的に表現・処理したことを振り返り、数理的な処理のよさに気付き生活や学習に活用しようとしている。
第4学年	・小数及び分数の意味と表し方、四則の関係、平面図形と立体図形、面積、角の大きさ、折れ線グラフなどについて理解している。 ・整数、小数及び分数の計算をしたり、図形を構成したり、図形の面積や角の大きさを求めたり、表やグラフに表したりすることなどについての技能を身に付けている。	数とその表現や数量の関係に着目し、目的に合った表現方法を用いて計算の仕方などを考察する力、図形を構成する要素及びそれらの位置関係に着目し、図形の性質や図形の計量について考察する力、伴って変わる二つの数量やそれらの関係に着目し、変化や対応の特徴を見いだして、二つの数量の関係を表や式を用いて考察する力、目的に応じてデータを収集し、データの特徴や傾向に着目して表やグラフに的確に表現し、それらを用いて問題解決したり、解決の過程や結果を多面的に捉え考察したりする力などを身に付けている。	数学的に表現・処理したことを振り返り、多面的に捉え検討してよりよいものを求めて粘り強く考えたり、数学のよさに気付き学習したことを生活や学習に活用しようとしたりしている。

第5学年	・整数の性質、分数の意味、小数と分数の計算の意味、面積の公式、図形の意味と性質、図形の体積、速さ、割合、帯グラフなどについて理解している。 ・小数や分数の計算をしたり、図形の性質を調べたり、図形の面積や体積を求めたり、表やグラフに表したりすることなどについての技能を身に付けている。	数とその表現や計算の意味に着目し、目的に合った表現方法を用いて数の性質や計算の仕方などを考察する力、図形を構成する要素や図形間の関係などに着目し、図形の性質や図形の計量について考察する力、伴って変わる二つの数量やそれらの関係に着目し、変化や対応の特徴を見いだして、二つの数量の関係を表や式を用いて考察する力、目的に応じてデータを収集し、データの特徴や傾向に着目して表やグラフに的確に表現し、それらを用いて問題解決したり、解決の過程や結果を多面的に捉え考察したりする力などを身に付けている。	数学的に表現・処理したことを振り返り、多面的に捉え検討してよりよいものを求めて粘り強く考えたり、数学のよさに気付き学習したことを生活や学習に活用しようとしたりしている。
第6学年	・分数の計算の意味、文字を用いた式、図形の意味、図形の体積、比例、度数分布を表す表などについて理解している。 ・分数の計算をしたり、図形を構成したり、図形の面積や体積を求めたり、表やグラフに表したりすることなどについての技能を身に付けている。	数とその表現や計算の意味に着目し、発展的に考察して問題を見いだすとともに、目的に応じて多様な表現方法を用いながら数の表し方や計算の仕方などを考察する力、図形を構成する要素や図形間の関係などに着目し、図形の性質や図形の計量について考察する力、伴って変わる二つの数量やそれらの関係に着目し、変化や対応の特徴を見いだして、二つの数量の関係を表や式、グラフを用いて考察する力、身の回りの事象から設定した問題について、目的に応じてデータを収集し、データの特徴や傾向に着目して適切な手法を選択して分析を行い、それらを用いて問題解決したり、解決の過程や結果を批判的に考察したりする力などを身に付けている。	数学的に表現・処理したことを振り返り、多面的に捉え検討してよりよいものを求めて粘り強く考えたり、数学のよさに気付き学習したことを生活や学習に活用しようとしたりしている。

〈中学校　数学〉

観点 学年	知識・技能	思考・判断・表現	主体的に学習に取り組む態度
第1学年	・正の数と負の数、文字を用いた式と一元一次方程式、平面図形と空間図形、比例と反比例、データの分布と確率などについての基礎的な概念や原理・法則などを理解している。 ・事象を数理的に捉えたり、数学的に解釈したり、数学的に表現・処理したりする技能を身に付けている。	数の範囲を拡張し、数の性質や計算について考察したり、文字を用いて数量の関係や法則などを考察したりする力、図形の構成要素や構成の仕方に着目し、図形の性質や関係を直観的に捉え論理的に考察する力、数量の変化や対応に着目して関数関係を見いだし、その特徴を表、式、グラフなどで考察する力、データの分布に着目し、その傾向を読み取り批判的に考察して判断したり、不確定な事象の起こりやすさについて考察したりする力を身に付けている。	数学的活動の楽しさや数学のよさに気付いて粘り強く考え、数学を生活や学習に生かそうとしたり、問題解決の過程を振り返って検討しようとしたり、多面的に捉え考えようとしたりしている。
第2学年	・文字を用いた式と連立二元一次方程式、平面図形と数学的な推論、一次関数、データの分布と確率などについての基礎的な概念や原理・法則などを理解している。 ・事象を数学化したり、数学的に解釈したり、数学的に表現・処理したりする技能を身に付けている。	文字を用いて数量の関係や法則などを考察する力、数学的な推論の過程に着目し、図形の性質や関係を論理的に考察し表現する力、関数関係に着目し、その特徴を表、式、グラフを相互に関連付けて考察する力、複数の集団のデータの分布に着目し、その傾向を比較して読み取り批判的に考察して判断したり、不確定な事象の起こりやすさについて考察したりする力を身に付けている。	数学的活動の楽しさや数学のよさを実感して粘り強く考え、数学を生活や学習に生かそうとしたり、問題解決の過程を振り返って評価・改善しようとしたり、多様な考えを認め、よりよく問題解決しようとしたりしている。
第3学年	・数の平方根、多項式と二次方程式、図形の相似、円周角と中心角の関係、三平方の定理、関数 $y=ax^2$、標本調査などについての基礎的な概念や原理・法則などを理解している。 ・事象を数学化したり、数学的に解釈したり、数学的に表現・処理したりする技能を身に付けている。	数の範囲に着目し、数の性質や計算について考察したり、文字を用いて数量の関係や法則などを考察したりする力、図形の構成要素の関係に着目し、図形の性質や計量について論理的に考察し表現する力、関数関係に着目し、その特徴を表、式、グラフを相互に関連付けて考察する力、標本と母集団の関係に着目し、母集団の傾向を推定し判断したり、調査の方法や結果を批判的に考察したりする力を身に付けている。	数学的活動の楽しさや数学のよさを実感して粘り強く考え、数学を生活や学習に生かそうとしたり、問題解決の過程を振り返って評価・改善しようとしたり、多様な考えを認め、よりよく問題解決しようとしたりしている。

理　科

（1）評価の観点及びその趣旨

〈小学校　理科〉

観点	知識・技能	思考・判断・表現	主体的に学習に取り組む態度
趣旨	自然の事物・現象についての性質や規則性などについて理解しているとともに、器具や機器などを目的に応じて工夫して扱いながら観察、実験などを行い、それらの過程や得られた結果を適切に記録している。	自然の事物・現象から問題を見いだし、見通しをもって観察、実験などを行い、得られた結果を基に考察し、それらを表現するなどして問題解決している。	自然の事物・現象に進んで関わり、粘り強く、他者と関わりながら問題解決しようとしているとともに、学んだことを学習や生活に生かそうとしている。

〈中学校　理科〉

観点	知識・技能	思考・判断・表現	主体的に学習に取り組む態度
趣旨	自然の事物・現象についての基本的な概念や原理・法則などを理解しているとともに、科学的に探究するために必要な観察、実験などに関する基本操作や記録などの基本的な技能を身に付けている。	自然の事物・現象から問題を見いだし、見通しをもって観察、実験などを行い、得られた結果を分析して解釈し、表現するなど、科学的に探究している。	自然の事物・現象に進んで関わり、見通しをもったり振り返ったりするなど、科学的に探究しようとしている。

（2）学年・分野別の評価の観点の趣旨

〈小学校　理科〉【平成31年４月４日一部修正】

学年＼観点	知識・技能	思考・判断・表現	主体的に学習に取り組む態度
第3学年	物の性質、風とゴムの力の働き、光と音の性質、磁石の性質、電気の回路、身の回りの生物及び太陽と地面の様子について理解しているとともに、器具や機器などを正しく扱いながら調べ、それらの過程や得られた結果を分かりやすく記録している。	物の性質、風とゴムの力の働き、光と音の性質、磁石の性質、電気の回路、身の回りの生物及び太陽と地面の様子について、観察、実験などを行い、主に差異点や共通点を基に、問題を見いだし、表現するなどして問題解決している。	物の性質、風とゴムの力の働き、光と音の性質、磁石の性質、電気の回路、身の回りの生物及び太陽と地面の様子についての事物・現象に進んで関わり、他者と関わりながら問題解決しようとしているとともに、学んだことを学習や生活に生かそうとしている。
第4学年	空気、水及び金属の性質、電流の働き、人の体のつくりと運動、動物の活動や植物の成長と環境との関わり、雨水の行方と地面の様子、気象現象及び月や星について理解しているとともに、器具や機器などを正しく扱いながら調べ、それらの過程や得られた結果を分かりやすく記録している。	空気、水及び金属の性質、電流の働き、人の体のつくりと運動、動物の活動や植物の成長と環境との関わり、雨水の行方と地面の様子、気象現象及び月や星について、観察、実験などを行い、主に既習の内容や生活経験を基に、根拠のある予想や仮説を発想し、表現するなどして問題解決している。	空気、水及び金属の性質、電流の働き、人の体のつくりと運動、動物の活動や植物の成長と環境との関わり、雨水の行方と地面の様子、気象現象及び月や星についての事物・現象に進んで関わり、他者と関わりながら問題解決しようとしているとともに、学んだことを学習や生活に生かそうとしている。

第5学年	物の溶け方、振り子の運動、電流がつくる磁力、生命の連続性、流れる水の働き及び気象現象の規則性について理解しているとともに、観察、実験などの目的に応じて、器具や機器などを選択して、正しく扱いながら調べ、それらの過程や得られた結果を適切に記録している。	物の溶け方、振り子の運動、電流がつくる磁力、生命の連続性、流れる水の働き及び気象現象の規則性について、観察、実験などを行い、主に予想や仮説を基に、解決の方法を発想し、表現するなどして問題解決している。	物の溶け方、振り子の運動、電流がつくる磁力、生命の連続性、流れる水の働き及び気象現象の規則性についての事物・現象に進んで関わり、粘り強く、他者と関わりながら問題解決しようとしているとともに、学んだことを学習や生活に生かそうとしている。
第6学年	燃焼の仕組み、水溶液の性質、てこの規則性、電気の性質や働き、生物の体のつくりと働き、生物と環境との関わり、土地のつくりと変化及び月の形の見え方と太陽との位置関係について理解しているとともに、観察、実験などの目的に応じて、器具や機器などを選択して、正しく扱いながら調べ、それらの過程や得られた結果を適切に記録している。	燃焼の仕組み、水溶液の性質、てこの規則性、電気の性質や働き、生物の体のつくりと働き、生物と環境との関わり、土地のつくりと変化及び月の形の見え方と太陽との位置関係について、観察、実験などを行い、主にそれらの仕組みや性質、規則性、働き、関わり、変化及び関係について、より妥当な考えをつくりだし、表現するなどして問題解決している。	燃焼の仕組み、水溶液の性質、てこの規則性、電気の性質や働き、生物の体のつくりと働き、生物と環境との関わり、土地のつくりと変化及び月の形の見え方と太陽との位置関係についての事物・現象に進んで関わり、粘り強く、他者と関わりながら問題解決しようとしているとともに、学んだことを学習や生活に生かそうとしている。

〈中学校　理科〉

観点／学年	知識・技能	思考・判断・表現	主体的に学習に取り組む態度
第1分野	物質やエネルギーに関する事物・現象についての基本的な概念や原理・法則などを理解しているとともに、科学的に探究するために必要な観察、実験などに関する基本操作や記録などの基本的な技能を身に付けている。	物質やエネルギーに関する事物・現象から問題を見いだし、見通しをもって観察、実験などを行い、得られた結果を分析して解釈し、表現するなど、科学的に探究している。	物質やエネルギーに関する事物・現象に進んで関わり、見通しをもったり振り返ったりするなど、科学的に探究しようとしている。
第2分野	生命や地球に関する事物・現象についての基本的な概念や原理・法則などを理解しているとともに、科学的に探究するために必要な観察、実験などに関する基本操作や記録などの基本的な技能を身に付けている。	生命や地球に関する事物・現象から問題を見いだし、見通しをもって観察、実験などを行い、得られた結果を分析して解釈し、表現するなど、科学的に探究している。	生命や地球に関する事物・現象に進んで関わり、見通しをもったり振り返ったりするなど、科学的に探究しようとしている。

生　活

（1）評価の観点及びその趣旨

〈小学校　生活〉

観点	知識・技能	思考・判断・表現	主体的に学習に取り組む態度
趣旨	活動や体験の過程において、自分自身、身近な人々、社会及び自然の特徴やよさ、それらの関わり等に気付いているとともに、生活上必要な習慣や技能を身に付けている。	身近な人々、社会及び自然を自分との関わりで捉え、自分自身や自分の生活について考え、表現している。	身近な人々、社会及び自然に自ら働きかけ、意欲や自信をもって学ぼうとしたり、生活を豊かにしたりしようとしている。

音　楽

(1) 評価の観点及びその趣旨

〈小学校　音楽〉

観点	知識・技能	思考・判断・表現	主体的に学習に取り組む態度
趣旨	・曲想と音楽の構造などとの関わりについて理解している。 ・表したい音楽表現をするために必要な技能を身に付け、歌ったり、演奏したり、音楽をつくったりしている。	音楽を形づくっている要素を聴き取り、それらの働きが生み出すよさや面白さ、美しさを感じ取りながら、聴き取ったことと感じ取ったこととの関わりについて考え、どのように表すかについて思いや意図をもったり、曲や演奏のよさなどを見いだし、音楽を味わって聴いたりしている。	音や音楽に親しむことができるよう、音楽活動を楽しみながら主体的・協働的に表現及び鑑賞の学習活動に取り組もうとしている。

〈中学校　音楽〉

観点	知識・技能	思考・判断・表現	主体的に学習に取り組む態度
趣旨	・曲想と音楽の構造や背景などとの関わり及び音楽の多様性について理解している。 ・創意工夫を生かした音楽表現をするために必要な技能を身に付け、歌唱、器楽、創作で表している。	音楽を形づくっている要素や要素同士の関連を知覚し、それらの働きが生み出す特質や雰囲気を感受しながら、知覚したことと感受したこととの関わりについて考え、どのように表すかについて思いや意図をもったり、音楽を評価しながらよさや美しさを味わって聴いたりしている。	音や音楽、音楽文化に親しむことができるよう、音楽活動を楽しみながら主体的・協働的に表現及び鑑賞の学習活動に取り組もうとしている。

(2) 学年別の評価の観点の趣旨

〈小学校　音楽〉

観点 学年	知識・技能	思考・判断・表現	主体的に学習に取り組む態度
第1学年及び第2学年	・曲想と音楽の構造などとの関わりについて気付いている。 ・音楽表現を楽しむために必要な技能を身に付け、歌ったり、演奏したり、音楽をつくったりしている。	音楽を形づくっている要素を聴き取り、それらの働きが生み出すよさや面白さ、美しさを感じ取りながら、聴き取ったことと感じ取ったこととの関わりについて考え、どのように表すかについて思いをもったり、曲や演奏の楽しさを見いだし、音楽を味わって聴いたりしている。	音や音楽に親しむことができるよう、音楽活動を楽しみながら主体的・協働的に表現及び鑑賞の学習活動に取り組もうとしている。
第3学年及び第4学年	・曲想と音楽の構造などとの関わりについて気付いている。 ・表したい音楽表現をするために必要な技能を身に付け、歌ったり、演奏したり、音楽をつくったりしている。	音楽を形づくっている要素を聴き取り、それらの働きが生み出すよさや面白さ、美しさを感じ取りながら、聴き取ったことと感じ取ったこととの関わりについて考え、どのように表すかについて思いや意図をもったり、曲や演奏のよさなどを見いだし、音楽を味わって聴いたりしている。	音や音楽に親しむことができるよう、音楽活動を楽しみながら主体的・協働的に表現及び鑑賞の学習活動に取り組もうとしている。

第5学年及び第6学年	・曲想と音楽の構造などとの関わりについて理解している。 ・表したい音楽表現をするために必要な技能を身に付け、歌ったり、演奏したり、音楽をつくったりしている。	音楽を形づくっている要素を聴き取り、それらの働きが生み出すよさや面白さ、美しさを感じ取りながら、聴き取ったことと感じ取ったこととの関わりについて考え、どのように表すかについて思いや意図をもったり、曲や演奏のよさなどを見いだし、音楽を味わって聴いたりしている。	音や音楽に親しむことができるよう、音楽活動を楽しみながら主体的・協働的に表現及び鑑賞の学習活動に取り組もうとしている。

〈中学校　音楽〉

観点／学年	知識・技能	思考・判断・表現	主体的に学習に取り組む態度
第1学年	・曲想と音楽の構造などとの関わり及び音楽の多様性について理解している。 ・創意工夫を生かした音楽表現をするために必要な技能を身に付け、歌唱、器楽、創作で表している。	音楽を形づくっている要素や要素同士の関連を知覚し、それらの働きが生み出す特質や雰囲気を感受しながら、知覚したことと感受したこととの関わりについて考え、どのように表すかについて思いや意図をもったり、音楽を自分なりに評価しながらよさや美しさを味わって聴いたりしている。	音や音楽、音楽文化に親しむことができるよう、音楽活動を楽しみながら主体的・協働的に表現及び鑑賞の学習活動に取り組もうとしている。
第2学年及び第3学年	・曲想と音楽の構造や背景などとの関わり及び音楽の多様性について理解している。 ・創意工夫を生かした音楽表現をするために必要な技能を身に付け、歌唱、器楽、創作で表している。	音楽を形づくっている要素や要素同士の関連を知覚し、それらの働きが生み出す特質や雰囲気を感受しながら、知覚したことと感受したこととの関わりについて考え、曲にふさわしい音楽表現としてどのように表すかについて思いや意図をもったり、音楽を評価しながらよさや美しさを味わって聴いたりしている。	音や音楽、音楽文化に親しむことができるよう、音楽活動を楽しみながら主体的・協働的に表現及び鑑賞の学習活動に取り組もうとしている。

図画工作・美術

（1）評価の観点及びその趣旨

〈小学校　図画工作〉

観点	知識・技能	思考・判断・表現	主体的に学習に取り組む態度
趣旨	・対象や事象を捉える造形的な視点について自分の感覚や行為を通して理解している。 ・材料や用具を使い、表し方などを工夫して、創造的につくったり表したりしている。	形や色などの造形的な特徴を基に、自分のイメージをもちながら、造形的なよさや美しさ、表したいこと、表し方などについて考えるとともに、創造的に発想や構想をしたり、作品などに対する自分の見方や感じ方を深めたりしている。	つくりだす喜びを味わい主体的に表現及び鑑賞の学習活動に取り組もうとしている。

〈中学校　美術〉

観点	知識・技能	思考・判断・表現	主体的に学習に取り組む態度
趣旨	・対象や事象を捉える造形的な視点について理解している。 ・表現方法を創意工夫し、創造的に表している。	造形的なよさや美しさ、表現の意図と工夫、美術の働きなどについて考えるとともに、主題を生み出し豊かに発想し構想を練ったり、美術や美術文化に対する見方や感じ方を深めたりしている。	美術の創造活動の喜びを味わい主体的に表現及び鑑賞の幅広い学習活動に取り組もうとしている。

（2）学年別の評価の観点の趣旨

〈小学校　図画工作〉

観点／学年	知識・技能	思考・判断・表現	主体的に学習に取り組む態度
第1学年及び第2学年	・対象や事象を捉える造形的な視点について自分の感覚や行為を通して気付いている。 ・手や体全体の感覚などを働かせ材料や用具を使い、表し方などを工夫して、創造的につくったり表したりしている。	形や色などを基に、自分のイメージをもちながら、造形的な面白さや楽しさ、表したいこと、表し方などについて考えるとともに、楽しく発想や構想をしたり、身の回りの作品などから自分の見方や感じ方を広げたりしている。	つくりだす喜びを味わい楽しく表現したり鑑賞したりする学習活動に取り組もうとしている。
第3学年及び第4学年	・対象や事象を捉える造形的な視点について自分の感覚や行為を通して分かっている。 ・手や体全体を十分に働かせ材料や用具を使い、表し方などを工夫して、創造的につくったり表したりしている。	形や色などの感じを基に、自分のイメージをもちながら、造形的なよさや面白さ、表したいこと、表し方などについて考えるとともに、豊かに発想や構想をしたり、身近にある作品などから自分の見方や感じ方を広げたりしている。	つくりだす喜びを味わい進んで表現したり鑑賞したりする学習活動に取り組もうとしている。
第5学年及び第6学年	・対象や事象を捉える造形的な視点について自分の感覚や行為を通して理解している。 ・材料や用具を活用し、表し方などを工夫して、創造的につくったり表したりしている。	形や色などの造形的な特徴を基に、自分のイメージをもちながら、造形的なよさや美しさ、表したいこと、表し方などについて考えるとともに、創造的に発想や構想をしたり、親しみのある作品などから自分の見方や感じ方を深めたりしている。	つくりだす喜びを味わい主体的に表現したり鑑賞したりする学習活動に取り組もうとしている。

〈中学校　美術〉

観点／学年	知識・技能	思考・判断・表現	主体的に学習に取り組む態度
第1学年	・対象や事象を捉える造形的な視点について理解している。 ・意図に応じて表現方法を工夫して表している。	自然の造形や美術作品などの造形的なよさや美しさ、表現の意図と工夫、機能性と美しさとの調和、美術の働きなどについて考えるとともに、主題を生み出し豊かに発想し構想を練ったり、美術や美術文化に対する見方や感じ方を広げたりしている。	美術の創造活動の喜びを味わい楽しく表現及び鑑賞の学習活動に取り組もうとしている。

第2学年及び第3学年	・対象や事象を捉える造形的な視点について理解している。 ・意図に応じて自分の表現方法を追求し、創造的に表している。	自然の造形や美術作品などの造形的なよさや美しさ、表現の意図と創造的な工夫、機能性と洗練された美しさとの調和、美術の働きなどについて独創的・総合的に考えるとともに、主題を生み出し豊かに発想し構想を練ったり、美術や美術文化に対する見方や感じ方を深めたりしている。	美術の創造活動の喜びを味わい主体的に表現及び鑑賞の学習活動に取り組もうとしている。

家庭、技術・家庭

（1）評価の観点及びその趣旨

〈小学校　家庭〉

観点	知識・技能	思考・判断・表現	主体的に学習に取り組む態度
趣旨	日常生活に必要な家族や家庭、衣食住、消費や環境などについて理解しているとともに、それらに係る技能を身に付けている。	日常生活の中から問題を見いだして課題を設定し、様々な解決方法を考え、実践を評価・改善し、考えたことを表現するなどして課題を解決する力を身に付けている。	家族の一員として、生活をよりよくしようと、課題の解決に主体的に取り組んだり、振り返って改善したりして、生活を工夫し、実践しようとしている。

〈中学校　技術・家庭〉

観点	知識・技能	思考・判断・表現	主体的に学習に取り組む態度
趣旨	生活と技術について理解しているとともに、それらに係る技能を身に付けている。	生活や社会の中から問題を見いだして課題を設定し、解決策を構想し、実践を評価・改善し、表現するなどして課題を解決する力を身に付けている。	よりよい生活の実現や持続可能な社会の構築に向けて、課題の解決に主体的に取り組んだり、振り返って改善したりして、生活を工夫し創造し、実践しようとしている。

（2）分野別の評価の観点の趣旨

〈中学校　技術・家庭（技術分野）〉

観点 / 学年	知識・技能	思考・判断・表現	主体的に学習に取り組む態度
技術分野	生活や社会で利用されている技術について理解しているとともに、それらに係る技能を身に付け、技術と生活や社会、環境との関わりについて理解している。	生活や社会の中から技術に関わる問題を見いだして課題を設定し、解決策を構想し、実践を評価・改善し、表現するなどして課題を解決する力を身に付けている。	よりよい生活や持続可能な社会の構築に向けて、課題の解決に主体的に取り組んだり、振り返って改善したりして、技術を工夫し創造しようとしている。

〈中学校　技術・家庭（家庭分野）〉

観点 / 学年	知識・技能	思考・判断・表現	主体的に学習に取り組む態度
家庭分野	家族・家庭の基本的な機能について理解を深め、生活の自立に必要な家族・家庭、衣食住、消費や環境などについて理解しているとともに、それらに係る技能を身に付けている。	これからの生活を展望し、家族・家庭や地域における生活の中から問題を見いだして課題を設定し、解決策を構想し、実践を評価・改善し、考察したことを論理的に表現するなどして課題を解決する力を身に付けている。	家族や地域の人々と協働し、よりよい生活の実現に向けて、課題の解決に主体的に取り組んだり、振り返って改善したりして、生活を工夫し創造し、実践しようとしている。

体育・保健体育

（1）評価の観点及びその趣旨

〈小学校　体育〉

観点	知識・技能	思考・判断・表現	主体的に学習に取り組む態度
趣旨	各種の運動の行い方について理解しているとともに、基本的な動きや技能を身に付けている。また、身近な生活における健康・安全について実践的に理解しているとともに、基本的な技能を身に付けている。	自己の運動の課題を見付け、その解決のための活動を工夫しているとともに、それらを他者に伝えている。また、身近な生活における健康に関する課題を見付け、その解決を目指して思考し判断しているとともに、それらを他者に伝えている。	運動の楽しさや喜びを味わうことができるよう、運動に進んで取り組もうとしている。また、健康を大切にし、自己の健康の保持増進についての学習に進んで取り組もうとしている。

〈中学校　保健体育〉

観点	知識・技能	思考・判断・表現	主体的に学習に取り組む態度
趣旨	運動の合理的な実践に関する具体的な事項や生涯にわたって運動を豊かに実践するための理論について理解しているとともに、運動の特性に応じた基本的な技能を身に付けている。また、個人生活における健康・安全について科学的に理解しているとともに、基本的な技能を身に付けている。	自己や仲間の課題を発見し、合理的な解決に向けて、課題に応じた運動の取り組み方や目的に応じた運動の組み合わせ方を工夫しているとともに、それらを他者に伝えている。また、個人生活における健康に関する課題を発見し、その解決を目指して科学的に思考し判断しているとともに、それらを他者に伝えている。	運動の楽しさや喜びを味わうことができるよう、運動の合理的な実践に自主的に取り組もうとしている。また、健康を大切にし、自他の健康の保持増進や回復についての学習に自主的に取り組もうとしている。

（2）学年・分野別の評価の観点の趣旨

〈小学校　体育〉

観点／学年	知識・技能	思考・判断・表現	主体的に学習に取り組む態度
第1学年及び第2学年	各種の運動遊びの行い方について知っているとともに、基本的な動きを身に付けている。	各種の運動遊びの行い方を工夫しているとともに、考えたことを他者に伝えている。	各種の運動遊びの楽しさに触れることができるよう、各種の運動遊びに進んで取り組もうとしている。
第3学年及び第4学年	各種の運動の行い方について知っているとともに、基本的な動きや技能を身に付けている。また、健康で安全な生活や体の発育・発達について理解している。	自己の運動の課題を見付け、その解決のための活動を工夫しているとともに、考えたことを他者に伝えている。また、身近な生活における健康の課題を見付け、その解決のための方法を工夫しているとともに、考えたことを他者に伝えている。	各種の運動の楽しさや喜びに触れることができるよう、各種の運動に進んで取り組もうとしている。また、健康の大切さに気付き、自己の健康の保持増進についての学習に進んで取り組もうとしている。

第5学年及び第6学年	各種の運動の行い方について理解しているとともに、各種の運動の特性に応じた基本的な技能を身に付けている。また、心の健康やけがの防止、病気の予防について理解しているとともに、健康で安全な生活を営むための技能を身に付けている。	自己やグループの運動の課題を見付け、その解決のための活動を工夫しているとともに、自己や仲間の考えたことを他者に伝えている。また、身近な健康に関する課題を見付け、その解決のための方法や活動を工夫しているとともに、自己や仲間の考えたことを他者に伝えている。	各種の運動の楽しさや喜びを味わうことができるよう、各種の運動に積極的に取り組もうとしている。また、健康・安全の大切さに気付き、自己の健康の保持増進や回復についての学習に進んで取り組もうとしている。

〈中学校　保健体育〉

分野・学年 ＼ 観点		知識・技能	思考・判断・表現	主体的に学習に取り組む態度
体育分野	第1学年及び第2学年	各運動の特性や成り立ち、技の名称や行い方、伝統的な考え方、各領域に関連して高まる体力、健康・安全の留意点についての具体的な方法及び運動やスポーツの多様性、運動やスポーツの意義や効果と学び方や安全な行い方についての考え方を理解しているとともに、各領域の運動の特性に応じた基本的な技能を身に付けている。	運動を豊かに実践するための自己の課題を発見し、合理的な解決に向けて、課題に応じた運動の取り組み方や目的に応じた運動の組み合わせ方を工夫しているとともに、自己や仲間の考えたことを他者に伝えている。	運動の楽しさや喜びを味わうことができるよう、公正、協力、責任、共生などに対する意欲をもち、健康・安全に留意して、学習に積極的に取り組もうとしている。
体育分野	第3学年	選択した運動の技の名称や行い方、体力の高め方、運動観察の方法、スポーツを行う際の健康・安全の確保の仕方についての具体的な方法及び文化としてのスポーツの意義についての考え方を理解しているとともに、選択した領域の運動の特性に応じた基本的な技能を身に付けている。	生涯にわたって運動を豊かに実践するための自己や仲間の課題を発見し、合理的な解決に向けて、課題に応じた運動の取り組み方や目的に応じた運動の組み合わせ方を工夫しているとともに、自己や仲間の考えたことを他者に伝えている。	運動の楽しさや喜びを味わうことができるよう、公正、協力、責任、参画、共生などに対する意欲をもち、健康・安全を確保して、学習に自主的に取り組もうとしている。
保健分野		健康な生活と疾病の予防、心身の機能の発達と心の健康、傷害の防止、健康と環境について、個人生活を中心として科学的に理解しているとともに、基本的な技能を身に付けている。	健康な生活と疾病の予防、心身の機能の発達と心の健康、傷害の防止、健康と環境について、個人生活における健康に関する課題を発見し、その解決を目指して科学的に思考し判断しているとともに、それらを他者に伝えている。	健康な生活と疾病の予防、心身の機能の発達と心の健康、傷害の防止、健康と環境について、自他の健康の保持増進や回復についての学習に自主的に取り組もうとしている。

外国語

（1）評価の観点及びその趣旨

〈小学校　外国語〉

観点	知識・技能	思考・判断・表現	主体的に学習に取り組む態度
趣旨	・外国語の音声や文字、語彙、表現、文構造、言語の働きなどについて、日本語と外国語との違いに気付き、これらの知識を理解している。 ・読むこと、書くことに慣れ親しんでいる。 ・外国語の音声や文字、語彙、表現、文構造、言語の働きなどの知識を、聞くこと、読むこと、話すこと、書くことによる実際のコミュニケーションにおいて活用できる基礎的な技能を身に付けている。	・コミュニケーションを行う目的や場面、状況などに応じて、身近で簡単な事柄について、聞いたり話したりして、自分の考えや気持ちなどを伝え合っている。 ・コミュニケーションを行う目的や場面、状況などに応じて、音声で十分慣れ親しんだ外国語の語彙や基本的な表現を推測しながら読んだり、語順を意識しながら書いたりして、自分の考えや気持ちなどを伝え合っている。	外国語の背景にある文化に対する理解を深め、他者に配慮しながら、主体的に外国語を用いてコミュニケーションを図ろうとしている。

〈中学校　外国語〉

観点	知識・技能	思考・判断・表現	主体的に学習に取り組む態度
趣旨	・外国語の音声や語彙、表現、文法、言語の働きなどを理解している。 ・外国語の音声や語彙、表現、文法、言語の働きなどの知識を、聞くこと、読むこと、話すこと、書くことによる実際のコミュニケーションにおいて活用できる技能を身に付けている。	コミュニケーションを行う目的や場面、状況などに応じて、日常的な話題や社会的な話題について、外国語で簡単な情報や考えなどを理解したり、これらを活用して表現したり伝え合ったりしている。	外国語の背景にある文化に対する理解を深め、聞き手、読み手、話し手、書き手に配慮しながら、主体的に外国語を用いてコミュニケーションを図ろうとしている。

1－2．特別支援学校（知的障害）小学部及び特別支援学校（知的障害）中学部における各教科の学習の記録

生　活

（1）評価の観点及びその趣旨

〈小学部　生活〉

観点	知識・技能	思考・判断・表現	主体的に学習に取り組む態度
趣旨	活動や体験の過程において、自分自身、身近な人々、社会及び自然の特徴やよさ、それらの関わり等に気付いているとともに、生活に必要な習慣や技能を身に付けている。	自分自身や身の回りの生活のことや、身近な人々、社会及び自然と自分との関わりについて理解し、考えたことを表現している。	自分のことに取り組もうとしたり、身近な人々、社会及び自然に自ら働きかけ、意欲や自信をもって学ぼうとしたり、生活を豊かにしようとしたりしている。

国　語

（1）評価の観点及びその趣旨

〈小学部　国語〉

観点	知識・技能	思考・判断・表現	主体的に学習に取り組む態度
趣旨	日常生活に必要な国語について、その特質を理解し使っている。	「聞くこと・話すこと」、「書くこと」、「読むこと」の各領域において、日常生活における人との関わりの中で伝え合う力を身に付け、思い付いたり考えたりしている。	言葉を通じて積極的に人と関わったり、思い付いたり考えたりしながら、言葉で伝え合うよさを感じようとしているとともに、言語感覚を養い、言葉をよりよく使おうとしている。

〈中学部　国語〉

観点	知識・技能	思考・判断・表現	主体的に学習に取り組む態度
趣旨	日常生活や社会生活に必要な国語について、その特質を理解し適切に使っている。	「聞くこと・話すこと」、「書くこと」、「読むこと」の各領域において、日常生活や社会生活における人との関わりの中で伝え合う力を高め、自分の思いや考えをまとめている。	言葉を通じて積極的に人と関わったり、思いや考えをまとめたりしながら、言葉がもつよさに気付こうとしているとともに、言語感覚を養い、言葉をよりよく使おうとしている。

社　会

（1）評価の観点及びその趣旨

〈中学部　社会〉

観点	知識・技能	思考・判断・表現	主体的に学習に取り組む態度
趣旨	地域や我が国の国土の地理的環境、現代社会の仕組みや役割、地域や我が国の歴史や伝統と文化及び外国の様子について、具体的な活動や体験を通して理解しているとともに、経験したことと関連付けて、調べまとめている。	社会的事象について、自分の生活と結び付けて具体的に考えたり、社会との関わりの中で、選択・判断したことを適切に表現したりしている。	社会的事象について、国家及び社会の担い手として、よりよい社会を考え主体的に問題解決しようとしている。

算数・数学

（1）評価の観点及びその趣旨

〈小学部　算数〉

観点	知識・技能	思考・判断・表現	主体的に学習に取り組む態度
趣旨	・数量や図形などについての基礎的・基本的な概念や性質などに気付き理解している。 ・日常の事象を数量や図形に着目して処理する技能を身に付けている。	日常の事象の中から数量や図形を直感的に捉える力、基礎的・基本的な数量や図形の性質などに気付き感じ取る力、数学的な表現を用いて事象を簡潔・明瞭・的確に表したり目的に応じて柔軟に表したりする力を身に付けている。	数学的活動の楽しさに気付き、関心や興味をもち、学習したことを結び付けてよりよく問題を解決しようとしたり、算数で学んだことを学習や生活に活用しようとしたりしている。

〈中学部　数学〉

観点	知識・技能	思考・判断・表現	主体的に学習に取り組む態度
趣旨	・数量や図形などについての基礎的・基本的な概念や性質などを理解している。 ・日常の事象を数理的に処理する技能を身に付けている。	日常の事象を数理的に捉え見通しをもち筋道を立てて考察する力、基礎的・基本的な数量や図形の性質などを見いだし統合的・発展的に考察する力、数学的な表現を用いて事象を簡潔・明瞭・的確に表現したり目的に応じて柔軟に表したりする力を身に付けている。	数学的活動の楽しさや数学のよさに気付き、粘り強く考えたり、学習を振り返ってよりよく問題を解決しようとしたり、数学で学んだことを生活や学習に活用しようとしたりしている。

理　科

（1）評価の観点及びその趣旨

〈中学部　理科〉

観点	知識・技能	思考・判断・表現	主体的に学習に取り組む態度
趣旨	自然の事物・現象についての基本的な性質や規則性などについて理解しているとともに、器具や機器などを目的に応じて扱いながら観察、実験などを行い、それらの過程や得られた結果を記録している。	自然の事物・現象について観察、実験などを行い、疑問をもつとともに、予想や仮説を立て、それらを表現するなどして問題解決している。	自然の事物・現象に進んで関わり、学んだことを学習や生活に生かそうとしている。

音楽

（1）評価の観点及びその趣旨

〈小学部　音楽〉

観点	知識・技能	思考・判断・表現	主体的に学習に取り組む態度
趣旨	・曲名や曲想と音楽のつくりについて気付いている。 ・感じたことを音楽表現するために必要な技能を身に付け、歌ったり、演奏したり、音楽をつくったり、身体表現で表している。	音楽を形づくっている要素を聴き取り、それらの働きが生み出すよさや面白さ、美しさを感じ取りながら、聴き取ったことと感じ取ったこととの関わりについて考え、どのように表すかについて思いをもったり、曲や演奏の楽しさなどを見いだし、音や音楽を味わって聴いたりしている。	音や音楽に親しむことができるよう、音楽活動を楽しみながら主体的・協働的に表現及び鑑賞の学習活動に取り組もうとしている。

〈中学部　音楽〉

観点	知識・技能	思考・判断・表現	主体的に学習に取り組む態度
趣旨	・曲名や曲想と音楽の構造などとの関わりについて理解している。 ・表したい音楽表現をするために必要な技能を身に付け、歌ったり、演奏したり、音楽をつくったり、身体表現で表している。	音楽を形づくっている要素を聴き取り、それらの働きが生み出すよさや面白さ、美しさを感じ取りながら、聴き取ったことと感じ取ったこととの関わりについて考え、どのように表すかについて思いや意図をもったり、曲や演奏のよさなどを見いだし、音や音楽を味わって聴いたりしている。	音や音楽に親しむことができるよう、音楽活動を楽しみながら主体的・協働的に表現及び鑑賞の学習活動に取り組もうとしている。

図画工作・美術

（1）評価の観点及びその趣旨

〈小学部　図画工作〉

観点	知識・技能	思考・判断・表現	主体的に学習に取り組む態度
趣旨	・形や色などの造形的な視点に気付いている。 ・表したいことに合わせて材料や用具を使い、表し方を工夫してつくっている。	形や色などを基に、自分のイメージをもちながら、造形的なよさや美しさ、表したいことや表し方などについて考えるとともに、発想や構想をしたり、身の回りの作品などから自分の見方や感じ方を広げたりしている。	つくりだす喜びを味わい主体的に表現及び鑑賞の学習活動に取り組もうとしている。

〈中学部　美術〉

観点	知識・技能	思考・判断・表現	主体的に学習に取り組む態度
趣旨	・造形的な視点について理解している。 ・表したいことに合わせて材料や用具を使い、表し方を工夫する技能を身に付けている。	造形的な特徴などからイメージを捉えながら、造形的なよさや面白さ、美しさ、表したいことや表し方などについて考えるとともに、経験したことや材料などを基に、発想し構想したり、造形や作品などを鑑賞し、自分の見方や感じ方を深めたりしている。	創造活動の喜びを味わい主体的に表現及び鑑賞の学習活動に取り組もうとしている。

体育・保健体育

(1) 評価の観点及びその趣旨

〈小学部　体育〉

観点	知識・技能	思考・判断・表現	主体的に学習に取り組む態度
趣旨	遊びや基本的な運動の行い方について知っているとともに、基本的な動きを身に付けている。また、身近な生活における健康について知っているとともに、健康な生活に必要な事柄を身に付けている。	遊びや基本的な運動についての自分の課題に気付き、その解決に向けて自ら行動し、考えているとともに、それらを他者に伝えている。また、健康についての自分の課題に気付き、その解決に向けて自ら考えているとともに、それらを他者に伝えている。	遊びや基本的な運動に楽しく取り組もうとしている。また、健康に必要な事柄に取り組もうとしている。

〈中学部　保健体育〉

観点	知識・技能	思考・判断・表現	主体的に学習に取り組む態度
趣旨	各種の運動の特性に応じた技能等を理解しているとともに、基本的な技能を身に付けている。また、自分の生活における健康・安全について理解しているとともに、基本的な技能を身に付けている。	各種の運動についての自分の課題を見付け、その解決に向けて自ら思考し判断しているとともに、それらを他者に伝えている。また、健康・安全についての自分の課題を見付け、その解決に向けて自ら思考し判断しているとともに、それらを他者に伝えている。	運動の楽しさや喜びを味わうことができるよう、運動に進んで取り組もうとしている。また、健康を大切にし、自己の健康の保持増進に進んで取り組もうとしている。

職業・家庭

(1) 評価の観点及びその趣旨

〈中学部　職業・家庭〉

観点	知識・技能	思考・判断・表現	主体的に学習に取り組む態度
趣旨	将来の家庭生活や職業生活に係る基礎的な知識や技能を身に付けている。	将来の家庭生活や職業生活に必要な事柄を見いだして課題を設定し、解決策を考え、実践を評価・改善し、自分の考えを表現するなどして、課題を解決する力を身に付けている。	よりよい家庭生活や将来の職業生活の実現に向けて、生活を工夫し考えようとしたりして、実践しようとしている。

外国語

(1) 評価の観点及びその趣旨

〈中学部　外国語〉

観点	知識・技能	思考・判断・表現	主体的に学習に取り組む態度
趣旨	外国語を用いた体験的な活動を通して、外国語の音声や基本的な表現に慣れ親しんでいる。	身近で簡単な事柄について、外国語で聞いたり話したりして自分の考えや気持ちなどを伝え合っている。	外国語を通して、外国語やその背景にある文化の多様性を知り、相手に配慮しながらコミュニケーションを図ろうとしている。

２－１．小学校及び特別支援学校（視覚障害、聴覚障害、肢体不自由又は病弱）小学部における外国語活動の記録

（１）評価の観点及びその趣旨

〈小学校　外国語活動の記録〉

観点	知識・技能	思考・判断・表現	主体的に学習に取り組む態度
趣旨	・外国語を通して、言語や文化について体験的に理解を深めている。 ・日本語と外国語の音声の違い等に気付いている。 ・外国語の音声や基本的な表現に慣れ親しんでいる。	身近で簡単な事柄について、外国語で聞いたり話したりして自分の考えや気持ちなどを伝え合っている。	外国語を通して、言語やその背景にある文化に対する理解を深め、相手に配慮しながら、主体的に外国語を用いてコミュニケーションを図ろうとしている。

２－２．特別支援学校（知的障害）小学部における外国語活動の記録

（１）評価の観点及びその趣旨

〈小学部　外国語活動の記録〉

観点	知識・技能	思考・判断・表現	主体的に学習に取り組む態度
趣旨	・外国語を用いた体験的な活動を通して、日本語と外国語の音声の違いなどに気付いている。 ・外国語の音声に慣れ親しんでいる。	身近で簡単な事柄について、外国語に触れ、自分の気持ちを伝え合っている。	外国語を通して、外国の文化などに触れながら、言語への関心を高め、進んでコミュニケーションを図ろうとしている。

３．総合的な学習の時間の記録

（１）評価の観点及びその趣旨

〈小学校　総合的な学習の時間の記録〉

観点	知識・技能	思考・判断・表現	主体的に学習に取り組む態度
趣旨	探究的な学習の過程において、課題の解決に必要な知識や技能を身に付け、課題に関わる概念を形成し、探究的な学習のよさを理解している。	実社会や実生活の中から問いを見いだし、自分で課題を立て、情報を集め、整理・分析して、まとめ・表現している。	探究的な学習に主体的・協働的に取り組もうとしているとともに、互いのよさを生かしながら、積極的に社会に参画しようとしている。

〈中学校　総合的な学習の時間の記録〉

観点	知識・技能	思考・判断・表現	主体的に学習に取り組む態度
趣旨	探究的な学習の過程において、課題の解決に必要な知識や技能を身に付け、課題に関わる概念を形成し、探究的な学習のよさを理解している。	実社会や実生活の中から問いを見いだし、自分で課題を立て、情報を集め、整理・分析して、まとめ・表現している。	探究的な学習に主体的・協働的に取り組もうとしているとともに、互いのよさを生かしながら、積極的に社会に参画しようとしている。

4．特別活動の記録

（1）評価の観点及びその趣旨

〈小学校　特別活動の記録〉

観点	知識・技能	思考・判断・表現	主体的に学習に取り組む態度
趣旨	多様な他者と協働する様々な集団活動の意義や、活動を行う上で必要となることについて理解している。 自己の生活の充実・向上や自分らしい生き方の実現に必要となることについて理解している。よりよい生活を築くための話合い活動の進め方、合意形成の図り方などの技能を身に付けている。	所属する様々な集団や自己の生活の充実・向上のため、問題を発見し、解決方法について考え、話し合い、合意形成を図ったり、意思決定をしたりして実践している。	生活や社会、人間関係をよりよく築くために、自主的に自己の役割や責任を果たし、多様な他者と協働して実践しようとしている。 主体的に自己の生き方についての考えを深め、自己実現を図ろうとしている。

〈中学校　特別活動の記録〉

観点	知識・技能	思考・判断・表現	主体的に学習に取り組む態度
趣旨	多様な他者と協働する様々な集団活動の意義や、活動を行う上で必要となることについて理解している。 自己の生活の充実・向上や自己実現に必要となる情報及び方法を理解している。 よりよい生活を構築するための話合い活動の進め方、合意形成の図り方などの技能を身に付けている。	所属する様々な集団や自己の生活の充実・向上のため、問題を発見し、解決方法を話し合い、合意形成を図ったり、意思決定をしたりして実践している。	生活や社会、人間関係をよりよく構築するために、自主的に自己の役割や責任を果たし、多様な他者と協働して実践しようとしている。 主体的に人間としての生き方について考えを深め、自己実現を図ろうとしている。

5．行動の記録

（1）評価項目及びその趣旨

〈小学校　行動の記録〉

項　目	学　年	趣　旨
基本的な生活習慣	第１学年及び第２学年	安全に気を付け、時間を守り、物を大切にし、気持ちのよいあいさつを行い、規則正しい生活をする。
	第３学年及び第４学年	安全に努め、物や時間を有効に使い、礼儀正しく節度のある生活をする。
	第５学年及び第６学年	自他の安全に努め、礼儀正しく行動し、節度を守り節制に心掛ける。
健康・体力の向上	第１学年及び第２学年	心身の健康に気を付け、進んで運動をし、元気に生活をする。
	第３学年及び第４学年	心身の健康に気を付け、運動をする習慣を身に付け、元気に生活をする。
	第５学年及び第６学年	心身の健康の保持増進と体力の向上に努め、元気に生活をする。

自主・自律	第１学年及び第２学年	よいと思うことは進んで行い、最後までがんばる。
	第３学年及び第４学年	自らの目標をもって進んで行い、最後までねばり強くやり通す。
	第５学年及び第６学年	夢や希望をもってより高い目標を立て、当面の課題に根気強く取り組み、努力する。
責任感	第１学年及び第２学年	自分でやらなければならないことは、しっかりと行う。
	第３学年及び第４学年	自分の言動に責任をもち、課せられた役割を誠意をもって行う。
	第５学年及び第６学年	自分の役割と責任を自覚し、信頼される行動をする。
創意工夫	第１学年及び第２学年	自分で進んで考え、工夫しながら取り組む。
	第３学年及び第４学年	自分でよく考え、課題意識をもって工夫し取り組む。
	第５学年及び第６学年	進んで新しい考えや方法を求め、工夫して生活をよりよくしようとする。
思いやり・協力	第１学年及び第２学年	身近にいる人々に温かい心で接し、親切にし、助け合う。
	第３学年及び第４学年	相手の気持ちや立場を理解して思いやり、仲よく助け合う。
	第５学年及び第６学年	思いやりと感謝の心をもち、異なる意見や立場を尊重し、力を合わせて集団生活の向上に努める。
生命尊重・自然愛護	第１学年及び第２学年	生きているものに優しく接し、自然に親しむ。
	第３学年及び第４学年	自他の生命を大切にし、生命や自然のすばらしさに感動する。
	第５学年及び第６学年	自他の生命を大切にし、自然を愛護する。
勤労・奉仕	第１学年及び第２学年	手伝いや仕事を進んで行う。
	第３学年及び第４学年	働くことの大切さを知り、進んで働くようにする。
	第５学年及び第６学年	働くことの意義を理解し、人や社会の役に立つことを考え、進んで仕事や奉仕活動をする。
公正・公平	第１学年及び第２学年	自分の好き嫌いや利害にとらわれないで行動する。
	第３学年及び第４学年	相手の立場に立って公正・公平に行動する。
	第５学年及び第６学年	だれに対しても差別をすることや偏見をもつことなく、正義を大切にし、公正・公平に行動する。
公共心・公徳心	第１学年及び第２学年	約束やきまりを守って生活し、みんなが使うものを大切にする。
	第３学年及び第４学年	約束や社会のきまりを守って公徳を大切にし、人に迷惑をかけないように心掛け、のびのびと生活する。
	第５学年及び第６学年	規則を尊重し、公徳を大切にするとともに、我が国や郷土の伝統と文化を大切にし、学校や人々の役に立つことを進んで行う。

〈中学校　行動の記録〉

項　目	学　年	趣　旨
基本的な生活習慣	第１学年、第２学年及び第３学年	自他の安全に努め、礼儀正しく節度を守り節制に心掛け調和のある生活をする。
健康・体力の向上	第１学年、第２学年及び第３学年	活力ある生活を送るための心身の健康の保持増進と体力の向上に努めている。
自主・自律	第１学年、第２学年及び第３学年	自分で考え、的確に判断し、自制心をもって自律的に行動するとともに、より高い目標の実現に向けて計画を立て根気強く努力する。

責任感	第１学年、第２学年及び第３学年	自分の役割を自覚して誠実にやり抜き、その結果に責任を負う。
創意工夫	第１学年、第２学年及び第３学年	探究的な態度をもち、進んで新しい考えや方法を見付け、自らの個性を生かした生活を工夫する。
思いやり・協力	第１学年、第２学年及び第３学年	だれに対しても思いやりと感謝の心をもち、自他を尊重し広い心で共に協力し、よりよく生きていこうとする。
生命尊重・自然愛護	第１学年、第２学年及び第３学年	自他の生命を尊重し、進んで自然を愛護する。
勤労・奉仕	第１学年、第２学年及び第３学年	勤労の尊さや意義を理解して望ましい職業観をもち、進んで仕事や奉仕活動をする。
公正・公平	第１学年、第２学年及び第３学年	正と不正を見極め、誘惑に負けることなく公正な態度がとれ、差別や偏見をもつことなく公平に行動する。
公共心・公徳心	第１学年、第２学年及び第３学年	規則を尊重し、公徳を大切にするとともに、我が国の伝統と文化を大切にし、国際的視野に立って公共のために役に立つことを進んで行う。

〔別紙５〕各教科等の評価の観点及びその趣旨（高等学校及び特別支援学校高等部）（略）

小 学 校 児 童 指 導 要 録 （参 考 様 式）

様式１（学籍に関する記録）

区分＼学年	1	2	3	4	5	6
学　級						
整理番号						

学 籍 の 記 録					
児童	ふりがな		性別	入学・編入学等	年　月　日 第１学年 入学 第　学年編入学
	氏　名				
	生年月日	年　月　日生		転 入 学	年　月　日 第　学年転入学
	現住所				
保護者	ふりがな			転学・退学等	（　年　月　日） 年　月　日
	氏　名				
	現住所			卒　業	年　月　日
入学前の経歴				進 学 先	
学校名 及び 所在地 (分校名・所在地等)					

年　度	年度	年度	年度
区分＼学年	1	2	3
校長氏名印			
学級担任者 氏 名 印			
年　度	年度	年度	年度
区分＼学年	4	5	6
校長氏名印			
学級担任者 氏 名 印			

様式２（指導に関する記録）

児童氏名	学校名	区分＼学年	1	2	3	4	5	6
		学級						
		整理番号						

各教科の学習の記録

教科	観点＼学年	1	2	3	4	5	6
国語	知識・技能						
	思考・判断・表現						
	主体的に学習に取り組む態度						
	評定						
社会	知識・技能						
	思考・判断・表現						
	主体的に学習に取り組む態度						
	評定						
算数	知識・技能						
	思考・判断・表現						
	主体的に学習に取り組む態度						
	評定						
理科	知識・技能						
	思考・判断・表現						
	主体的に学習に取り組む態度						
	評定						
生活	知識・技能						
	思考・判断・表現						
	主体的に学習に取り組む態度						
	評定						
音楽	知識・技能						
	思考・判断・表現						
	主体的に学習に取り組む態度						
	評定						
図画工作	知識・技能						
	思考・判断・表現						
	主体的に学習に取り組む態度						
	評定						
家庭	知識・技能						
	思考・判断・表現						
	主体的に学習に取り組む態度						
	評定						
体育	知識・技能						
	思考・判断・表現						
	主体的に学習に取り組む態度						
	評定						
外国語	知識・技能						
	思考・判断・表現						
	主体的に学習に取り組む態度						
	評定						

特別の教科　道徳

学年	学習状況及び道徳性に係る成長の様子
1	
2	
3	
4	
5	
6	

外国語活動の記録

学年	知識・技能	思考・判断・表現	主体的に学習に取り組む態度
3			
4			

総合的な学習の時間の記録

学年	学習活動	観点	評価
3			
4			
5			
6			

特別活動の記録

内容	観点＼学年	1	2	3	4	5	6
学級活動							
児童会活動							
クラブ活動							
学校行事							

児童氏名

行動の記録

項目　学年	1	2	3	4	5	6	項目　学年	1	2	3	4	5	6
基本的な生活習慣							思いやり・協力						
健康・体力の向上							生命尊重・自然愛護						
自主・自律							勤労・奉仕						
責任感							公正・公平						
創意工夫							公共心・公徳心						

総合所見及び指導上参考となる諸事項

第1学年		第4学年	
第2学年		第5学年	
第3学年		第6学年	

出欠の記録

区分／学年	授業日数	出席停止・忌引等の日数	出席しなければならない日数	欠席日数	出席日数	備考
1						
2						
3						
4						
5						
6						

中学校生徒指導要録（参考様式）

様式１（学籍に関する記録）

区分＼学年	1	2	3
学　級			
整理番号			

学　籍　の　記　録						
生徒	ふりがな		性別		入学・編入学等	年　月　日 第１学年　入学 第　学年編入学
	氏　名					
	生年月日	年　月　日生			転　入　学	年　月　日 第　学年転入学
	現住所					
保護者	ふりがな				転学・退学等	（　年　月　日） 年　月　日
	氏　名					
	現住所				卒　業	年　月　日
入学前の経歴					進学先 就職先等	
学校名 及び 所在地 （分校名・所在地等）						

年　度	年度	年度	年度
区分＼学年	1	2	3
校長氏名印			
学級担任者 氏名印			

様式２（指導に関する記録）

生徒氏名	学校名	区分＼学年	1	2	3
		学級			
		整理番号			

各教科の学習の記録

教科	観点＼学年	1	2	3
国語	知識・技能			
	思考・判断・表現			
	主体的に学習に取り組む態度			
	評定			
社会	知識・技能			
	思考・判断・表現			
	主体的に学習に取り組む態度			
	評定			
数学	知識・技能			
	思考・判断・表現			
	主体的に学習に取り組む態度			
	評定			
理科	知識・技能			
	思考・判断・表現			
	主体的に学習に取り組む態度			
	評定			
音楽	知識・技能			
	思考・判断・表現			
	主体的に学習に取り組む態度			
	評定			
美術	知識・技能			
	思考・判断・表現			
	主体的に学習に取り組む態度			
	評定			
保健体育	知識・技能			
	思考・判断・表現			
	主体的に学習に取り組む態度			
	評定			
技術・家庭	知識・技能			
	思考・判断・表現			
	主体的に学習に取り組む態度			
	評定			
外国語	知識・技能			
	思考・判断・表現			
	主体的に学習に取り組む態度			
	評定			

教科	観点＼学年	1	2	3
	知識・技能			
	思考・判断・表現			
	主体的に学習に取り組む態度			
	評定			

特別の教科　道徳

学年	学習状況及び道徳性に係る成長の様子
1	
2	
3	

総合的な学習の時間の記録

学年	学習活動	観点	評価
1			
2			
3			

特別活動の記録

内容	観点＼学年	1	2	3
学級活動				
生徒会活動				
学校行事				

生徒氏名

行動の記録							
項目＼学年	1	2	3	項目＼学年	1	2	3
基本的な生活習慣				思いやり・協力			
健康・体力の向上				生命尊重・自然愛護			
自主・自律				勤労・奉仕			
責任感				公正・公平			
創意工夫				公共心・公徳心			

総合所見及び指導上参考となる諸事項	
第1学年	
第2学年	
第3学年	

出欠の記録						
区分＼学年	授業日数	出席停止・忌引等の日数	出席しなければならない日数	欠席日数	出席日数	備考
1						
2						
3						

執筆者一覧

●シリーズ編集代表

田 中 耕 治（佛教大学教授／京都大学名誉教授）

●執筆者

田 中 耕 治（上掲）……………………………………………………………………………第１章
奈 須 正 裕（上智大学教授）……………………………………………………………………第２章
秋田喜代美（東京大学大学院教育学研究科教授）…………………………………………………第３章
樋口とみ子（京都教育大学准教授）………………………………………………………………第４章
石 井 英 真（京都大学大学院教育学研究科准教授）……………………………………………第５章
佐 藤 　 真（関西学院大学教授）…………………………………………………………………第６章
原 田 三 朗（四天王寺大学准教授）………………………………………………………………第７章
北 原 琢 也（京都大学大学院教育学研究科特任教授）…………………………………………第８章
羽 山 裕 子（滋賀大学講師）………………………………………………………………………第９章
赤 沢 早 人（奈良教育大学教授）…………………………………………………………………第10章

（職名は執筆時現在）

●シリーズ編集代表

田中耕治（たなか・こうじ）
1980年京都大学大学院教育学研究科博士後期課程満期退学。大阪経済大学講師、助教授、兵庫教育大学助教授を経て京都大学大学院教授、2017年より佛教大学教授。専門は教育方法学、教育評価論。編著書に『教育評価』（岩波書店）、『教育評価の未来を拓く』『よくわかる教育評価』『戦後日本教育方法論史（上下巻）』（ミネルヴァ書房）など多数。

2019年改訂指導要録対応
シリーズ　学びを変える新しい学習評価
理論・実践編１　資質・能力の育成と新しい学習評価

令和２年１月１日　第１刷発行
令和３年５月20日　第６刷発行

編集代表　田中耕治

発　行　株式会社ぎょうせい

〒136-8575　東京都江東区新木場1-18-11
URL：https://gyosei.jp

フリーコール　0120-953-431
ぎょうせい　お問い合わせ　検索　https://gyosei.jp/inquiry/

〈検印省略〉
印刷　ぎょうせいデジタル株式会社
乱丁・落丁本はお取り替えいたします。

ISBN978-4-324-10727-0（3100544-01-001）〔略号：学習評価2019（理論１）〕